MARGRET MADEJSKY

Alchemilla

GOLDMANN
Lesen erleben

Buch

Bereits in vorchristlicher Zeit wussten Hebammen und Kräuterfrauen die besonderen Heilkräfte der Alchemilla zu schätzen. Margret Madejsky zeigt, wie sich der Frauenmantel, im Volksmund auch Allerfrauenheil genannt, in eine zeitgemäße Heilkunde für Frauen integrieren lässt. Gestützt auf jahrelange Recherchen und ihre Erfahrungen als Heilpraktikerin, stellt sie bewährte Therapiekonzepte für die häufigsten Frauenleiden von der Menarche bis zum Klimakterium vor. Dabei berücksichtigt sie auch neue Indikationsgebiete wie die Behandlung von Antibabypillenschäden und Schwermetallausleitungen im Rahmen einer Fruchtbarkeitsbehandlung. Zahlreiche Tipps und Rezepte sowie die Einbeziehung von Erkenntnissen aus alten Heilritualen, der Mythologie und der Signaturlehre machen das Buch zu einem helfenden Begleiter für ein ganzes Frauenleben.

Autorin

Margret Madejsky, geboren 1966 in Esslingen am Neckar, sammelte bereits in ihrer Kindheit erste Erfahrungen mit volksmedizinischen Pflanzenanwendungen. Seit 1992 praktiziert sie als Heilpraktikerin in München. Sie hält Vorträge, veranstaltet Fortbildungsseminare und publiziert regelmäßig in naturheilkundlichen Fachzeitschriften. Ihr Anliegen ist es, das heimische Heilpflanzenwissen zu bewahren und mit modernen Erkenntnissen zu verbinden.

Margret Madejsky

Alchemilla

Eine ganzheitliche
Kräuterheilkunde für Frauen

GOLDMANN

Die in diesem Buch aufgeführten Rezepte und Behandlungshinweise verstehen sich ausschließlich als Lehrbeispiele. Die Einnahme der Heilmittel oder Rezepturen geschieht auf eigene Verantwortung und ist im Einzelfall sorgfältig abzuwägen. Die hier vorgestellten Informationen sind nach bestem Wissen und Gewissen geprüft, dennoch übernehmen die Autorin und der Verlag keinerlei Haftung für Schäden irgendeiner Art, die sich direkt oder indirekt aus dem Gebrauch der hier vorgestellten Anwendungen ergeben. Es ist in jedem Fall ratsam, sich vor Einnahme eines Heilmittels über Gegenanzeigen und Nebenwirkungen zu informieren und die individuelle Dosis zu überprüfen. Bitte beachten Sie auch alle Warnhinweise!

FSC www.fsc.org
MIX
Papier aus verantwortungsvollen Quellen
FSC® C083411

Verlagsgruppe Random House FSC® N001967

13. Auflage
Originalausgabe Juni 2000

Umschlaggestaltung: Design Team München
Umschlagfoto: Margret Madejsky
Redaktion: Ralf Lay
WL · Herstellung: Han
Satz: Barbara Rabus
Druck und Bindung: GGP Media GmbH, Pößneck
Printed in Germany
ISBN: 978-3-442-14191-3

www.goldmann-verlag.de

Inhaltsverzeichnis

Teil II

Alchemilla-Rezepte für ein ganzes Frauenleben

Anhang

Wegweiser zu den Rezepten und Behandlungskonzepten

Ein Taubecher für die Seelenklarsicht

»Alle Wiesen und Matten, alle Berge und Hügel sind Apotheken.«

Paracelsus

Als ich einst im zarten Vorschulalter über die Wiesen am Rand unseres Ortes tollte und an einem sonnigen Frühlingsmorgen zum ersten Mal das herrliche Glitzern von betauten Blättern wahrnahm, ahnte ich noch nicht, welche Bedeutung gerade jene Pflanze einmal für mich gewinnen würde, die ihren Tau stets am längsten behielt: der Frauenmantel.

Das Funken sprühende Lichtspiel des »Taublattes« zog mich einfach in den Bann. Ich erinnere mich, dass ich bereits als Kind vor diesem Gewächs lag und die im Sonnenlicht funkelnden Tautropfen bestaunte. Mir war damals schon klar, dass dies etwas Besonderes sein musste.

Doch mit dem Verlassen des Elternhauses vergaß ich leider auch die Staunen erregende Schönheit und die wohltuenden Kräfte der Natur. Ich verlor mein kindliches »Einssein mit der Natur«, was für mich heute mehr denn je »Heilsein« bedeutet.

Irgendwann fand ich mich als Stammpatientin von Arztpraxen wieder, besonders von Gynäkologen und Urologen. Dort bekam ich Antibiotika, Hormone und Schmerzmittel – ein beachtliches Arzneiarsenal für eine gerade mal Achtzehnjährige! Heil wurde ich dadurch nicht.

Das Schicksal führte mich jedoch bald zu meinem Lebensgefährten, der damals schon Heilpraktiker war. Er befreite mich im Handumdrehen von meinen Frauenleiden. Dies geschah zum einen durch Naturarzneien und zum anderen auch dadurch, dass ich die Natur, die Quelle meiner Lebensfreude, wieder entdecken durfte. Bald entschloss ich mich, den gleichen Weg zu gehen.

Als Frau und Heilpraktikerin war es nahe liegend, dass ich mich nun den Frauenkräutern zuwenden würde – hatten sie mir doch selbst geholfen! Der Frauenmantel und andere Frauenheilpflanzen hatten meine Blasen- und Unterleibsentzündungen geheilt, meine Regelkrämpfe gelindert, meinen Zyklus reguliert und mich mit meinem Frausein in Einklang gebracht.

Bei den Recherchen zu Vorträgen über Heilpflanzen für Frauen stieß ich von da ab immer wieder auf den Frauenmantel. Hier hieß es, er helfe bei Fruchtbarkeitsstörungen und Menstruationsbeschwerden, dort las ich, das Kraut helfe sogar bei Frauenleiden aller Art. Es brachte mich auf, dass ich in der modernen Fachliteratur fast nichts über diese Wunderheilpflanze fand. Also musste ich dem einfach auf den Grund gehen.

Fortan las ich alles, was mir zu Frauenkräutern wie dem Frauenmantel in die Finger kam, dachte über die Pflanzen nach, wandte sie bei mir selbst an und erprobte sie in der Praxis, denn ich wollte und will damit einen Teil des Heilschatzes der weisen Frauen heben.

Die Idee zu diesem Buch wurde erst viele Jahre nach meinen ersten Erfahrungen mit dem Frauenmantel geboren. Es war an einem herrlichen Sommermorgen, als ich mit einer Frauengruppe eine Kräuterwanderung in die Sextener Dolomiten unternahm. Unser Weg führte uns an blühenden Arnikawiesen vorbei, in einen durch Bartflechten verzauberten Lärchenwald hinein, aus dem sich gerade die Nebelgeister zurückzogen, und schließlich zu einer Almwiese in majestätischer Felskulisse. Überall begegnete uns der Frauenmantel, und stets war er mit seinen bezaubernden »Tauperlen« benetzt, die geheimnisvoll funkelten, sobald sich ein Sonnenstrahl darin verfing.

Wir sind an diesem Tag lange auf einer Frauenmantelwiese gesessen – und dort hat mich der Pflanzengeist der »Alchemilla« im wahrsten Sinne des Wortes inspiriert. Denn mir sind plötzlich Frauenmantelrezepte für ein ganzes Frauenleben einfach so zugeflossen.

An diesem Tag formte sich in mir all das, was ich bis dahin über den Frauenmantel erfahren hatte, zu einer klaren Erkenntnis: Alchemilla ist die Allhelferin unter den heimischen Frauenkräutern. Der Volksmund nennt sie nicht umsonst »Allerfrauenheil«!

Also entschloss ich mich, den Frauenmantel mit diesem Buch in das Licht einer ganzheitlichen Frauenheilkunde zu rücken und Anregungen zu geben, wie sich dieses Frauenkraut in eine zeitgemäße Naturheilkunde für Frauen integrieren lässt.

Das Ergebnis ist ein Frauenratgeber, der einerseits den Frauenmantel, der immerhin auf eine jahrhundertealte Heiltradition zurückblickt, als wichtigstes heimisches Frauenkraut beleuchtet und andererseits auch die bewährtesten Kräuterrezepte für ein ganzes Frauenleben vorstellt.

Keineswegs geht es in diesem Buch aber »nur« um die besonderen Heilkräfte der »Alchemilla«. Denn laut Pfarrer Weidinger steht der Frauenmantel für »Seelenklarsicht«. Jene Seelenklarsicht, die ich selbst wieder fand, als ich mich den Heilkräften der Natur anvertraute, wünsche ich auch allen Leserinnen.

Möge dieses Buch möglichst vielen Frauen Unterstützung für ihre eigenen Angelegenheiten bieten, den Blick für die Schönheit unserer Natur öffnen, sie zu den lieblichen Frauenmantelwiesen führen und die heilsamen Kräfte der Pflanzen entdecken lassen!

Margret Madejsky

München im November 1999

Teil I

Die besonderen Kräfte der Alchemilla

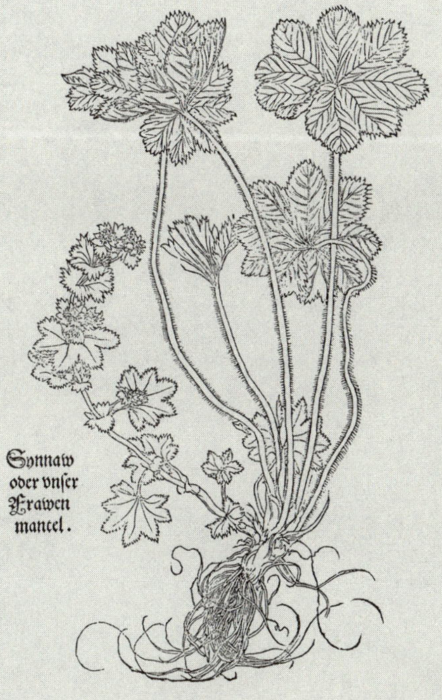

Frauenmanteldarstellung aus dem Kreütterbuch des Otto Brunfels (1532).

Nomen est omen: Der Frauenmantel und seine Namen

»Die Alten kannten die Heilkraft dieser Pflanze ganz wohl und gaben ihr den Namen Alchymilla (Zauberkraut).«

Kräuterpfarrer Künzle

Namen, die eine der Göttin geweihte Pflanze bezeichnen: Friggas Blume, Liebfrauenmantel, Marienblümli, Marienkraut, Marienmantel, Muttergottesmantel, Unser Frowen Mantel, Venusmantel.

Namen, die auf die Heilkraft bei Frauenleiden deuten: Aller Fraue Heil, Frauehilf, Frauenmänteli, Frauentrost, Jungfernmantel, Jungfernwurz, Milchkraut, Mutterkraut (Mutter = Gebärmutter).

Namen, die auf die Verwendung in der Alchimie hinweisen: Alchemilla, Alchemille (frz.), Alchemillenkraut, Alchemistenkraut, Alchimilla, Alchymilla (= kleine Alchimistin).

Namen, die sich auf die Blattform beziehen: Bettlersmantel, Frauenhäuble, Frauenmänteli, Gänselatschen, Gänseplatschel, Herrgottsmäntelchen, Jungfernmantel, Ladies Mantle (engl.), Lieb Frauen Mantel, Lewendopen, Löwenfuß, Löwentatzen, Mäntli, Mäntlichrut, Mantelkraut, Marienmantel, Muttergottesmäntli, Neunlappkraut, Planta Leonis, Trauermantel, Weiberkittel.

Namen, die sich auf das Guttationsphänomen beziehen (Guttation = Wasserausscheidung): Collatenna (= Tränenhalterin), Himmelstau, Perlkraut, Regendachl, Sinäugl, Sin(n)au (*sin* = immer, *au* = Wasser), Sindau, Sindouwe, Sintau, Sonnenthau, Synauwe, Syn(n)aw, Taubecher, Taublatt, Taubletter, Taufänger, Tauhaltauf, Taukräutl, Taumantel, Taumänteli, Taurose, Tauschüsselchen, Tränenschön, Wiesensinau.

Sonstige Namen:
Der Frauenmantel hieß auch »Gewittergras«, weil man ihn einst, zu Kränzen gewunden, an Fenstern, Türen oder auf dem Dachfirst angebracht hat, um sich vor Blitzschlag zu schützen.

Der Beiname »Nimm-ma-nix« deutet auf die Verwendung im Gegenzauber hin; wenn eine Kuh »verhext« war und keine Milch mehr gab, dann gab man ihr Frauenmantel zu fressen.

Der Name »O(h)mkraut« bezieht sich auf die entzündungswidrigen und wundheilenden Kräfte; das Wort O(h)m bezeichnete einst eine entzündete Hautstelle bzw. eine Geschwulst.

Von den 1001 Frauenmantelarten

Selbst Botaniker geraten ins Schwitzen, wenn es um die Gattung Alchemilla geht, denn zu den Frauenmantelgewächsen gehören über tausend Arten, die nicht immer leicht voneinander zu unterscheiden sind. Auch der gemeine Frauenmantel (Alchemilla vulgaris) variiert sehr stark. Er ist je nach Standort mehr oder weniger behaart, hat hier halbkreisförmig abgerundete und dort eher dreieckig zulaufende Blätter.

Schon im Tertiär, also vor rund 65 Millionen Jahren, haben die ersten Grundsippen begonnen, beinah die gesamte nördliche Hemisphäre zu besiedeln – wie man sieht, erfolgreich. Frauenmantelarten gibt es bis heute in ganz Ost-, West- und Nordeuropa. Sie konnten sogar das karge Grönland und das raue Sibirien erobern und kommen auch in Asien und Nordamerika vor.

Obwohl der Frauenmantel zu den heimischen Heilpflanzen zählt, stammt das getrocknete Kraut, das wir in Kräuterläden oder Apotheken erhalten, meist aus Polen, Tschechien, Bulgarien oder Ungarn. Das Land ist dort eben noch weniger zersiedelt als bei uns und bietet dem anspruchsvollen Gewächs noch ausreichend Lebensräume.

Wer die Vorlieben des Frauenmantels kennt, wird aber auch hierzulande schnell fündig. Die Pflanze bevorzugt nämlich leicht feuchten, humösen und dungkräftigen Boden. Wir treffen sie meist auf saftigen Kuh- oder Pferdeweiden, auf halbschattigen Wiesen, an Waldrändern, an Bachufern und in der Nähe von Quellen.

Um dem Frauenmantel auf die Spur zu kommen, muss man eigentlich nur ein Gespür für lieblich-venusische Plätze entwickeln, deren Anblick dem Auge wohl tut. Das sind Plätze, die Harmonie ausstrahlen und Seelenfrieden spenden. So gedeiht der Frauenmantel z. B. gerne auf den fruchtbaren Kalkböden der Schwäbischen Alb und des Altmühltals oder in den sanften Hügellandschaften des Voralpenlandes.

Oft findet er sich in Gesellschaft anderer venusischer Heilpflanzen wie etwa Gänseblümchen oder Schafgarbe. Eine zuverlässige Zeigerpflanze ist auch die Bachnelkenwurz: Wo sie vorkommt, trifft man stets ihre Schwester, die Alchemilla.

Die große Freundin der Alchemilla ist aber die Lärche, der lichteste aller Nadelbäume. Der Frauenmantel bevölkert den gehaltvollen Boden lichter Lärchenwälder. Dadurch, dass die Lärche im Herbst ihre goldenen Nadeln abwirft, düngt sie den Waldboden für den Frauenmantel und schafft überhaupt fruchtbaren Boden für eine artenreiche Flora.

Die Blätter des Alpen-Frauenmantels sind tief gebuchtet und auf der Unterseite dicht silbrig behaart. (© Margret Madejsky)

Botanischer Steckbrief

Gemeiner Frauenmantel (Alchemilla vulgaris = A. xanthochlora)
Der gemeine Frauenmantel umfasst etwa zwanzig Kleinarten, die unterschiedlich behaart sind, aber nie derart seidig schimmern, wie es beim Silbermantel der Fall ist. Je nach Standort wird die ausdauernde Halbrosettenstaude 30 bis 60 cm hoch, wobei der kriechende Wurzelstock allmählich verholzt. Die grundständigen Blätter sind lang gestielt und haben fünf, sieben oder neun halbkreisförmige bis dreieckige Lappen. Die in der Jugend rosettenartig gefalteten Blätter sind edel gezähnt. Die Zähne am Blattrand sind behaart und weisen winzige Drüsen (Hydathoden) auf, durch die in den Morgenstunden oder bei hoher Luftfeuchtigkeit Wassertröpfchen nach außen treten (Guttation). Die Stengel und Blattstiele sind ebenfalls mehr oder weniger behaart, während die Blütenstiele meist kahl sind. Ab Mai erheben sich die schlanken Blütenstände mit ihren gelblichgrünen, in Trugdolden stehenden Blüten. Die Blüten messen 2 bis 3 mm und bestehen aus vier inneren und vier äußeren Kelchblättern, vier Staubblättern und einem Fruchtblatt. Die Früchte sind kleine, einsamige Nüsschen. Die Vermehrung erfolgt ungeschlechtlich, d. h., der Frauenmantel bildet auch ohne vorangegangene Befruchtung durch Insekten keimfähige Samen (Parthogenesis).

Alpen-Frauenmantel (= Alpen-Silbermantel, Alchemilla alpina)
Beim Alpen-Frauenmantel unterscheidet man fünf Kleinarten, die alle etwa 10 bis 30 cm hoch werden. Die grundständigen Blätter sind fünf- bis siebenteilig und am Ende deutlich gezähnt. Die fingerförmigen Blätter sind fast bis zum Blattstiel getrennt, wobei ein Blattabschnitt ein bis drei Zentimeter lang ist. Die Blätter sind unterseits dicht behaart und silbrig schimmernd. Der Silbermantel kommt in hoch gelegenen Regionen ganz Europas vor (montan-subalpin). Er bevorzugt grasige, felsige Standorte in den Bergen, gedeiht auf Silikatgestein und blüht von Juni bis August.

Die geheimnisvolle Schwester der Rose

»Es ist ein anmutiges Kraut,
dessen Anblick sofort das Herz erfreut.«
Wilhelm Pelikan

Im Frauenmantel fließt blaues Pflanzenblut, denn er entstammt dem edlen Geschlecht der Rosengewächse (Rosazeen). Kaum zu glauben, dass ein auf den ersten Blick so unscheinbares Kräutlein mit der Königin der Blumen verwandt sein soll. Lockt es uns doch weder mit der Farbenpracht noch mit dem betörenden Duft seiner adeligen Schwester.

An seinen Naturstandorten zeigt sich der Frauenmantel zunächst eher bescheiden. Meist verbirgt er sich im dichten Grün saftiger Wiesen, besiedelt aber auch lichtdurchflutete Lärchenwälder und sonnige Almwiesen. Es bedarf jedoch eines geübten Blickes, um das grüne Kraut mit den winzigen Blüten inmitten von Gräsern und blühenden Wiesenpflanzen zu entdecken.

Ab Frühlingsbeginn schieben sich die edel gefächerten Blätter aus der Erde hervor und recken sich an schlanken Stielen der Sonne entgegen. Die Geste erinnert dabei ein wenig an Seerosen (Nymphazeen), deren lang gestielte Blätter vom dunklen Grund eines Teiches zur Oberfläche emporstreben. Wie sich in Seerosen Wasser und Himmel vereinen, so verbindet der Frauenmantel Erd- und Himmelskräfte miteinander. Analog vermittelt die Heilpflanze auch im Menschen zwischen Oben und Unten. Wie wir später sehen werden, nimmt der Frauenmantel über die oberen Hormonzentren (Hypothalamus/Hypophyse) Einfluss auf die unteren Hormondrüsen (Eierstöcke), auf den Stoffwechsel und die Vitalkräfte.

Im Mai erheben sich dann die zarten Blütenstände wie eine Schar erwachender Wiesennymphen – nur bleiben sie meist unerkannt, weil sie sich ebenfalls in sanftes Grün hüllen. Ihr Anblick ist wohltuend für das Auge und regenerierend für die Seele.

Von der Nymphenpflanze geht noch ein ganz besonderer Zauber aus. Spätestens wenn Sonnenstrahlen auf die »betauten« Blätter treffen, offenbart sich ihre wahre Schönheit, die der Rose in nichts nachsteht. In der Sonne funkeln die Tröpfchen am Blattrand wie Edelsteine. Und selbst wenn der Morgentau längst abgetrocknet ist, behält die »Taurose« noch lange ihre geheimnisvoll glitzernden Wasserperlen, deren bezauberndes Lichtspiel wohl schon die Kräuterfrauen der Vorzeit in den Bann gezogen haben muss. Doch um dieses magische Pflanzenwasser geht es erst später …

Rosengarten; Holzschnitt von Edward Burne-Jones.
(© The Fitzwilliam Museum, Cambridge)

Zuerst wollen wir die Verwandtschaft unserer anmutigen Wiesennymphe etwas näher kennen lernen. In den Angehörigen einer Pflanzenfamilie wirken nämlich meist ganz ähnliche Prinzipien.

So tragen die Korbblütler, zu denen bekannte Heilpflanzen wie die Kamille oder die Ringelblume gehören, ihr erhellendes Wesen bereits mit den sonnenhaften Blüten zur Schau. Doldengewächse wie Bärenklau oder Engelwurz offenbaren ihre Lichtnatur u. a. durch die gelblichen und feurig schmeckenden Pflanzensäfte. Lippenblütler bringen Heil- und Gewürzkräuter wie Lavendel, Majoran, Salbei oder Thymian hervor und speichern Licht und Wärme in Form von Aromastoffen.

In den Rosazeen wirken dagegen Kräfte, die nur scheinbar so verschieden sind wie die Pflanzen, die dieser Familie entstammen: Vom kleinen Gänsefingerkraut am Wegesrand über die stolze Rose bis hin zum üppig behangenen Apfelbaum reicht die Vielfalt.

Bei den Rosengewächsen, die uns unweigerlich an die Rose denken lassen, sei zuerst das Prinzip von Duft und Sinnlichkeit genannt. Viele Angehörige dieser Pflanzenfamilie bilden betörende Blütenaromen, wobei aber »der vollkommenste aller Düfte der Rose entquillt« (Wilhelm Pelikan). So wie sich die Rose mit ihren Dornen vor allzu aufdringlichen Verehrern schützt, ist auch ihr Duft nicht einfach nur berauschend, sondern vielmehr blumig und edel. Rosenduft ist Balsam für die Seele, er erzählt uns vom Dornröschen, das wachgeküsst werden will. Nicht umsonst kommt heute kaum mehr ein Parfum ohne die Rose aus: Sie ist so beliebt, weil sie der Frau die Geruchsaura einer Königin verleiht und im Mann den Prinzen weckt. Schließlich vereint die Rose auf harmonische Weise Gegensätzliches miteinander: Ihre zart duftenden Blüten verkörpern das weiblich-venusische Prinzip, dagegen stehen die Dornen für das männlich-marsianische Prin-

Die zarten Kirschblüten duften betörend und lassen bereits ahnen, dass der Kirschbaum eine Circe in Baumgestalt ist. (© Margret Madejsky)

zip. Daher symbolisiert die Rose die mystische Vereinigung von Weiblichem und Männlichem (Unio mystica).

Der Reigen der duftenden Rosengewächse beginnt aber schon im Frühjahr mit der Blüte von Schlehe, Apfel und Weißdorn. Unter den Obstblüten ragt die Kirsche hervor. Ihr entströmt ebenfalls ein besonders lieblicher Duft. Ähnlich wie der Rose haftet auch der Kirsche etwas Unwiderstehliches an. In Wahrheit ist sie nämlich eine Circe in Baumgestalt, was sich bereits in der Symbolik widerspiegelt: Wenn in der Nacht zum ersten Mai Bäume vor den Türen der Mädchen aufgestellt werden, dann steht eine Birke für Freundschaft, eine Fichte verrät dagegen, dass hier eine Kratzbürste wohnt, und eine blühende Kirsche besagt, dass hier jeder naschen darf. Wer sich in Kirschwasser eingelegte Kirschblüten als Liebeszaubermittel einverleibt, kann sich daher auf einiges gefasst machen: Mit solchen Kirschblütentropfen wird frau selbst zur Circe und lockt zuweilen Scharen von Bewerbern an.

Im Sommer kommen noch weitere Duftakkorde hinzu: An warmen Tagen verströmen Ebereschen in den Wäldern ihren honigartigen Blütenduft, und an lauen Sommerabenden tränkt die Wiesenkönigin die Luft mit ihrem süßlichen, fast schon betäubenden Aroma.

Duft und Sinnlichkeit wirken schließlich auch im Frauenmantel. Die blühende Pflanze bildet zwar nur wenig Aromastoffe, jedoch genug, um dem Tee einen lieblichen Geschmack und eine seelenerwärmende Kraft zu verleihen. Um das milde, honigartige Aroma zu erhalten, ist es aber wichtig, dass man für den Tee nicht nur Blätter, sondern auch viele Frauenmantelblüten sammelt (siehe Sammeltipps, Seite 74).

Von der Süße des Lebens

Als unsere heimische Obstfamilie entführen uns die Rosengewächse nicht zuletzt auch in das Reich der Gaumenfreuden. Sie verwöhnen uns mit köstlichen Früchten wie Äpfeln, Aprikosen, Brombeeren, Erdbeeren, Himbeeren, Kirschen oder Pfirsichen und verkörpern somit geradezu die Süße des Lebens. Interessant ist dabei, dass man in manchen Rosengewächsen einen Stoff namens Phlorridzin gefunden hat, der die Zuckerausscheidung über die Niere anregt. Die süßen Früchte der Rosazeen füllen also den Zuckerspiegel auf, dagegen können sie als Heilpflanzen den erhöhten Blutzucker wiederum regulieren. Da verwundert nicht, dass einige Rosengewächse – z. B. Frauenmantel und Nelkenwurz – von Volksmedizinern seit langem zur Teekur bei Altersdiabetes empfohlen werden.

Wegen ihres Früchtereichtums wirkt in den Rosengewächsen aber auch das urweibliche Prinzip der Fruchtbarkeit. Die Germanen glaubten einst, dass die Frucht tragenden Bäume oder Sträucher ebenso die

Fruchtbarkeit des Menschen beeinflussen. So war der Apfelbaum das Attribut ihrer Liebesgöttin Freyja, und unter ihm brachten die Frauen Opfer dar, wenn sie den göttlichen Kindersegen erwirken wollten. In ländlichen Gegenden konnten sich solche Opfergaben bis heute erhalten: Immer noch vergraben manche Frauen nach der Niederkunft die Plazenta unter einem Apfelbaum, womit dieser zum »Gedeihbaum« wird, der das Wohlergehen des neuen Menschen anzeigt.

In dem uralten Glauben an die Fruchtbarkeit spendende Kraft dieser Gewächse wurzelt aber noch ein weiterer Brauch, der in katholischen Gegenden zu Mariä Himmelfahrt gepflegt wird: Die Kräuterbüschel, die am 15. August zur kirchlichen Weihe getragen werden, sind oftmals mit Wunschketten aus aneinander gereihten Ebereschen-

Rosengewächse begegnen uns schon im Paradiesgarten.
Apfelbaum; aus Lonicerus, Kreuterbuch (1679).

früchten verziert. Wenn das Pflanzenreich zum Erntemond von der Blüte in die Fruchtreife übergeht, dann sollten diese orangerot leuchtenden Wunschketten einst die Fruchtbarkeit der Sippe, ihres Landes und ihrer Tiere fördern. Durch einen symbolischen Schlag mit einem solchen Kräuterbusch, der wie die Nikolausrute ursprünglich eine heidnische Lebensrute war, übertrug man die Kräfte der Pflanzen auf Mensch und Tier.

Nicht durch süße Früchte, sondern auf ganz andere Weise äußert sich die weibliche Grundkraft im Frauenmantel: Statt der Frucht bringt er Wasserperlen hervor, die in seinem Blattschoß ruhen wie die Leibesfrucht im Mutterbauch. Eben der Wassertropfen in der Mitte des schüsselförmigen Blattes macht den »Taubecher« zu einem Sinnbild des Weiblichen.

Im übertragenen Sinn fördern Frauenmantel wie auch andere Rosengewächse die Weiblichkeit. Die ganze Familie der Rosazeen wird astrologisch der Venus unterstellt, und mit den Venuskräften verbindet man immer die angenehmen Seiten des Lebens: z. B. Genussfähigkeit, Liebe und Sinnlichkeit. Die der Venus zugeordneten Heilpflanzen – insbesondere aber Frauenmantel und Rose – spenden Gelassenheit, wirken auf den Körper sowie auf die Seele entkrampfend und stärken das weibliche Selbstwertgefühl. Mit den Heilmitteln der Venus kann man daher Frauen, die durch den hektischen Alltag in unserer Männergesellschaft aggressiv, hart und männlicher geworden sind, wieder fraulicher und somit auch begehrenswerter machen. Sie sind aber ebenso Konstitutionsmittel für Frauen, die ihr eigenes Geschlecht ablehnen und daher vielleicht unter chronischen Frauenbeschwerden leiden. Rosengewächse machen aber nicht nur Frauen weiblicher, sie stärken gleichermaßen den Yin-Pol (siehe Seite 324) des Mannes und machen Männer einfach ausgeglichener, sanftmütiger und hingebungsvoller.

Nicht zuletzt sind die Rosengewächse eine besonders wohlwollende Pflanzenfamilie, der bedeutende Heilpflanzen angehören (siehe »Die Heilkräfte der Rosengewächse«, Seite 35). Viele von ihnen begleiten den Menschen seit Jahrtausenden. So grenzten Heckenrosen und Weißdornbüsche bereits die Siedlungen der Vorzeit ein, denn ihre Dornen hielten wilde Tiere ab, und die lebendigen Zäune dienten den Menschen als Naturapotheken. Die Germanen kannten den mild beruhigenden Weißdorn noch als »Schlafdorn«.

Während die wilden Rosen heute kaum mehr arzneilich genutzt werden, hat es der Weißdorn in der modernen Phytotherapie zur Kardinalheilpflanze bei Herzleiden gebracht. Man konnte nachweisen, dass er die Durchblutung der Herzkranzgefäße sowie die Herzkraft verbessert. In manchen Krankenhäusern reicht man die einschlaffördernden Blätter als Abendtee, und die herzkräftigenden Weißdornpräparate haben längst in den Arztpraxen Einzug gehalten (z. B. Crataegutt von Schwabe).

Das Gänsefingerkraut blickt ebenfalls auf eine lange Tradition als Heilpflanze zurück. Die Germanen verwendeten das krampflösende Kraut, indem sie es in Ziegenmilch sotten. Zu Ruhm gelangte es aber durch Pfarrer Kneipp, der sein »Krampfkraut« vor allem als Frauen- und Kindermittel lobte. Bei Neigung zu Unterleibskrämpfen oder bei Darmkoliken erweist es sich bis heute als sanftes Heilmittel.

Doch die Liste der heilkräftigen Rosazeen ist lang, und die Familie hat gleich drei Panazeen (von gr. pan = alles, akeisthai = heilen) hervorgebracht. An erster Stelle sei hier wiederum die Rose genannt, die schon von den Ägyptern als Universalheilmittel geschätzt wurde. Aufgrund ihrer antiseptischen Kräfte diente die Rose zusammen mit Myrrhe, Salbei und Weihrauch zur Einbalsamierung.

Die keimhemmenden Eigenschaften der Rose nutzte man allerdings

In der Heckenrose wohnt ein schützender Pflanzengeist.
(© Margret Madejsky)

auch in der Frauenheilkunde: Bereits in der Antike stellten die Ärzte aus dem kostbaren Rosenöl Mutterzäpfchen für Gebärmutterleiden her – welch venusische Arznei für das weiblichste Organ! Innerlich verabreichten sie Rosenblütenwein bei Schmerzen aller Art und schätzten die Rosenmedizin als Herz- und Nerventonikum.

Wenn wir heute dieser Heiltradition folgen, dann können es manche gar nicht glauben, dass Rosenblüten nicht nur angenehm duften, sondern auch heilsam sind. Wie alle Rosengewächse zeichnet sich die Rose durch einen hohen Gerbstoffgehalt aus. Der Alkoholauszug aus den Blütenknospen enthält 10 bis 25 % Gerbstoffe, auf deren umfassende Heilkräfte ich in den nachfolgenden Kapiteln noch eingehen werde. Im ätherischen Rosenöl überwiegt mit bis zu 60 % das Geraniol, das eine beachtliche antibiotische Wirkung zeigt: Geraniol hemmt das Wachstum von Bakterien und Pilzen (z. B. Candida albicans).

Rosenwasser war schließlich noch Bestandteil von Schönheitselixieren, so auch vom Schönheitswasser der Königin von Ungarn, das aus dem 14. Jahrhundert überliefert ist: Die damals Siebzigjährige soll durch ihr Geheimrezept so jugendlich und anziehend geworden sein, dass sogleich der König von Polen um ihre Hand anhielt (siehe Rezept, Seite 33).

Eine weitere Vielheilerin ist noch die Blutwurz. Der Volksmund lobt ihre außergewöhnlichen Heilkräfte mit dem Vers: »'s mag mer fehle, was mer will, dann trink i halt mei Tormentill.« Als ich diesen Lobgesang auf die Blutwurz vor vielen Jahren von einer bayerischen Kräuterfrau hörte, musste ich schmunzeln. Aber gerade die Volksheilkundigen bewahren oftmals jahrhundertealte Heiltraditionen und retten so manche Kräuterweisheit in unsere Zeit. Die Blutwurz ist in der Tat eine besonders wirkungsvolle Heilpflanze: Egal, ob Blutungen, Halsschmerzen oder Zahnfleischentzündung, Hämorrhoiden, eiternde Wunden, Darmkolik oder Durchfälle – Blutwurz hilft wirklich immer; mal wird die Tinktur auf entzündete Stellen aufgepinselt oder gegurgelt, mal wird die pulverisierte Wurzel im Tee getrunken, mal als Sitzbad oder für Salben gebraucht. In Untersuchungen erwiesen sich ihre Gerbstoffe als stark antibiotisch.

Der Volksmund war es auch, der den Frauenmantel zum »Aller Frauen Heil« erkoren hat. Dabei sollte man bedenken, dass nur die heilkräftigsten Pflanzen so bedeutungsvolle Namen erhielten. In den volkstümlichen Bezeichnungen stecken nämlich oft schon die ersten Hinweise auf die zu erwartenden Heileigenschaften. Der Frauenmantel gehört seit langem zu den wichtigsten heimischen Heilpflanzen und wurde schon vor Jahrtausenden als Frauenheilpflanze genutzt. Bei den Germanen war es noch ein heiliges Kraut der Göttin Frigga, die auch »Frowe« hieß. Jedenfalls trägt es seinen viel versprechenden Namen zu Recht, und wir werden noch sehen, dass dieses alte Frauenkraut uns durch ein ganzes Frauenleben hindurch heilsam begleiten kann.

Was aber macht die Rosazeen zur Heilpflanzenfamilie? Zum einen sind es die Venuskräfte, die sich schon in den ästhetischen Formen sowie in den edel gesägten Blättern zeigen und ihr wohlwollendes Wesen ausmachen.

Der heilpflanzenkundige Anthroposoph Wilhelm Pelikan brachte es auf den Punkt, als er von jener »Harmonie« schrieb, »die jedes Rosengewächs umschwebt«. Im Gegensatz zur Giftpflanze, die meist durch düstere Gestalt, bitteren Geschmack oder auch durch tierischen Geruch abschreckt, verwöhnen Rosengewächse Auge, Nase und Gaumen. Es scheint, als habe die Natur bei dieser Familie ihr künstlerisches Können erprobt. Denn Blütenaufbau wie auch Blattformen rufen beim Betrachter stets Wohlgefallen hervor.

»Ob wir dem freundlichen Leuchten der Blutwurzelblüte in einer sumpfigen Wiese oder den schön geformten Silberblättern eines Gänsefingerkrautes auf einem staubigen Steinhaufen, dem Linienschwung einer Brombeerranke, der stillen Anmut einer Heckenrose, dem kraftvoll-feingliederigen Aufstreben einer Eberesche, der prangenden Fülle eines früchteüberladenen Kirschbaumes, dem schenkenden Sichneigen eines herbstlichen Apfelbäumchens begegnen – immer ist es der Eindruck quellender Fülle, die jedoch nie Form und Maß verliert und darum so urgesund wirkt« (Wilhelm Pelikan).

Ebendiese Ausgewogenheit, die alle Rosengewächse ausstrahlen, überträgt sich natürlich auch auf jene Menschen, die mit ihnen in Kontakt stehen. Ihre Formkraft und ihr ausgleichendes Wesen sind besonders dann vonnöten, wenn irgendetwas aus den Fugen geraten ist – beispielsweise wenn beim Myom das Wachstum der Gebärmuttermuskulatur überschießt oder wenn bei starken Blutungen die Lebenskraft davonfließt oder auch wenn beim Krebs die Zellen ihre Struktur verlieren. Rosengewächse ziehen dann auf sanfte Weise Seele und Körper wieder zusammen, verleihen neue Strukturkraft und bilden eine Art Schutzwall gegen Einflüsse von außen. Egal, ob es sich um ein Zuviel oder ein Zuwenig handelt – Rosengewächse schaffen stets einen Ausgleich und sind deswegen einfach unersetzlich.

In ästhetischen Blatt- und Blütenformen zeigt sich bereits das edle Wesen und die ausgleichende Heilkraft der Rosengewächse.

Schönheitswasser der Königin von Ungarn

100 g frische Rosmarinblüten und 20 g frische Pfefferminzblätter in ein verschließbares Glas geben, mit 1,5 Liter reinem Trinkalkohol (95%ig) übergießen und etwa 6 Wochen an einen sonnigen Platz (z. B. Fensterbank) stellen. Dann abseihen und mit 1,5 Liter Rosenwasser (z. B. aus der Apotheke) vermengen – fertig!
Dieses Schönheitselixier lässt sich äußerlich wie auch innerlich anwenden: 2-mal täglich einen Teelöffel als Gesichtswasser (hierzu kann es noch mit Wasser weiter verdünnt werden) und 2-mal täglich einen Teelöffel innerlich zur Erfrischung der Sinne und als Lebenselixier …

Rezept zur Stärkung der Venuskräfte

Wer die eigene Weiblichkeit bewusster genießen möchte, kann einmal folgende Kombination ausprobieren. Sie fördert die Venuskräfte und eignet sich zum Beispiel für Frauen mit schlechtem Selbstwertgefühl oder für Frauen, die ihr Geschlecht unbewusst ablehnen. Wenn die Einnahme der Venusmittel mit einem herzlichen »Ja zum Frausein« verknüpft wird, dann fühlt frau sich rasch weicher, weiblicher und sinnlicher.

Alcea Alchemilla Urtinktur

2- bis 3-mal täglich 4 bis 5 Tropfen im Mund zergehen lassen.

Smaragd D6 Verreibung (Weleda)

2- bis 3-mal täglich 1 Messerspitze im Mund zergehen lassen.

Venusische Teemischung

20 g Betonienkraut (Nierenstärkung)
50 g Damianablätter (mildes Aphrodisiakum)
50 g Frauenmantelkraut (»Allerfrauenheil«)
20 g Gänsefingerkraut (Krampf lösende Heilpflanze)
20 g Muskatellersalbei (sinnliche Aromapflanze)
20 g Rosenblüten (»Königin der Blumen«)
20 g Schafgarbenblüten (»Augenbraue der Venus«)

Die Kräuter mischen, 1 bis 2 Teelöffel pro Tasse heiß überbrühen, etwa 5 bis 8 Minuten ziehen lassen, abseihen und im trinkwarmen Zustand mit etwas echtem Bienenhonig süßen. Bei Bedarf 2 bis 3 Tassen täglich.

Ergänzend sollte frau sich in Grün, Türkis oder in bunte Farben kleiden, denn das sind die Farben der Venus. Außerdem fördert das Tragen von Schmuck mit grünen oder blauen Edelsteinen wie etwa Malachit, Smaragd oder Türkis sowie Silber- oder Perlschmuck die Weiblichkeit.

Die Heilkräfte der Rosengewächse

Apfel (Malus communis, Frucht)
Geriebene Äpfel sind ein Hausmittel für Durchfall bei Kindern. Apfelessig wirkt z. B. in der Frauendusche mild desinfizierend (siehe Seite 123). Anthroposophen nutzen die Apfelmistel zur Rezidivprophylaxe von Myomen, Brust- und Unterleibskrebs (Iscador M).

Blutwurz (Potentilla tormentilla, Wurzelstock)
Volksmedizinisches Allheilmittel. Bei Durchfällen in Wein eingenommen, als antibiotisches Wundpulver aufgestreut oder bei Zahnfleischentzündungen gepinselt. In der Frauenheilkunde zum Stillen von Blutungen. Bewährtes Kindermittel: bei Angina zum Gurgeln, bei Darmgrippe messerspitzenweise in Kamillentee.

Brombeere (Rubus fructicosus, Blätter)
Innerlich mild stopfend und blutflusshemmend. Teekuren sind bei Altersdiabetes (siehe Seite 313) oder bei chronischer Blinddarmreizung hilfreich. Bei Angina, Mundfäule und Parodontose dienen Tee oder Extrakte als entzündungswidriges, keimtötendes und gewebekräftigendes Mittel zum Gurgeln, Pinseln oder Spülen.

Erdbeere (Fragaria vesca, Blätter)
Der gerbstoffreiche Blättertee lindert Entzündungen der Schleimhäute (Darm, Mund, Genitalien). Die leberregenerierende Eigenschaft nutzt man zur Begleitbehandlung der Leberzirrhose (z. B. in Form von Hepatodoron Tabletten von Weleda).

Gänsefingerkraut (Potentilla anserina, Kraut)
»Krampfkraut« des Pfarrer Kneipp. Wirkt mild krampflösend auf die glatte Muskulatur. Bewährt bei Regelkrämpfen (siehe Seite 211) und bei Darmkoliken von Kindern. Wirkt außerdem mild stopfend, blutflusshemmend und bindegewebskräftigend.

Himbeere (Rubus idaeus, Blätter)
Altes Hebammenkraut: Bei Regelkrämpfen, in der Schwangerschaft zur Dammschnitt-Prophylaxe und als bindegewebskräftigendes Kindbettmittel empfohlen (siehe Seite 283).

Mädesüß (Wiesenkönigin, Filipendula ulmaria; Blüten)
Als entzündungswidrige, schmerzlindernde und schweißtreibende Heilpflanze Bestandteil von Erkältungs- und Rheumatees; die Blüten enthalten Salicylate (= Vorstufen des Wirkstoffes von Aspirin).

Nelkenwurz, echte (Geum urbanum, Wurzel)
Von Kräuterpfarrer Künzle besonders bei Blasenschwäche und nach Schlaganfall gelobt. Die Wurzel wirkt entkrampfend auf den Unterleib und reguliert klimakterische Blutungen. Sie enthält das lokal betäubende und antiseptische Eugenol; daher bei Zahnschmerz oder Ausfluss verwendet. Ähnlich, aber schwächer und eher nervenstärkend wirkt die Bachnelkenwurz (Geum rivale).

Odermennig (Agrimonia eupatoria, Kraut)
Heißt »Sängerkraut«, weil es als Tee getrunken oder gegurgelt die Stimmbänder strafft. Die »Leberklette« der Volksmedizin bewährt sich auch als Tee bei Leberschwäche mit Durchfallneigung.

Rose (Rosa centifolia, Blüten)
Seelentrösterin! Entspannt, hellt die Stimmung auf und stärkt das weibliche Selbstwertgefühl; bewährt ist die Einreibung des Ohrläppchens mit stark verdünntem ätherischem Rosenöl (10%ig). Beliebte Aromapflanze für Kosmetika und Frauentees. Hippokrates, der »Vater der Medizin«, hat die Rose bei Gebärmutterleiden empfohlen, weshalb das Blütenpulver und das ätherische Öl Hauptbestandteile von Vaginalzäpfchen sind (siehe Rezept Seite 163).

Schlehe (Schwarzdorn, Prunus spinosa, blühende Triebspitzen)
Wegen der mild abführenden, harn- und schweißtreibenden Wirkung von Volksheilern als Blutreinigungsmittel empfohlen. In der anthroposophischen Medizin zur Herzkräftigung bei Erschöpfungszuständen und Altersherz mit Neigung zu Niederdruck. Angenehm erfrischend schmeckt das Weleda-Schlehenelixier.

Weißdorn (Crataegus laevigata und C. monogyna, Blätter mit Blüten)
Verbessert die Durchblutung des Herzmuskels und der Herzkranzgefäße. Lindert Herzbeschwerden wie Herzbeklemmung, -klopfen oder Angina pectoris und gleicht Blutdruckschwankungen sowie Rhythmusstörungen aus (z. B. Teekuren und Kuren mit Cordiak von Soluna). Mit Weißdorn (z. B. Crataegutt) kann man bei Herzinsuffizienz Digitalis reduzieren. Der »Schlafdorn«-Tee wirkt außerdem mild beruhigend und einschlaffördernd.

Wiesenknopf, großer (Sanguisorba officinalis, Kraut und Wurzel)
Auf die blutstillende Eigenschaft weist schon der Name hin: lat. sanguis = Blut und sorbere = saugen. Zu starke Regelblutungen, Blutungen im Klimakterium, Hämorrhoidalblutungen und nässende Wunden sind die Hauptanwendungsgebiete (z. B. in Form von Styptik von Soluna). Hieß früher »Wurmwurz« und wurde bei Amöbenruhr und bei anderen Durchfallerkrankungen gebraucht.

Alchemilla und das Wasser des Lebens

»Sie [die Natur] *bringt nichts an den Tag, das für sich selbst vollendet wäre, sondern der Mensch muss es vollenden. Diese Vollendung heißt Alchimia.«*

Paracelsus

Im Schrifttum tauchte der Frauenmantel erstmals im Spätmittelalter auf. Im »Gart der Gesundheit«, einem Mainzer Kräuterbuch von 1485, trug er schon den Beinamen »Alchimilla«, was bereits auf seine Bedeutung als Symbolpflanze der Alchimie hinweist. Nur wenige Pflanzen erhielten jemals einen so ehrenvollen Namen! Um die alchimistische Bedeutung des Frauenmantels zu verstehen, muss man allerdings das Wesen der Alchimie ein wenig beleuchten.

Um 1500 erlebte die Alchimie (auch Alchymie oder Alchemie) ihre Blütezeit im Abendland. Die Kunst Alchimia gilt als die »Mutter aller Wissenschaften«, aus der später moderne Naturwissenschaften wie Chemie und Pharmazie entstehen sollten. In der Renaissance umfasste sie jedoch noch Astrologie, Astronomie, Magie, Malerei, Musik und Architektur. Aus dieser Zeit stammen auch die meisten alchimistischen Schriften, die allerdings gründlich verschlüsselt waren und zum Teil bis heute ein Rätsel geblieben sind.

Nicht zuletzt handelte es sich ursprünglich um eine Geheimwissenschaft. Die Alchimisten gaben ihre Geheimnisse daher, wenn überhaupt, nur Eingeweihten preis und verschlüsselten ihr Wissen später aus Angst vor den Scheiterhaufen der Inquisition. Um sich dennoch untereinander zu verständigen, wählten sie eine komplexe Bild- und Symbol-Sprache, in der u. a. Pflanzen wie Alchemilla und Rose eine Rolle spielten.

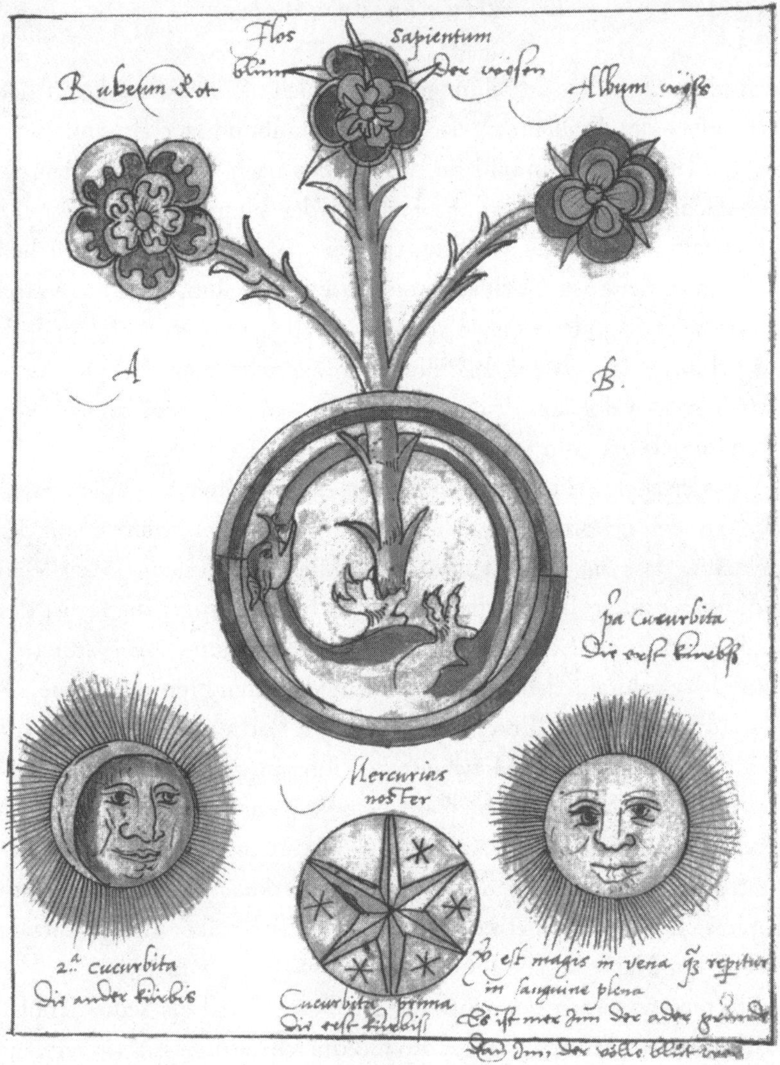

Alchimistische Darstellung des vollendeten Werkes: Durch die Vereinigung von weiblichen Mondkräften und männlichen Sonnenkräften erwachsen aus dem Ouroboros, der die Wiedergeburt verkörpert, drei Rosen. Die mittlere Rose ist blau und wird auch die »Blume der Weisen« genannt.

Auf alchimistischen Abbildungen findet sich oft die Rose, die adelige Schwester des Frauenmantels. Der Geheimbund der Rosenkreuzer verwendete sie als Sinnbild für das Streben nach Vollkommenheit. In der Alchimie symbolisiert die Königin der Blumen die »chymische Hochzeit«, womit die Vereinigung von weiblichen und männlichen Kräften gemeint ist. Nach alchimistischer Vorstellung sind diese zwei Urkräfte mehr oder weniger intensiv in allen Dingen vorhanden; in der chinesischen Medizin-Philosophie spricht man beispielsweise vom Yin (= weibliches Prinzip) im Yang (= männliches Prinzip) oder auch umgekehrt vom Yang im Yin.

Aus der chymischen Vereinigung dieser Polaritäten wird der »Stein der Weisen« geboren, jene geheimnisumwobene »Substanz«, von der es heißt, dass sie Krankheit in Gesundheit und unedle Metalle in Gold verwandelt. In Wahrheit ist die Alchimie weniger die Kunst des Goldmachens als vielmehr die Kunst der Veredelung von Naturstoffen. Diese geht auf den ägyptischen Eingeweihten Hermes Trismegistos zurück, der seine Erkenntnisse einst in Form von Lehrsätzen auf Smaragdtafeln schrieb. Manche setzen ihn mit der ägyptischen Gottheit Thot gleich, der die Toten auf dem Weg zur Wiedergeburt begleitete. In der griechischen Antike begegnet er uns in der Gestalt des Götterboten Hermes, den die Römer »Merkur« nannten. Von ihm leitet sich die »Hermetik« ab, die das Wissen über die göttlichen Kräfte der Natur beschreibt.

Hermes war auch der Gott der Heilkunst, und als seine Schüler waren die Alchimisten weniger am Goldmachen interessiert. Vielmehr suchten sie – und suchen bis heute – nach besonders wirksamen Arzneien. Der Arzt, Alchimist und Naturforscher Paracelsus (1493 bis 1541) nannte diese wahren Arzneien »Arkana« (Geheimmittel). Wie so viele Alchimisten war auch er um die Herstellung von Elixieren

In der Alchimie steht die Rose für die Vereinigung
von weiblichen (Blüte) und männlichen (Dornen) Kräften.

bemüht, die Krankheiten in Gesundheit verwandeln und das Leben verlängern.

Warum die Alchimie oft mit der Kunst des Goldmachens gleichgesetzt wird, liegt daran, dass Gold ein wichtiger Bestandteil von Lebenselixieren ist. Manchmal wird das Gold in solchen Lebenswässern sogar mit Rosengewächsen kombiniert, denn diese verkörpern für den Alchimisten die vollkommene Harmonie; z. B. enthält das herzkräftigende Elixier »Cordiak« von Soluna Gold, Rose und Weißdorn.

Paracelsus schrieb: »Die Sonne hat das Gold gezeugt und wirkt in ihm.« Das Sonnenmetall heißt im Lateinischen *aurum metallicum,* was so viel wie »Metall des Lichts« bedeutet. In trinkbarer Form, als *aurum potabile,* bringt es sonnenhafte Kräfte in den Menschen und stärkt somit die Lebenskraft. In der Alchimie ist Gold aber auch ein Synonym für die vollendete Arznei (= Arkanum). Darüber hinaus steht die Alchimie für spirituelle Wandlungsprozesse, in denen sich die Seele läutert, um sich aus der Erdenschwere zum Licht der Erkenntnis emporzuschwingen, analog der alchimistischen Umwandlung von unedlen Metallen in Gold.

Um die Kunst der Vollendung bzw. die Herstellung eines Arkanums zu verstehen, muss man zunächst davon ausgehen, dass in allem Irdischen göttliche Kräfte wirken. Diese finden sich also nicht nur im Menschen, sondern auch in Metallen, Mineralien, Tieren oder Pflanzen. In der Natur liegen sie als geistartiges Prinzip vor. Ein hermetischer Lehrsatz lautet: »Allem Existierenden liegt eine geistartige Kraft zugrunde.«

Das Geistartige ist für den Alchimisten der wahre Grund für die Heilkraft eines Stoffes. In der Alchimie nennt man die geistige Kraft, die es zu gewinnen gilt, »Mercurius«; andere Namen sind »Pneuma«, »Prana« oder »Chi«.

Die geistartigen Heilkräfte der Natur stehen uns aber nicht einfach zur Verfügung, u. a. weil sie ans Stoffliche gefesselt sind. Um die geistartigen Kräfte einer Pflanze als Arznei zu nutzen, muss man diese zuerst aus ihrer stofflichen Gebundenheit lösen. Ein alchimistischer Schlüsselsatz lautet daher: »Trenne das Feine vom Groben, sanft und

Destillation in der Staufen-Pharma, Göppingen. (© Olaf Rippe)

mit Spürsinn.« Paracelsus nannte diese Kunst »Spagirik« (vom griechischen *span* = trennen und *ageirein* = vereinen).

Das Trennen des Feinen vom Groben kann auf unterschiedliche Weise geschehen. Die Zubereitung von Tee oder Alkoholauszügen ist beispielsweise ein sehr einfacher Weg: Durch das Übergießen der Pflanze mit Wasser oder Alkohol lösen sich viele heilsame Pflanzenstoffe und gehen ins Lösungsmittel über; aber noch ist es der Stoff, der heilen soll.

Um das Geistartige in vollem Umfang zu gewinnen, gehen Alchimisten viel verschlungenere Pfade. Einen traditionellen Weg beschreitet z. B. Staufen-Pharma bei der Herstellung spagirischer Urtinkturen. Die Naturheilmittelfirma stellt ihre spagirischen Pflanzenessenzen nach überlieferten Angaben her und geht dabei in drei alchimistischen Grundschritten vor (siehe auch Seite 328):

1. *Putrefactio – die Zersetzung:* Die Pflanze wird mit Wasser und Hefe zur Gärung gebracht. Im Laufe des Gärungsprozesses kommt es zur Fäulung oder Zersetzung, wobei Alkohol entsteht, und an diesen binden sich die geistartigen Pflanzenkräfte. Man könnte auch sagen, dass bei der Gärung die Pflanzenseele aus ihrem stofflichen Gefängnis befreit wird.
2. *Purificatio – die Reinigung:* Nun trennt man den Alkohol, in den die flüchtigen Stoffe (z. B. Aromastoffe) übergegangen sind, vom Pflanzenbrei ab. Durch Destillation befreit und läutert man die geistartigen Kräfte von Unreinheiten. Wie beim Kochen der Wasserdampf aufsteigt und sich in Wassertröpfchen niederschlägt, so steigen bei der Destillation die flüchtigen Pflanzenstoffe auf und schlagen sich als Destillat nieder. Alchimisten nennen dies »Solve et coagula« (es löst sich und schlägt sich nieder).
3. *Conjugatio – die Vereinigung:* Weil sich im Pflanzenrückstand noch wertvolle Stoffe befinden, wird dieser getrocknet und in speziellen

Öfen verascht. Die Asche stellt das durch das Feuer geläuterte Grundgerüst des Körpers dar (Mineralgerüst), an das die geistartigen Kräfte zuvor gebunden waren. Ein Teil der Asche wird nun dem Destillat beigemengt, womit die Vereinigung bzw. die »chymische Hochzeit« vollzogen ist.

Das Trennen, Läutern und Vereinigen macht aus der Pflanze eine vollendete Arznei.

Von der Natur abgeschaut

Das Geheimnis dieser besonderen Arzneiherstellung hat der Mensch keineswegs selbst erfunden. Er hat es vielmehr der Natur abgeschaut, denn in der Natur laufen ständig alchimistische Prozesse ab.

Wenn Herbstlaub auf den Boden fällt, dann muss es zuerst von Mikroorganismen zersetzt werden, damit daraus der Humus für neues Leben entstehen kann. Im herbstlichen Vergehen spiegelt sich also die Fäulung (Putrefactio) wider. Die Destillation, bzw. das alchimistische Prinzip der Reinigung (Purificatio), findet sich ebenfalls in der Natur.

Beispielsweise kann man beobachten, wie sich Wasser nach dem Austritt aus der Quelle zunächst als Rinnsal und später vielleicht als mächtiger Strom zum Meer hin ergießt. Durch Erwärmung steigt es als Dunst zum Himmel empor. Dort verdichtet es sich zu Wolken, die als Regen auf die Erde niedergehen, um schließlich, durch die Erde gefiltert, erneut als Quellwasser hervorzusprudeln. Durch diesen Vorgang vollzieht die Natur seit Jahrmillionen eine stete Erneuerung und Reinigung. Dabei entsteht aber kein »neues« Wasser, sondern der ewige Kreislauf verändert lediglich die Qualität oder Schwingung. Auch findet sich in jedem Wassertropfen stets ein Teil des ersten Tropfens vom Anbeginn der Zeit.

In der Alchimie kommt nun dem Wasser eine ganz besondere Bedeutung zu: »Das Wasser ist die Mutter aller Dinge« (alchimistische Weisheit). Wasser ist der Quell des Lebens und ermöglicht als solches die irdische Fruchtbarkeit. Wasser steht für Erneuerung, Reinigung und Wandlung. Aus alchimistischer Sicht ist es auch das universelle Lösungsmittel zur Herstellung von Arzneien. Jedes Wasser besitzt jedoch eine andere Qualität oder Schwingung, sodass es keinesfalls egal ist, welches Wasser der Alchimist nun gebraucht – man denke nur an die Verschiedenheit von frischem Quellwasser, Meerwasser oder Tau.

Die Alchimie der Alchemilla

Als besonders edles Wasser, das man zur Herstellung von Elixieren verwenden kann, gilt nach alter Ansicht der Tau (siehe Seite 50). Weil sich im Blattschoß des Frauenmantels fast immer ein »Tautropfen« befindet, nannte man das Gewächs einst »Sin(n)au«, die Pflanze mit dem ewigen Wasser (*sin* = immer; *au* = Wasser). Bei dem Wasser, das dem Frauenmantel Namen wie »Taubecher« oder »Taublatt« eintrug, handelt es sich aber keineswegs um gewöhnlichen Tau; obwohl der Tau, der sich in den Morgenstunden auf die Wiesen senkt, natürlich auch den Frauenmantel benetzt.

Doch der Frauenmantel behält seine Wasserperlen selbst dann noch, wenn der übrige Morgentau verdunstet ist. Wer zum richtigen Zeitpunkt vor der Pflanze steht, kann beobachten, wie einzelne Wassertröpfchen am Blattrand hervortreten und in der Blattmitte zusammenlaufen. Heute weiß man, dass sich an den Zähnchen am Blattrand kleine Drüsen, so genannte Hydathoden, befinden, die wie kleine Überdruckventile – in Abhängigkeit von der Luftfeuchtigkeit – überflüssiges Wasser sichtbar ablassen. Botaniker nennen den Vorgang »Guttation«.

Dieses Phänomen erregte einst das Interesse der Alchimisten, die ja stets auf der Suche nach besonders reinem Wasser für ihre Elixiere waren. Sie erkannten darin das Prinzip der Läuterung: Die Pflanze nimmt das Wasser mit der Wurzel aus dem Boden auf, filtert es und gibt es schließlich wieder an den Himmel ab. Daher heißt es oft, die Alchimisten hätten dieses »Himmelswasser« gesammelt, um daraus den »Stein der Weisen« zu bereiten.

In der Tat gibt es heute noch Alchimisten, die mit dem Himmelswasser der Alchemilla experimentieren. Einige destillieren das Guttationswasser sogar, um es in seiner geistartigen Kraft zu verstärken.

Manche Alchimisten sehen jedoch im Fleisch fressenden Sonnentau (Drosera ssp.) das wahre Alchimistenkraut, weil dieser seinen enzymhaltigen Verdauungssaft auf ähnliche Weise wie die Alchemilla absondert. In der Alchimie entspricht die Verdauung aber noch dem Prinzip der Fäulung (Putrefactio), während die Guttation dem Prinzip der Läuterung (Purificatio) nahe kommt und somit bereits das Veredelte verkörpert. Schließlich trägt der Frauenmantel in alten Kräuterbüchern ebenfalls den Namen »Sonnenthau«, was sicherlich zu mancher Verwechslung beigetragen hat.

Das Guttationswasser der Alchemilla ist jedenfalls von größter Reinheit und wurde durch die Filtration von der Pflanze sogar noch vergeistigt. Man könnte es daher als natürliches Pflanzendestillat bezeichnen. Wen wundert es da noch, dass die Alchimisten von diesem »Himmelswasser« fasziniert waren und das edle Gewächs »Alchemilla« tauften.

Ob das Himmelswasser der Alchemilla, selbst wenn es nach den Regeln der Kunst aufbereitet wurde, wirklich zum Goldmachen taugt, sei dahingestellt. Zumindest bei Frauenleiden aller Art erweist sich der Frauenmantel als »Stein der Weisen«, der so manche Krankheit in Gesundheit zu wandeln vermag. Wer sich aber die Mühe macht, bei Sonnenaufgang durch die taunassen Wiesen zu streifen, um das Guttationswasser zu sammeln, der erfährt dadurch nicht nur eine Art Läuterung der Seele, sondern kann damit durchaus auch Elixiere von besonderer Qualität herstellen.

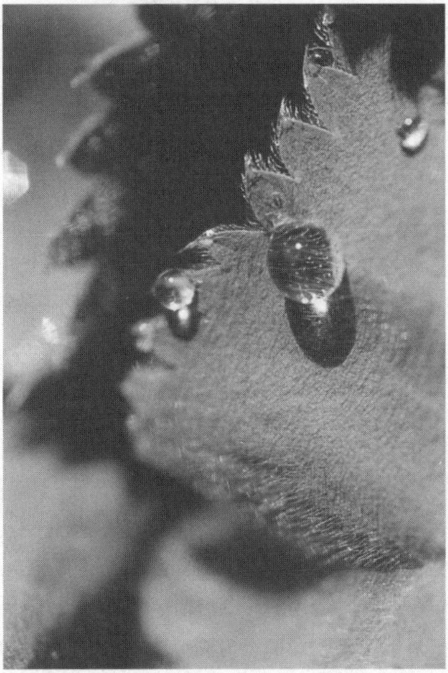

Über winzige Drüsen am Blattrand lässt der Frauenmantel kleine Tropfen, das Guttationswasser, ab. (© Margret Madejsky)

Soluna – Arzneiherstellung im Rhythmus von Sonne und Mond

Einen besonderen Weg der Herstellung spagirischer Essenzen wählte der Alchimist Alexander von Bernus, der 1921 die Heilmittelfirma Soluna gründete. Noch heute stellt die Firma in Donauwörth Arzneien nach seinen Originalrezepten her. Unter den »Solunaten« befinden sich auch zwei spagirische Komplexpräparate, die den Frauenmantel enthalten: Matrigen I und II (Zusammensetzung und Wirkung siehe Seite 319/321).

Je nach Präparat werden Kräuter, Salze und Metalle in Alkohol und in einem Destillat, das aus dem vorangegangenen Herstellungsprozess stammt, angesetzt. Analog der menschlichen Blutmenge umfasst die Ansatzmenge 5 Liter. Der Ansatz ruht eine Woche und erfährt damit die Schwingungen der sieben Planetentage (Montag/Mond, Dienstag/Mars, Mittwoch/Merkur, Donnerstag/Jupiter, Freitag/Venus, Samstag/Saturn, Sonntag/Sonne). Diese Phase erfolgt bei einer Temperatur von 37 °C – analog unserer Körpertemperatur.

Für die Ruhephase baute man einen speziellen Raum mit einem Dach nach dem Vorbild der Cheopspyramide. In diesem befindet sich ein achteckiger, gläserner Innenraum, das Oktogon, in dem die Ansätze ruhen. Die Acht verkörpert in der Hermetik die Befreiung und Läuterung des Geistes. In der Astrologie ordnet man die Acht dem Planeten Merkur zu, dem kosmischen Prinzip der Wandlung und Erneuerung. Während dieser Phase werden die Ansätze nur zum Sonnenaufgang und zum Sonnenuntergang rhythmisch bewegt: Morgens rührt man die Solunate 33-mal rechts herum (= Sonnenrhythmus), und abends rührt man sie 28-mal links herum (= Mondrhythmus).

Da es sich um einen Auszug mittels Alkohol handelt, gehen auch Pflanzeninhaltsstoffe wie Flavonoide, Bitter- und Gerbstoffe über; hierin zeigt sich der fundamentale Unterschied zu anderen alchimistischen Arzneien, in denen solche Stoffe meist nicht mehr nachweisbar sind.

Nach den sieben Ruhetagen werden die Solunate mehrfach filtriert. Obwohl das Filtrat bereits das fertige Handelsprodukt ist, ist der Prozess damit noch nicht am Ende: Der bei der Filtration verbliebene Rückstand wird nun mit Quellwasser versetzt und mehrmals unter Luftkühlung schonend destilliert. Dieses Destillat wird als Basis für den nächsten Herstellungsprozess verwendet, und erst jetzt schließt sich der Kreis.

Die spagirischen Präparate der Firma Soluna ruhen sieben Tage lang in einem achteckigen Raum, dem Oktogon. (© Olaf Rippe)

Wegen dieses Kreislaufs befindet sich schließlich in jedem Solunat immer auch ein Teil vom allerersten Herstellungsprozess. Nach alchimistischer Auffassung werden die Arzneien dadurch mit jedem Herstellungszyklus besser, da sich das Destillat mit jedem Kreislauf etwas mehr vergeistigt hat.

Mit der Destillation beginnt und endet die Herstellung der Solunate. (© Olaf Rippe)

Die magischen Kräfte des Taus

»Alle Sterne, soweit der Himmel reicht, haben eine Art in sich, dass sie täglich (...) schwitzen. Dieser Dunst kommt alle Tage von den Sternen und fällt auf die Erde herab. (...) und ist der Tau.«

Paracelsus

In der germanischen Mythologie begegnet uns Tau als Himmelsmilch, die Donar mit seinen Blitzen aus den Wolkenkühen gemolken hat. Überlieferungen zufolge gebrauchten die nordischen Priester das Himmelswasser einst wie eine Art Weihwasser: Die Priester tauchten einen Birkenreis in Tau und besprengten während des Einweihungsritus ihre Schüler mit dem heiligen Nass. Vermutlich diente ihnen der Tau zur rituellen Reinigung vor kultischen Handlungen sowie im Fruchtbarkeits- und Heilzauber.

In der Antike glaubte man, der Tau sei der Ausfluss der Mondgöttin. Luna bewegt schließlich die Weltenmeere, bewirkt Ebbe und Flut und ist überhaupt die Herrscherin über das Leben spendende Element.

In der Vollmondnacht, die der Sommersonnenwende folgte, zogen die Athenerinnen aus, um das kostbare Nass für ihre Fruchtbarkeitsriten zu sammeln. In ihren Körben führten sie auch heilige Schlangen mit sich, deren Fruchtbarkeit und Lebenskraft sich auf das Wasser übertragen sollte.

Bis heute ist der Tau, mit dem oft das Guttationswasser der Alchemilla gemeint ist, im abendländischen Volksglauben eine Art Lebenswasser mit vielerlei Heil- und Schutzkräften. Er befruchtet die Felder und Weinberge, wenn er diese in den Morgenstunden benetzt. Getrunken oder zur Abreibung gebraucht, fördert Tau ebenfalls die Fruchtbarkeit des Menschen. Waschungen mit Tau ziehen alle Unreinlichkeiten an sich und bringen sogar – so der alte Glaube – die verlorene Unschuld zurück.

Im Alpengebiet erhielten sich Bräuche wie das Tautreten oder die Abreibungen mit »betauten« Frauenmantelblättern. Sie stehen im Ruf, vor allem Augenentzündungen sowie Fieber zu verhüten oder zu heilen, und gelten auch als verjüngendes Kosmetikum.

Sternenhalle im Palast der Königin der Nacht, Karl Friedrich Schinkel.
(© Bildarchiv Preußischer Kulturbesitz, bpk)

»Des Menschen Seele gleicht dem Wasser:
Vom Himmel kommt es, zum Himmel steigt es,
Und wieder nieder zur Erde muss es,
Ewig wechselnd.«

Johann Wolfgang von Goethe

Drei Methoden zur Gewinnung des Himmelswassers

- Zur rituellen Reinigung genügt eine Mischung aus Tau und Guttationswasser. Diese gewinnt man, indem man in den Morgenstunden ein sauberes Leintuch so lange über eine taunasse Frauenmantelwiese zieht, bis es sich voll gesogen hat. Mit dem taugetränkten Tuch kann dann beispielsweise eine Abreibung erfolgen. Das Wasser kann auch herausgepresst, in eine Flasche umgefüllt und als naturmagisches Weihwasser gebraucht werden.
- Das Guttationswasser des Frauenmantels lässt sich auch sammeln, indem man es mit einem Silbermesser vom Blatt abstreift, es in einer Schüssel auffängt und dann in eine Flasche umfüllt. Das so gewonnene Himmelswasser eignet sich zur Herstellung von Gesichtswässern, Kräutertropfen oder Destillaten.
- Die edelste, aber aufwendigste Methode zur Gewinnung der Guttationstropfen ist, wenn man die einzelnen Tropfen mit einer Pipette aufzieht. Dieses Wasser eignet sich besonders zur Herstellung von Blütenessenzen, Lebenselixieren und Schönheitswässern.

Von Friggas Zauberkraut zum Marienmantel

»Die weisen Frauen pflückten ihn
(den Frauenmantel) *zur Zeit des abnehmenden Mondes*
und stillten damit den Blutfluss der Frauen.«
Roland Schaette

Lange vor den Alchimisten wussten die vorchristlichen Hebammen und Kräuterweiber von den besonderen Kräften des Frauenmantels. Als sie auf der Suche nach wirksamen Kräutern und Beeren durch die Natur streiften, waren sie wohl irgendwann einmal von dem Funken sprühenden Lichtspiel des taunassen Blattes in den Bann gezogen worden. Sicher waren es auch die weisen Frauen, die dem Frauenmantel den Namen »Synauwe« gaben, was so viel bedeutet wie die Pflanze, die immer Tau trägt. Wenn sie ihre Erfahrungen mündlich von Frau zu Frau weitergaben, mussten sie einen Namen wählen, der jede Verwechslung mit anderen Gewächsen ausschloss, und mit ihren fast stets betauten Blättern ist die Alchemilla einfach unverwechselbar.

Die Zeichen der Göttin

Als die Göttin noch im Wald und in den Wiesen wohnte, gab sie den weisen Frauen Zeichen, damit diese erkennen konnten, in welchem Kraut göttliche Kräfte wirken. Das Taublatt war ein Geschenk der Mondgöttin, die über das Element Wasser regierte. Über Nacht hatte sie das Blatt mit dem Himmelswasser benetzt, und sicherlich diente dieses den Priesterinnen als eine Art Weihwasser im Fruchtbarkeitskult; Tau war in allen Naturreligionen als magisches Element vertreten.

Doch der Frauenmantel trägt noch ein weiteres Zeichen der Göttin: Sein schüsselförmiges Blatt, in dessen Mitte eine Wasserperle ruht, erinnerte die kräuterkundigen Frauen wahrscheinlich auch schon an den weiblichen Geburtsschoß, der die Leibesfrucht trägt. Alle Urvölker leiteten nämlich – und leiten auch heute noch – die in einer Pflanze wirkenden Kräfte von deren Gestalt ab, so auch die Germanen. Eine Pflanze, die das Urmysterium der Fruchtbarkeit und der Geburt so deutlich widerspiegelt, musste einfach ein heilsames Frauenkraut sein. Aber nur weil sich der Frauenmantel in Frauenangelegenheiten wirklich als hilfreich erwies, weihten die Germanen das Taublatt ihrer Fruchtbarkeitsgöttin Frigga, deren Name sowohl »Frau« als auch »Gattin«, »Gebieterin« und »Geliebte« bedeutet. Schließlich wurden nur die heilkräftigsten und symbolträchtigsten Pflanzen einer Göttin unterstellt.

Heiliger Sinnau – heilender Sinnau

Frigga war die stolze Königin der Asen, die in der Götterburg Asgard lebten und durch einen Regenbogen mit der Welt der Menschen verbunden waren. Sie residierte zusammen mit ihrem Gemahl Odin im Heim Fensal unter Linden. Als Wolkengöttin regierte sie über das Wasser, und als webende Erdgöttin, die das irdische Leben hervorbringt und auch wieder in sich aufnimmt, kannte sie alle Menschenschicksale.

Die Germanen verehrten sie einst als Hüterin des Häuslichen und als Spenderin des Kindersegens. Sie brachten ihr Milch- und Räucheropfer dar, damit sie über die Gebärenden wachte. Mit dem Frauenmantel hatte die Göttin den Frauen ein Heilkraut geschenkt, das – insbesondere bei abnehmendem Mond gebraucht – die Macht besaß, Blutungen zu stillen und Geburtswunden zu schließen.

Linde in Linden bei Wessobrunn. Die Linde war einst der Baum der germanischen Göttin Frigga, die im Zuge der Christianisierung von Maria abgelöst wurde. (© Margret Madejsky)

Die germanischen Frauen bereiteten ihre Heiltränke aber noch, indem sie die Kräuter in Honigmet oder in Ziegenmilch siedeten. Im Mittelalter wurden Met und Milch schließlich durch Bier und Wein ersetzt. Nicht nur Volksbräuche wie der Kindbierumtrunk (siehe Seite 283), die sich in ländlichen Gegenden bis in unsere Zeit hinein erhalten konnten, sondern auch alte Segenssprüche, die die Zauberkräfte der Pflanzen entfesseln sollten, wurzeln in der Naturverehrung und im Pflanzenbrauchtum der alten Germanen. Erst als die Römer kamen, wurde Frigga allmählich von deren weiblichen Gottheiten abgelöst, die ihre Attribute übernahmen. So wurde Friggas Taublatt alsbald zur heiligen Pflanze der römischen Liebesgöttin Venus.

Die Dienerinnen der Venus wussten den Frauenmantel ebenfalls zu gebrauchen: Sie bewahrten mit Hilfe des Krauts ihre Jungfräulichkeit – diese Jungfräulichkeit war allerdings nicht im christlichen Sinne gemeint, da Geschlechtsverkehr bei den Römern noch zu den kultischen Handlungen gehörte. Sitzbäder und Waschungen mit dem Frauenmantel dienten vielmehr dazu, das Genital für den heiligen Akt zu reinigen, die Beckenorgane zu kräftigen und die Brüste straff zu erhalten.

In alten Kräuterbüchern finden sich viele Rezepte, die im Kult der Liebesgöttin wurzeln. So schrieb Tabernaemontanus in seinem Kräuterbuch (1731): »Dieses Kraut in Regenwasser gesotten/und mit demselbigen Wasser die heimlichen Oerter der Weiber gewaschen/dringt es dieselbigen zusammen/als wann sie Jungfrauen wären.«

Oder: »Vor die langen hangenden Dütten: Nimm Sinnaukraut/und seude es im Regenwasser zum halben Theil ein/seihe es dann durch/und netze ein leinen Tuch darinn/und lege es über die Brüst.«

In einer anderen zeitgenössischen Schrift heißt es auch, dass der Frauenmantel in Form von Bädern gute Dienste leistet, wenn »man die oft bestürmte Venus-Burg gerne jungfräulich haben wolle«.

All dies trug dem Frauenmantel Beinamen wie »Jungfernmantel« oder »Jungfernwurz« ein. Doch bei seiner Verwendung ging es offensichtlich mehr um die Erhaltung der Gesundheit und der weiblichen Reize als um die geschlechtliche Unberührtheit. Eben auf diesem Gebiet wird er von kräuterkundigen Landfrauen heute noch gerühmt: Sie empfehlen den Frauenmanteltee wie auch das Sitzbad bei Unterleibsentzündungen und als Tonikum bei Erschlaffung der Beckenorgane (siehe Seite 312).

Letztendlich verhilft der »Venusmantel« sogar den Männern zum »Venushandel«, womit in alten Kräuterbüchern der Liebesakt gemeint ist. So habe ich schon des öfteren Männer beobachtet, die die Blätter frisch verzehrten, und anfangs wunderte ich mich darüber, dass sie ein Frauenkraut zu sich nahmen. Nur einer wollte mir bisher verraten, warum: Der Frauenmantel gilt seit langem als Genitaltonikum für Männer und wird von den älteren Kräuterkundigen im Alpengebiet auch zur Erhaltung der Potenz geschätzt. Tatsächlich wirken seine entzündungswidrigen Stoffe auch auf Männer heilsam, und in dem Kraut fand man sogar Inhaltsstoffe, die auf die Prostata abschwellend und regenerierend wirken (siehe Seite 90).

Ein »Männermantel« für Hodenentzündungen

(Originalrezept des Münchener Kräuterparadieses Lindig)

Das Münchener Kräuterparadies Lindig kennt ein altes Kräuterteerezept, das bei Hodenentzündungen helfen soll, und empfiehlt dieses bei Bedarf zusammen mit einem Blasenschontee. Wegen der Gefahr der bleibenden Unfruchtbarkeit sollte der Mann bei Hodenentzündung natürlich unbedingt einen Urologen aufsuchen und diesen Tee nur begleitend zur ärztlichen Therapie gebrauchen.

Kapuzinerkresse (antibiotische Heilpflanze)
Frauenmantelkraut (entzündungswidriges Genitaltonikum)
Ringelblumenblüten (Wundheilpflanze)
Waldrebe (entzündungswidriges Lymphheilmittel)
Weißkleeblüten (entzündungswidrige Heilpflanze)

Zu gleichen Teilen mischen; 3 bis 4 Esslöffel mit einem halben Liter kochendem Wasser überbrühen, ca. 10 Minuten ziehen lassen, abseihen und über den Tag verteilt trinken.

Bei Blasenreizung könnte dieser Tee auch durch Urotruw Tropfen (von Truw) ergänzt werden (siehe Seite 183).

Neben dem Frauenmantel zählten einst auch Eisenkraut, Hanf, Holunder, Labkraut, Quendel, Rose, Schlafmohn und andere Heilpflanzen zu den Attributen der alten Göttinnen. Im Zuge der Christianisierung wurden Friggas Symbolpflanzen ab dem 9. Jahrhundert der Jungfrau Maria unterstellt. Berauschende Liebespflanzen wie der Hanf passten natürlich nicht so gut zur keuschen Muttergottes. Aber unter den alten Linden, die ehemals von Frigga beseelt waren, finden sich seither Gebetsstöcke mit Marienfiguren. Auch der symbolträchtige Frauenmantel gab eine geradezu ideale Marienblume ab, denn er »pflanzt sich, ganz im Sinne der unbefleckten Empfängnis, nur eingeschlechtlich fort« (D. Arens).

Wegen seiner rosettenartig gefalteten Blätter, die wie ein Mäntelchen anmuten, wurde der Frauenmantel schließlich zum »Marienmantel« und damit zur Symbolpflanze für den Mantelschutz, der ab dem 14. Jahrhundert zunehmend an Bedeutung gewann. Aus dieser Zeit stammen nicht nur Darstellungen der Schutzmantelmadonna, deren Umhang Bedürftigen Zuflucht bot. In der Rechtssphäre des Mittelalters spielte der Mantelschutz ebenfalls eine große Rolle: Wenn z. B. ein außereheliches Kind oder auch ein Vogelfreier den Mantel eines mächtigen Fürsten oder seiner Gattin erhielt, dann bedeutete dies, dass ihm der Fürst nun Schutz gewährte.

Nicht zuletzt erlangten auch die Tauperlen mit der Christianisierung eine neue Bedeutung. Zur Zeit der alten Naturreligionen glaubten die Menschen noch, es sei der Ausfluss der Mondgöttin. Die Christen fanden aber eine andere Erklärung: Die Wassertropfen waren nun die Tränen gefallener Engel, die jeden Morgen weinten, weil sie irrtümlich Luzifer gefolgt waren, und ihre in der Morgensonne glitzernden Tränen erinnerten sie für kurze Zeit an den einstigen Glanz, der sie umgab, als sie noch im Himmel weilten. Und weil die Alchemilla das

Wasser aus dem Boden aufnimmt, es reinigt und schließlich wieder an den Himmel abgibt, wollten die Christen im »Himmelstau« sogar noch den Läuterungsprozess der Seele erblicken. Im Volk erhielt sich daher lange der Brauch, sich mit Tau von allen Sünden freizuwaschen.

Sammeln im Frauendreißiger

Mit der zunehmenden Christianisierung entbrannte unter den Kräuterkundigen der Streit, wann der Frauenmantel denn nun gesammelt werden soll. »Die Zeit seiner Destillierung ist Wurzel und Kraut mit aller Substanz gehackt/und im Ende des Meyen/oder zwischen den zweyen unser lieben Frauen Tagen gebrant«, empfahl einst Lonicerus.

Im Kalender des Klosters Tegernsee aus dem 15. Jahrhundert heißt es ebenfalls, dass die Kräuter und Wurzeln für die Apotheken um Mariä Himmelfahrt gesammelt werden sollen. Dieser Tradition folgend, sammeln bis heute manche Klosterapotheken die Himmelfahrtskräuter im Frauendreißiger. Der Frauendreißiger beginnt am 15. August mit Mariä Himmelfahrt und endet eigentlich erst am 14. September, dem Tag der Kreuzerhöhung, denn erst dann sind es dreißig Tage. Für die neuen Christen war dies nach wie vor eine naturmagische Zeit, in der noch allerlei heidnischer Heil- und Fruchtbarkeitszauber betrieben wurde.

Wie so viele Pflanzen, die zuvor im Fruchtbarkeitskult der Frigga eine Rolle spielten, hielt man nun auch den Marienmantel erst dann für besonders heil- und schutzkräftig, wenn er zu Mariä Himmelfahrt kirchlich geweiht worden war. Die alten Fruchtbarkeitsfeste fanden aber ursprünglich um den Augustvollmond herum statt, und die Weihbuschen waren einst heidnische Lebensruten, deren Berührung die Fruchtbarkeit spendende und Heil bringende Kraft der Vegetation auf die Menschen übertragen sollte. Darüber hinaus waren diese

In katholischen Gegenden trägt man zu Mariä Himmelfahrt prächtige Kräuterbuschen zur kirchlichen Weihe. In den Himmelfahrtsbuschen finden sich oft noch alte Frauenheilkräuter wie der Marienmantel. (© Margret Madejsky)

Kräuterbüschel für die Menschen der Vorzeit wertvolle Naturapotheken (siehe »Himmelfahrtskräuter in der Frauenheilkunde«, Seite 64). Wenn Mensch oder Vieh krank wurden, gab man ihnen einen Teil der Kräuter ins Essen oder in den Futtertrog. Frisch Vermählte nähten mitunter sogar ganze Kräuterbüschel ins Brautbett ein, um Kindersegen zu bewirken. Den Christen dienten die Weihbüschel als Universal-Apotropäum (Mittel, das Unheil abwendet), denn sie boten – nun eben im Herrgottswinkel hängend – Schutz vor Behexung, Blitzschlag, Krankheit, Tod und Teufel. Der Glaube an die universellen Heil- und Schutzkräfte der Kräuter war so tief im Volk verankert, dass die Kirche viele der heidnischen Pflanzenbräuche schlicht übernehmen musste. Nur wandelten sich die einstigen Anrufungen der Göttin und die Beschwörungen von Pflanzengeistern im Lauf der Zeit eben in fromme Kräutergebete. Die uralte Naturverehrung schwingt auch noch in einem Sinnau-Kräutersegen mit, der im 19. Jahrhundert gesprochen wurde und aus dem Steierischen stammt (siehe Sinnau-Kräutersegen, Seite 63).

Die Legende von der Hirtin und dem Weihbüschel

Es war einmal eine junge Hirtin, die einem in Grün gekleideten Mann begegnete, der sie heftig umschmeichelte. Als die junge Frau bemerkte, dass sein Rücken hohl war, was als Zeichen des Bösen galt, eilte sie verängstigt zum Pfarrer und erzählte diesem von der sonderbaren Begegnung. Der Pfarrer riet ihr, beim nächsten Mal recht freundlich zu bleiben und den Fremden zu fragen, was ihm denn höchstallerunangenehmst sei. Der Mann in Grün lief prompt in die Falle und nannte ihr Eberraute, Speiklavendel und Widerton als die unangenehmsten Dinge, die er sich vorstellen könne. Die Hirtin sammelte sogleich die genannten Kräuter und ließ sie vom Pfarrer weihen. Als der verliebte Teufel erneut erschien, hielt sie ihm die geweihten Kräuter entgegen, woraufhin er unter fürchterlichem Gepolter und Zischen in Flammen aufging und für immer verschwand… und seither gelten die geweihten Kräuterbüschel als Schutz gegen alles Böse, gegen Krankheit, Tod und Teufel.

Die Kräfte der Liebfrauenbettstroh-Kräuter

Neben dem Frauenmantel wurden im Zuge der Christianisierung auch andere Gebärkräuter Maria unterstellt. Einige dieser alten Heilpflanzen tragen nach der Muttergottes, die auch als »Unsere liebe Frau« bezeichnet wurde, den Beinamen »Liebfrauenbettstroh«. Zu den Bettstrohkräutern zählen z. B. Johanniskraut, Labkraut, Quendel und Thymian, aus denen schon die vorchristlichen Hebammen den Gebärenden ein duftendes Lager bereiteten. Man glaubte, dass ebendie stark duftenden Kräuter Krankheitsdämonen und überhaupt alles Böse von Mutter und Kind fernhalten. Im übertragenen Sinn stimmt der alte Aberglaube durchaus mit den modernsten Erkenntnissen überein: Alle Liebfrauenkräuter besitzen antibiotische Kräfte und dienten den Germanen vermutlich als Ersatz für die heute übliche Desinfektion.

Gegenüberliegende Seite:
Sinnau-Kräutersegen aus »Volksmedizin und Aberglaube in der Steiermark« von Victor Fossel; Zeichnung: Fred Weidmann, München

Sinnau-Kräutersegen

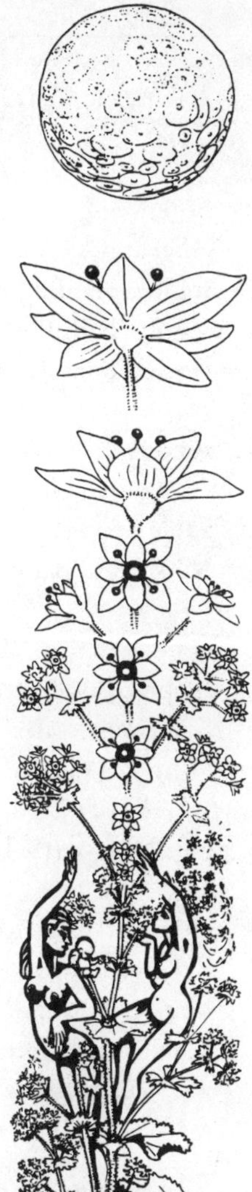

Die Wurzeln und Kräuter
Bete ich mit meinem kostbaren Gebete an,
Die da auf diesem Orte erschaffen sind,
Zu doktern und zu heilen.

Sinnau, Sinnau, du heiliger Sinnau,
Das sind die Sinnauwurzeln,
Unserer lieben Frau ihr Mantelkraut,
Die Wurzel ist eine Wurzel über alle Kräuterwurzeln.

Diese sind die Sinnaukräuter unserer lieben Frau,
Ihr Mantelkraut ist ein Kraut über alle Kräuter,
Ein Kräutlein über alle Kräutlein.

Unsere liebe Frau ist die reinste Jungfrau,
Ist eine Frau über allen Frauen,
Eine Frau über allen reinsten Jungfrauen.

Weil du bist und was du bist
Und weil du über alle Kräuterwurzeln zum Heilen bist,
O heiliger Sinnau, bitte ich Gott den Allmächtigen
Und die reinste Jungfrau Maria für den Kranken,
Für alle Krankheiten, die in seiner Person regieren,
Zu doktern und zu heilen. Amen.

Zieht's ab, heilt's ab, zieht's aus, heilt's aus.

Himmelfahrtskräuter in der Frauenheilkunde

Beifuß (Artemisia vulgaris, Korbblütler)

Sonnwendgürtel und Pflanze der Mondgöttin Artemis. Universalentgiftungskraut; von Hildegard »Zur Entfettung von Frauen« empfohlen. »Beifuß, du hast Macht gegen Gift« (altengl. Neunkräutersegen). Beifußtee fördert die Ausscheidung von Stoffwechselschlacken über Harn, Schweiß, Stuhl und Menstruationsblut. Das Kraut regt Hypophyse, Keimdrüsen und Kreislauf an und wirkt blutungsfördernd, krampflösend sowie stimmungsaufhellend. Beifuß hieß einst »Teufelsflucht«, weil er Krankheits»dämonen« vertreibt. Er zählt weltweit zu den Räucherpflanzen der Schamanen und ist das Moxakraut der chinesischen Medizin.

Dost (Origanum vulgare, Lippenblütler)

Liebfrauenbettstroh. Antimikrobielles Frauenkraut; in Form von Sitzbädern oder Spülungen bei Unterleibsentzündungen bewährt. Wirkt als Gewürz und Teekraut verdauungsfördernd, darmreinigend (Candida!), krampflösend und nervenstärkend; der balsamisch-würzige Duft vertreibt auch Dämonen der Melancholie.

Eisenkraut (Verbena officinalis, Eisenkrautgewächs)

Kraut der Mondgöttin Isis. Gürtlerkraut; wurde früher zu Brautkränzen gewunden. Heidnisches Wundkraut und Gebärmuttertonikum; enthält Wehen erregendes Verbenalin, daher seit Jahrhunderten zur Geburtserleichterung als Tee getrunken. Bewährte sich ebenso in magen- und nervenstärkenden Teemischungen.

Hafer (Avena sativa, Süßgras)

Altes Fruchtbarkeitssymbol und Attribut der Demeter. Grüner Hafer enthält das empfängnisfördernde und mild aphrodisierende Alkaloid Avenin. Hafer ist Kraftnahrung für Körper und Seele; er regt die Blutbildung an, stärkt die Nerven und verleiht Ausdauer.

Johanniskraut (Hypericum perforatum, Johanniskrautgewächs)

Liebfrauenbettstroh. Johanniskrautrotöl bewährt sich zur Wund- und Narbenpflege z. B. nach OP oder Dammschnitt. Der Tee lindert die Wochenbettdepression, hellt die Stimmung auch prämenstruell oder in den Wechseljahren auf. Besonders empfehlenswert ist Aurum/ Apis reg. comp. (Wala), das Sonnenkraft in sich trägt. »Es ist eine Universalmedizin für den ganzen Menschen. Ich habe die vier Kräfte gemeldet, nämlich gegen die Phantasie, gegen Würmer, gegen Wunden und die balsamische Tugend« (Paracelsus).

Kamille (Matricaria chamomilla, Korbblütler)

Altbewährtes Mutterkraut; »Matricaria« leitet sich ab vom lateinischen *matrix* (= Gebärmutter). Der Tee wie auch die homöopathische Chamomilla (D6) wirken krampflösend auf Unterleib und Magen/Darm. Die Kamille ist eine antibiotisch wirkende Heilpflanze. Sitzbäder oder Umschläge bewähren sich bei Bartholinitis; Vaginalspülungen lindern akute Scheidenentzündungen (siehe »Alternativen zur Antibiotika-Therapie«, Seite 185).

Labkraut (Galium verum, Rötegewächs)

Liebfrauenbettstroh. Mild krampflösendes und Nerven stärkendes Frauenkraut. Bewährt in stimmungsaufhellenden Tees, z. B. bei Winterdepression oder in den Wechseljahren.

Schafgarbe (Achillea millefolium, Korbblütler)

»Augenbraue der Venus«. Hat ähnliche antibiotische Kräfte wie die Kamille und zählt wie diese zu den Bodenheilern, die auch den Boden in uns heilen. Schafgarbe lindert ebenfalls Regelkrämpfe, wirkt blutflusshemmend und gestagenartig. Tee oder Extrakte bewähren sich bei häufiger, starker oder langer Blutung, z. B. bei Myom oder in den Wechseljahren (siehe Seite 220).

Schlafmohn (Papaver somniferum, Mohngewächs)

Die vielen Samen symbolisieren Fruchtbarkeit und Wiedergeburt. Attribut der Korn-, Liebes- und Fruchtbarkeitsgöttinnen Freyja, Aphrodite, Demeter oder Ceres. Das Bewerfen der Brautleute mit Mohn (oder Reis) soll Kindersegen erwirken. Mohnkuchen zählt zu den traditionellen Hochzeitsspeisen. In der Antike nannte man den Milchsaft »Tränen des Mondes«. Das durch Ritzung der Samenkapsel gewonnene Rohopium ist die Ausgangssubstanz zur Herstellung von Betäubungsmitteln. Bis heute sind Opiate wie Morphium unentbehrlich in der Schmerztherapie, z. B. im Endstadium von Krebserkrankungen.

© Margret Madejsky

Sammeln im Einklang mit Sonne und Mond

»Man sammelts/wann die Sonn in
Zwilling oder Krebs gehet/vor derer Aufgang.«

Johann Schröder

In einigen Quellen liest man, dass die Kräuterfrauen der Vorzeit den Frauenmantel noch bei abnehmendem Mond geerntet haben sollen. Dies widerspricht zunächst der alten Bauernweisheit, der zufolge der zunehmende Mond die Pflanzensäfte aufsteigen lässt, wohingegen der abnehmende Mond die Säfte in die Wurzeln hinabzieht.

Heute beschränkt man sich bei der Ernte meist auf die oberirdischen Pflanzenteile, was auch den Vorteil hat, dass sich die Pflanze von der Wurzel aus regenerieren kann. Die Kräuterfrauen von einst waren jedoch Wurzelkundige und gruben die Heilpflanzen mitsamt der Wurzel aus. So wurde auch der Frauenmantel einst gegraben und hieß vielleicht aus diesem Grund »Jungfernwurz«.

Die Zeit des abnehmenden Mondes hat noch eine weitere Bedeutung: Heute geht man davon aus, dass bei den Urvölkern die Frauen um den Vollmond herum ihren Eisprung hatten und gegen Neumond bluteten. Daher fanden z.B. die Fruchtbarkeitsfeste in der Antike noch zum Vollmond statt.

So wie der Mond die Weltenmeere bewegt, erzeugt er eben auch in uns eine Art Ebbe und Flut; dabei entsprechen der Ebbe Abbauprozesse wie die Menstruationsblutung und der Flut Aufbauprozesse wie Eireifung und Zellteilung. Zunehmend verdrängen jedoch Antibabypille, Kunstlicht und Nachtaktivität die kosmischen Einflüsse, sodass die meisten westlichen Frauen inzwischen nur noch im Mondrhythmus alle 28 bis 29 Tage bluten und lange nicht mehr im Einklang mit den Mondphasen stehen. Zur Zeit der weisen Frauen war dies aber noch der Fall, und der Frauenmantel diente sicherlich zur Vorbereitung auf die Mondblutung.

Immer wieder erweist es sich als hilfreich, bei der Anwendung von Heilkräutern den kosmischen Gesetzen zu folgen. Nimmt der Mond zu, dann zeigen z. B. fruchtbarkeitssteigernde Kräuterkuren bessere Erfolge. Nimmt er ab, dann wirken entgiftende Pflanzenanwendungen besser. Wie einflussreich die jeweilige Mondphase ist, erfuhr ich vor einigen Jahren bei einem Kräuterseminar in Südtirol. Als ich ankam und unterrichten sollte, fand ich eine völlig demoralisierte Gruppe vor. Alle hatten in der Woche vor Vollmond kollektiv gefastet und waren körperlich wie auch seelisch am Ende, weil dies bildhaft ausgedrückt so anstrengend ist, wie gegen einen Strom zu schwimmen.

Kosmische Kräfte in Mensch und Pflanze

Der Mond beeinflusst aber nicht nur den Menschen, sondern auch die Pflanzen. Mit jedem Mondwechsel tritt das Pflanzenreich in eine neue Wachstumsperiode über, und die Pflanzensäfte haben wie alle irdischen Flüssigkeiten ihre Gezeiten.

Der Einfluss des Mondes auf die Pflanzenwelt lässt sich leicht auf sinnliche Weise überprüfen. Sooft man einem Heilkraut begegnet, sollte man daran riechen und eine kleine Kostprobe von Blatt oder Blüte nehmen, dann wird man bald feststellen, dass die Blumen und Kräuter gegen Vollmond viel intensiver duften und schmecken als bei Neumond.

Ein einprägsames Erlebnis hatte ich hierzu während einer Kräuterwanderung, als ich meinen Teilnehmern den »Wegerichtrick« vorführen wollte. Dazu nimmt man drei Spitzwegerichblätter, macht einen Knoten hinein und mahlt diesen mit sanftem Druck zwischen den

Kräuterkundige Frauen; Titelbild des »Hortulus« von Walafridus Strabo.

flachen Handtellern wie in einem Mühlstein. Normalerweise quillt sogleich der heilsame Pflanzensaft hervor und lässt sich dann als Erste-Hilfe-Maßnahme auf Hautentzündungen, Insektenstiche, Sonnenbrände oder Wunden auftragen. Nicht aber an diesem Tag, denn es war Neumond, und die Spitzwegerichblätter waren nahezu saftlos.

Es bewährt sich, oberirdische Pflanzenteile bei zunehmendem Mond zu sammeln. Wurzeln gräbt man dagegen grundsätzlich bei abnehmendem Mond. Die in Übereinstimmung mit der Mondphase geernteten Pflanzen sind erfahrungsgemäß besonders aromatisch, und die daraus bereiteten Kräutertropfen werden besonders gehaltvoll.

Neben der Mondphase kann sich allerdings auch der Mondstand auf die Qualität des Sammelgutes auswirken. Der Mond läuft innerhalb von 28/29 Tagen einmal durch den gesamten Tierkreis; d. h., er wechselt etwa alle zweieinhalb Tage das Sternzeichen und entfaltet somit auch andere Grundqualitäten.

Seit die Mondkräfte wieder in aller Munde gekommen sind, richten sich viele danach. Es bewährte sich einfach, sich die Haare bei Mond

Die kosmischen Kräfte von Sonne und Mond wirken auf alles Irdische ein.

im Löwen schneiden zu lassen, wenn das Haar wieder kräftig nachwachsen soll. Unser Zahnarzt rät sogar dringend davon ab, größere Eingriffe durchführen zu lassen, wenn der Mond im Stier (Unterkiefer) oder im Widder (Oberkiefer) steht, weil es dann Komplikationen geben könnte.

Bei der Ernte von Heilpflanzen empfiehlt es sich ebenfalls, darauf zu achten, dass der Mond günstig steht. Hier sollte er sich allerdings in dem Sternzeichen befinden, das dem erkrankten Organ zugeordnet wird, damit sich die Heilwirkungen der Pflanzen besser entfalten können.

Die folgende Übersicht über die Sternzeichen und deren Entsprechungen im Menschen soll die Wahl des richtigen Erntezeitpunkts erleichtern:

- *Widder:* Kopf, Sinnesorgane, Kehlkopf, Oberkiefer, Galle, Abwehr.
- *Stier:* Unterkiefer, Hals, Mandeln, Schilddrüse, Nacken.
- *Zwilling:* Atmungsorgane, Bronchien, Lunge, Schultern.
- *Krebs:* Brustorgane wie Speiseröhre oder Brustdrüse, aber auch nervöse Herz- oder Magenleiden.
- *Löwe:* Herz und arterieller Kreislauf sowie Rücken.
- *Jungfrau:* Verdauungsorgane wie Magen, Darm und Bauchspeicheldrüse sowie Stoffwechsel.
- *Waage:* Blase, Niere, Nebenniere, Haut, venöser Kreislauf.
- *Skorpion:* Genitalorgane wie Hoden, Eierstöcke und Gebärmutter, ableitende Harnwege, Mastdarm (z. B. Hämorrhoiden).
- *Schütze:* Große Gelenke (vor allem Hüfte), Leber, Bindegewebe.
- *Steinbock:* Knochen und Gelenke (vor allem Knie); außerdem Hautanhangsorgane wie Haare oder Fingernägel.
- *Wassermann:* Waden, Achillessehne; Hypophyse/Hypothalamus sowie plötzliche Nervenleiden wie Epilepsie.
- *Fische:* Füße, Lymphe und schleichende Nervenleiden.

Weil der Frauenmantel seit ältester Zeit als Heilpflanze und Tonikum für die Genitalorgane gebraucht wird, wäre ein Mond im Skorpion der ideale Sammelzeitpunkt. Interessant ist nun, dass in alten Kräuterbüchern manchmal der Hinweis zu finden ist, der »Synnaw« sei im schönen Mai zu destillieren. Im Wonnemonat Mai steht die Sonne im Stier (20. April bis 21. Mai), und der zugehörige Vollmond befindet sich im Skorpion, der dem Stier im Tierkreis genau gegenüber liegt.

Natürlich braucht man den Frauenmantel nicht nur im Mai oder ausschließlich bei Mond im Skorpion zu sammeln. Schließlich ist unser »Aller Frauen Heil« z. B. auch eine Heilpflanze für die Brust (= Tierkreiszeichen Krebs) und birgt noch viele andere Kräfte in sich. Über den richtigen Zeitpunkt gehen die Meinungen sehr auseinander.

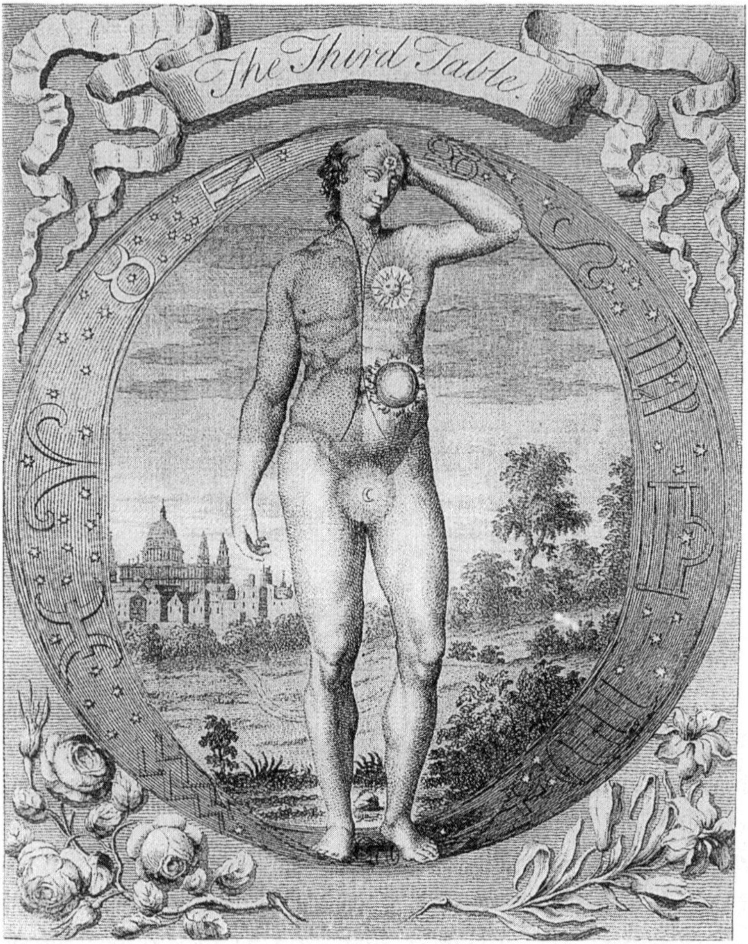

Darstellung der Planetenkräfte im Menschen (Freher 1764).
In der Astromedizin ordnet man die Sonne dem Herzen und den Mond den Genitalien zu.

Die erste Ernte erfolgt meist schon im Frühling und dient vor allem der Blutreinigung. Die Haupternte ist rund um den Vollmond im Skorpion, der die Säfte in das nun blühende Kraut steigen lässt und die Heilkräfte bei Frauenleiden zur vollen Entfaltung bringt. Im

Grunde genommen kann man den Frauenmantel aber den ganzen Sommer über ernten. Wie so viele Wiesenkräuter treibt er wieder aus und blüht erneut, nachdem das erste Heu gemäht wurde. In der zweiten Generation fand man sogar einen wesentlich höheren Kieselsäuregehalt als bei der ersten Ernte.

Destillation bei Mond im Skorpion (Geber):
Dies wäre der ideale Zeitpunkt, um das Frauenmantelkraut
zu ernten und zu verarbeiten.

Wir sollten uns daher keinesfalls durch allzu komplizierte Regeln verrückt machen lassen. Am besten, wir fragen das Pflanzenwesen selbst, wann es gesammelt und verarbeitet werden kann. Dazu braucht man eigentlich nur mit offenen Sinnen durch die Natur zu gehen. Wenn die Pflanze gerade erblüht und voll im Saft steht, ist auf jeden Fall ein guter Zeitpunkt. Nur sollten wir uns vor Augen führen, dass die Qualität des Sammelguts nicht allein von der richtigen Zeit und vom richtigen Mond abhängt. Die richtige Witterung, der richtige Ort und eine friedvolle innere Einstellung tragen ebenfalls dazu bei, dass wir besonders kräftige Heilpflanzen ernten.

Sammelempfehlungen

Die richtige Zeit: Man sammelt das blühende Frauenmantelkraut – also Blätter und Blüten mitsamt Stängel – von Mai bis September während einer Schönwetterphase. Der Ernte sollten ein bis zwei Sonnentage vorangegangen sein, und es sollte keine Gewitterstimmung herrschen, da bei Gewitter zubereitete Kräutertropfen erfahrungsgemäß schneller verderben. Außerdem sollte die Pflanze voll im Saft stehen, was besonders bei zunehmendem Mond der Fall ist. Will man aus dem Frauenmantel Tee bereiten, dann erntet man das Kraut in der Regel erst um die Mittagszeit, wenn der Morgentau abgetrocknet ist.

Der richtige Platz: Grundsätzlich ist das Sammeln von Wildkräutern nur an ungenutzten Flächen, z. B. an Wegrändern, und außerhalb von Naturschutzgebieten oder Privatgrundstücken erlaubt. Das Kraut sollte unbedingt von einem ungedüngten Platz stammen; dies erkennt man beispielsweise an der Artenvielfalt und daran, dass die Pflanze üppig gedeiht und urgesund aussieht. In der Nähe sollten sich keine stark befahrenen Straßen, gespritzte Felder oder Obstplantagen befinden.

Die richtige Einstellung: Beim Sammeln von Wildkräutern sollte man sich dem Pflanzenwesen gegenüber stets rücksichtsvoll zeigen. Die oberste Regel lautet: Sammle so schonend, dass der Nächste, der vorbeikommt, weder zertretene Kräuter noch abgerissene Blätter oder Löcher vorfindet – eigentlich sollte man gar keine Spuren hinterlassen! Die Pflanzenwesen sind auch nicht ganz so verschreckt, wenn man ihnen vorher erklärt, wofür man sie benötigt, und sie danken es außerdem, wenn man ihre Plätze sauber hält. In den so geernteten Kräutern lebt dann unsere Erinnerung an harmonische Stunden in der Natur fort, und die daraus bereiteten Arzneien sind von der Liebe aufgeladen, die wir der Natur entgegenbringen.

Welche Alchemilla wählt man nun?

»Alpenblumen sind Sonnenkinder«

Kräuterpfarrer Weidinger

Immer wieder werde ich gefragt, welche Frauenmantelarten heilkräftig sind und welche nicht. Leider gibt es hierfür keine eindeutige Antwort.

Die Wissenschaft, die auf dem Gebiet der Phytopharmakologie noch weitgehend in den Kinderschuhen steckt und sich für heimische Heilpflanzen wie die Alchemilla ohnehin nicht allzu sehr interessiert, würde so oder ähnlich antworten: Fast alle Wirkstoffuntersuchungen und klinischen Studien beziehen sich auf den gewöhnlichen Frauenmantel (Alchemilla vulgaris = Alchemilla xanthochlora); und weil sich Forschungsergebnisse nicht einfach auf andere Frauenmantelarten übertragen lassen, sollte man nur die untersuchten Arten verwenden.

Dagegen treffen Volksmediziner kaum eine klare Unterscheidung. Für sie ist Frauenmantel gleich Frauenmantel, und unzählige Wildformen werden seit Generationen für heilkundliche Zwecke gebraucht. Da haben sie auch nicht ganz Unrecht, denn in den vielen Frauenmantelarten kommen ähnliche Wirkstoffkomplexe vor. Allein eine Kostprobe der Blätter zeigt: Zumindest Gerbstoffe, die für viele Heileigenschaften verantwortlich sind, finden sich in der ganzen Gattung. Aber Gerbstoffe allein machen noch nicht die allumfassende Heilkraft der Pflanze aus.

In der Naturheilpraxis stellt sich diese Gretchenfrage weniger, da überhaupt nur zwei Arten über Apotheken oder Kräuterläden zu beziehen sind: der gewöhnliche Frauenmantel und der Alpen-Frauenmantel (Alchemilla alpina). Die meisten Naturheilfirmen bieten ohnehin nur den gewöhnlichen Frauenmantel an, sodass man sich bei der Verordnung zwangsläufig auf diese Hauptart beschränken muss.

Doch lassen wir noch einmal die Volksmedizin zu Wort kommen, die unsere Heiltraditionen seit Generationen wie einen Schatz hütet: »Es (das Frauenmänteli) hat eine vornehme, hochadelige Schwester: das Silbermänteli (Alchemilla alpina), das dieselben Eigenschaften in noch stärkerem Grade besitzt«, lobte der Schweizer Kräuterpfarrer Künzle.

Wo immer sie können, geben Volksmediziner den Alpenkräutern den Vorzug, denn sie gelten als gehaltvoller und widerstandsfähiger als die Heilpflanzen der Täler. Durch die rauen klimatischen Bedingungen sowie die intensivere Sonneneinstrahlung werden Alpenkräuter nicht nur zäher. Aufgrund der äußeren Bedingungen bilden sie vermehrt bestimmte Inhaltsstoffe, z. B. Gerbstoffe oder Flavonoide, und erweisen sich daher in vielen Fällen als besonders heilkräftig.

Dennoch sollten wir uns die beiden Frauenmantelarten genauer ansehen, bevor wir uns im Einzelfall entscheiden:

- *Gewöhnlicher Frauenmantel* (Alchemilla vulgaris): Die getrocknete Handelsware enthält als Hauptwirkstoff 5 bis 8 % Gerbstoffe; im selbst gesammelten und schonend getrockneten Kraut kommen dagegen bis zu 12 % Gerbstoffe vor. Daneben finden sich auch Bitterstoffe, Flavonoide, Phytosterine sowie Salicylsäure in Spuren und in den Blüten etwas ätherisches Öl. Der gewöhnliche Frauenmantel hat einen milderen Geschmack als der Alpenfrauenmantel und ist daher z. B. magenverträglicher und wirkt weniger stopfend. Die meisten wissenschaftlichen Untersuchungen beziehen sich auf den gewöhnlichen Frauenmantel. Wir dürfen seiner Heilwirkung also sehr wohl vertrauen. Man wird ihn auch deswegen häufiger als den Alpenfrauenmantel gebrauchen, weil der Handel eine Vielzahl von Arzneien mit und aus ihm anbietet.

- *Alpenfrauenmantel* (Alchemilla alpina): Zum Alpenfrauenmantel liegen bislang leider nur spärliche Untersuchungen vor. Er enthält aber im Wesentlichen die gleichen Wirkstoffe wie der gewöhnliche Frauenmantel. Nur reichert der Silbermantel viel mehr Gerbstoffe an und schmeckt bitterer, weswegen er vom Weidevieh gemieden wird. Sein hoher Gerbstoffgehalt macht den Alpenfrauenmantel zur kräftigeren Blutstillerin sowie zur besseren Bindegewebs- und Wundheilpflanze. Wegen der intensiveren Strahlenexposition an seinen Gebirgsstandorten bildet er vermutlich mehr venenkräftigende Flavonoide (siehe »Inhaltstoffe der Alchemilla«, Seite 89). Allerdings bieten nur wenige Firmen Extrakte oder Urtinkturen an, sodass wir den Silbermantel ohnehin in den meisten Rezepturen durch den gewöhnlichen Frauenmantel ersetzen müssen.

Achtung: Ziervarianten sollte man nicht arzneilich gebrauchen, da über diese weder Erfahrungen noch Untersuchungen vorliegen!

Wirkstoff, Wirkung und Wissenschaftlichkeit

Laufend erreichen uns über die Medien neue Meldungen vor allem über die Wirksamkeit außereuropäischer Heilpflanzen – was dem Handel mit diesen Exoten durchaus zuträglich ist. Dabei sind nicht wenige der Kräuter, die um den halben Erdball reisen, nachweislich mit Pestiziden oder Schimmelpilzen belastet und sollten mit etwas mehr Skepsis betrachtet werden. Doch der kranke Mensch neigt eben dazu, nach jedem Strohhalm zu greifen, der ihm angeboten wird, und ergibt sich allzu hoffnungsfroh den neuen Wellen, die – meist durch die Laienpresse ausgelöst – regelmäßig über die Naturheilszene hinwegschwappen. So werden heute vielleicht Grapefruitkernextrakte angepriesen, und morgen ist es Lapachotee, der gegen alles helfen soll …

Eine alte Regel mag uns hier vielleicht wieder auf den rechten Weg führen – sie besagt, dass die Heilpflanze dort wächst, wo sie gebraucht wird, nämlich im Umfeld des Erkrankten. Wir sollten uns also wieder vermehrt den heimischen Heilpflanzen zuwenden, die seit Jahrtausenden zum abendländischen Arzneischatz gehören. Doch hier fehlen oftmals wissenschaftliche Untersuchungen, die das Vertrauen der breiten Bevölkerung in deren Heilkraft fördern könnten.

Die Geschichte vom Bermuda-Dreieck

Es ist das Dilemma der Alchemilla, dass sich heutzutage nur wenige Wissenschaftler mit der einheimischen Pflanzenwelt auseinander setzen. Das liegt vor allem daran, dass die meisten Forschungsarbeiten von der Pharmaindustrie gesponsert werden. Für eine eingehende wissenschaftliche Überprüfung des Frauenmantels werden von den Phar-

Von Synnaw. Cap. clxxiiij.

WAnder die rech-
ten wundkreutter gehört
auch der Synnaw / dann
er nit allein wunden heilt
vñ hefft / sonder legt auch
die hitzige geschwulst der
selben / ist auch ein schön schweitzer grün
kraut / wachset gern in Grasechten orten /
an den Rechen / vnd auff etlichen Waltwy-
sen oder Matten / seine wurtzel ist außwen-
dig schwartz / fingers lang / zasecht / vñ gantz
holtzecht / beinahe wie der Tormentill wur-
tzel / am geschmack ein wenig bitter vnnd
rauch / die bletter seind rund zůsamẽ gefal-
ten / vnd doch rings vmbher nit zů tieff zer-
kerfft / gleich wie ein stern mit ix oder x spi-
tzen / oder wie ein auffgethaner Löwenfůß /
zwischẽ den blettern wachsen dünne runde
kurtze stenglein / die seind mit kleineren blet-
teren besetzt biß oben aussen / am gypffel der
selbigen wachsen gantz kleine drauschlecht
grün gäle blůmlein / die werdẽ zů kleinem
samẽ im Hewmonat / nit grösser dañ Mag
samen / von farben ein wenig gäl / inn grů-
nẽ heüßlein verschlossen / blůet im Meyen.

Von den Namen.

DEr Synnaw ist auch ein Wundt-
kraut / etlich sagẽ jm Omkraut / dañ
es leschet vnd vertreibt die hitz an dẽ
schäden /

Hieronymus Bock führte den Frauenmantel in seinem Kräuterbuch (1577) bereits als Heilkraut gegen Wunden und Wundfieber auf.

makonzernen jedoch kaum Gelder vergeben. Denn deren Hauptinteresse gilt in erster Linie jenen Pflanzen, deren Inhaltsstoffe sich isolieren, patentieren und schließlich im großen Stil vermarkten lassen.

Diese Erkenntnis traf mich vor vielen Jahren, als ich bei einem alten Apotheker an einer Kräuterführung teilnahm. Nachdem er zahlreiche Wegrandkräuter gegen alle möglichen Zipperlein gezeigt hatte, stellten ihm die Leute Fragen. Eine Frau, die sich einfach nicht vorstellen konnte, dass beinah gegen jedes Leid ein Kraut gewachsen sein soll, fragte skeptisch, ob denn diese Kräuter auch wirklich helfen. Der Apotheker antwortete: »Aber ja! Natürlich helfen diese Kräuter, wenn man sie richtig anwendet. Aber vergessen Sie nie, dass Sie trotzdem das Bermuda-Dreieck ernähren müssen. Das Bermuda-Dreieck ist nämlich das Dreieck zwischen Arzt, Apotheker und Pharmaindustrie, und da muss Ihr Geld hinein, damit alle zufrieden sind.«

Mit der eigenverantwortlichen Anwendung des Frauenmantels kann man diesem Bermuda-Dreieck in vielen Fällen entkommen. Zweifelsohne hilft uns dieses uralte Mutterkraut seit vielen Generationen bei allerlei Frauenleiden – mit wie auch ohne wissenschaftliche Bestätigung.

Die altbekannte und doch unbekannte Alchemilla

Im Frauenmantelkraut findet sich ein überaus kraftvolles Wirkstoffgemisch (siehe Seite 89), jedoch kein Einzelstoff, der sich Gewinn bringend vermarkten ließe. Auch lässt sich der Frauenmantel viel zu leicht im eigenen Heilpflanzengarten ziehen und kommt recht häufig wild vor, sodass man mit diesem Kraut eben keinen großen Reibach machen kann. Die Forschung hat ihn daher fast vergessen. Nur hier und da stößt man auf ein paar neuere Wirkstoffuntersuchungen oder gar auf klinische Studien, die ich nachfolgend auch zusammenfassen werde.

Es ist der Zeitgeist, der alles schwarz auf weiß und wissenschaftlich abgesegnet haben will. Dennoch möchte ich zu bedenken geben, dass der Preis dieser Absicherung sehr hoch ist. Viele pharmakologische Untersuchungen basieren auf Tierversuchen und bestätigen letztendlich auch nur das, was meist schon vor Jahrhunderten bekannt war. So konnten unsere Wissenschaftler z. B. nicht so einfach glauben, dass die seit vielen Jahrhunderten bei Entzündungen aller Art bewährte Kamille auch wirklich entzündungswidrig ist. Also träufelten sie Senföl in Kaninchenaugen, um eine entzündliche Augenreizung hervorzurufen. Dann gaben sie einen Kamillenauszug dazu – und siehe da: Die Entzündung war gelindert und der wissenschaftliche Beweis erbracht … Es wäre meiner Ansicht nach wünschenswert, dass sich die Kräuterheilkunde wieder von der Wissenschaftsgläubigkeit emanzipiert und Wege der Naturerforschung einschlägt, die ohne Tieropfer auskommen (siehe »Die Formensprache der Alchemilla«, Seite 100).

Trotzdem kommt man heute nicht mehr umhin, sich mit Wirkstoffen und wissenschaftlichen Erkenntnissen zu beschäftigen, wenn man die Kräfte der Pflanze einschätzen lernen und arzneilich nutzen will.

Die Heilkräfte der Frauenmantelgerbstoffe

In der wirkstofforientierten Kräuterheilkunde zählt der Frauenmantel zu den so genannten Gerbstoffdrogen. Die Handelsware (Alchemillae herba) enthält je nach Alter und Herkunft 5 bis 8 % Gerbstoffe, dagegen finden sich im selbst gesammelten und schonend getrockneten Kraut bis zu 12 % dieser wirkungsvollen Pflanzeninhaltsstoffe.

Zum Vergleich einige weitere Gerbstoffdrogen: Blutwurz (15 bis 20 %), Brombeerblätter (8 bis 14 %), Eichenrinde (12 bis 20 %), Erdbeerblätter (5 bis 7 %), Himbeerblätter (5 bis 8 %), Johanniskraut (10 bis 15 %), Odermennig (4 bis 10 %), Rosenblüten (10 bis 25 %), Walnussblätter (10 bis 12 %).

Innerhalb der Gerbstoffdrogen zeichnet sich der Frauenmantel durch seine milde Wirkung sowie durch gute Verträglichkeit aus. Hohe Konzentrationen dieser Inhaltsstoffe, wie sie in Blutwurz oder Eichenrinde vorkommen, rufen nämlich bei empfindlichen Menschen Magenbeschwerden hervor. Der Frauenmantel wird dagegen selbst bei empfindlichem Magen gut vertragen und hat keine Nebenwirkungen.

Eichenrinde sowie -blätter enthalten Gerbstoffe und dienen manchmal als Ersatz für den Frauenmantel. Aus Lonicerus »Kreuterbuch« (1679).

Gerbstoffe haben ein sehr breites Wirkungsspektrum. Zunächst eignen sie sich, wie der Name schon sagt, zum Gerben tierischer Häute. Sie verbinden sich mit den Eiweißen der Hautoberfläche zu unlöslichen Komplexen. Die Hauptwirkung dieser Pflanzenstoffe bezeichnet man als adstringierend (lateinisch *adstringere* = zusammenziehen). Wer nur ein bis zwei Tropfen einer gerbstoffreichen Tinktur (z. B. Blutwurz) auf die Zunge träufelt, kann den zusammenziehenden und austrocknenden Effekt deutlich spüren. In der Kräuterheilkunde nutzt man die mild adstringierende Eigenschaft der Frauenmantelgerbstoffe z. B.:

- *Zur Behandlung von Entzündungen der Haut:* Aufgepinselt oder in Form von Umschlägen auf die Wunde aufgebracht, ziehen Gerbstoffe die entzündeten Gewebe zusammen und dichten sie ab. Sie bilden eine oberflächliche Membran, die für Krankheitskeime aller Art (Bakterien, Pilze, Viren) eine unüberwindliche Barriere darstellt. Gerbstoffe fördern den Wundschluss, stillen oberflächliche Kapillarblutungen und lindern den Entzündungsreiz. Diese Eigenschaften nutzen Volksmediziner lange schon als Therapeutikum in Form von Sitzbädern oder Umschlägen mit Frauenmantelabkochungen, beispielsweise zur Behandlung von Analekzemen, Analfissuren, Hämorrhoiden oder bei Entzündungen am äußeren Genital (Bartholinitis, Herpes, Vulvitis).

- *Zur Behandlung von Entzündungen der Schleimhäute:* An der Schleimhaut wirken Gerbstoffe ebenfalls antimikrobiell sowie entzündungswidrig und verhindern eine Keiminvasion in tiefere Gewebeschichten. Daher dient Frauenmanteltee zum Gurgeln bei Mund-, Rachen- oder Zahnfleischentzündungen sowie zur Vaginalspülung bei Scheidenentzündung (siehe Rezept, Seite 123). Gerbstoffhaltige Extrakte lassen sich allerdings auch in Salben oder Vaginalzäpfchen einarbeiten. An der Darmschleimhaut wirken sie ebenfalls keimtötend, abdichtend, entzündungswidrig und leicht stopfend; der Tee wird daher bei leichten Durchfallerkrankungen empfohlen.

Schwermetalle mit Gerbstoffen binden

Doch die Wirksamkeit der Gerbstoffe reicht noch viel weiter. Inzwischen weiß man, dass sie sich mit Metallen zu unlöslichen Komplexen verbinden (z. B. mit Bleiazetat und Quecksilber). Solche Komplexe sind dann zu groß, um beispielsweise über die Darmschleimhaut in Blut oder Lymphe zu gelangen. Daher empfiehlt es sich, unmittelbar nach dem Entfernen von Amalgam zumindest gerbstoffreichen Tee zu trinken, damit ein Teil der verschluckten Metallpartikel im Darmtrakt gebunden und mit dem Stuhl ausgeschieden wird.

Mit homöopathischem Schwefel lassen sich Metalle wie Blei, Cadmium oder Quecksilber aus ihren Depots lösen. (© Olaf Rippe)

Im Körper abgelagerte Schwermetalle lösen sich durch gerbstoffreiche Tees allerdings nicht. Um diese Problemstoffe aus ihren Depots zu lösen, setzen Ärzte sowie Heilpraktiker Schwefelverbindungen ein. Die Schulmedizin verwendet die Schwefelverbindungen zur Metallausleitung beispielsweise in Form einer DMPS-Therapie (= Injektionen mit Dimercapto-1-propansulfonsäure), Homöopathen gebrauchen potenzierten Schwefel (Sulfur D4–D6), und Kräuterheilkundige nutzen die Kräfte schwefelhaltiger Heilpflanzen wie Bärlauch oder Knoblauch.

Die in Umlauf gebrachten Metalle gelangen aber irgendwann über Leber und Galle wieder in den Darm. Spätestens dann wird es notwendig, diese zu binden, damit sie nicht über die Darmschleimhaut aufgenommen werden, um sich erneut im Körper abzulagern. Schon zwei bis drei Tassen Frauenmanteltee helfen jetzt, einen Teil der Metalle zu binden. Weil Pestizide einen Metallkern haben, binden die Gerbstoffe diese Problemstoffe, die mit der Nahrung zugeführt werden, gleichermaßen.

Teemischung zur Ausleitung von Schwermetallen

Um durch schulmedizinische oder homöopathische Arzneien gelöste Schwermetalle auszuleiten, empfiehlt sich eine begleitende Teekur, die die körpereigenen Entgiftungswege öffnet. Erdrauch regt die Galle an, Goldrute stärkt die Nierenfunktion und Stiefmütterchen verbessert den Stoffwechsel. Die in Umlauf gebrachten Metalle werden im Darm durch die Gerbstoffe von Frauenmantel, Gundelrebe und Walnuss gebunden.

Frauenmantelkraut (Gerbstoffdroge)
Erdrauchkraut (Leber-Gallen-Heilpflanze)
Goldrutenkraut (Nierenheilpflanze)
Gundelrebenkraut (Spezifikum bei Bleibelastung)
Stiefmütterchenkraut (Stoffwechselheilpflanze)
Walnussblätter (Spezifikum bei Pestizidbelastung)

Zu gleichen Teilen mischen; 3 bis 4 Esslöffel der Mischung mit einem halben Liter kochendem Wasser überbrühen, 5 bis 10 Minuten ziehen lassen, abseihen und mit ein wenig Honig gesüßt über den Tag verteilt trinken, ca. 6 bis 12 Wochen lang.

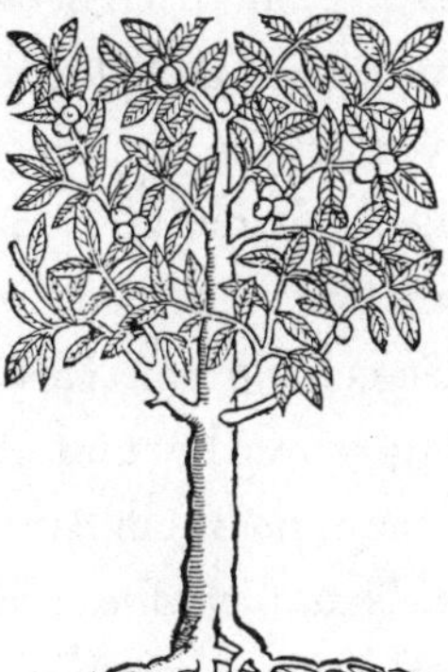

Bei der Entgiftung von Schwermetallen ergänzen die gerbstoffreichen Walnussblätter den Frauenmantel.

Die antibakterielle Wirkung der Frauenmantelgerbstoffe gilt ebenfalls als wissenschaftlich gesichert. Inzwischen wird über eine antimykotische (pilzabtötende) und antivirale Wirkung der im Frauenmantelkraut enthaltenen Gerbstoffe diskutiert. Spezielle Gerbstoffe (Ellagitannine) erwiesen sich – zumindest im Reagenzglas – sogar als anti-HIV-wirksam. Doch selbst das ist im Grunde genommen ein alter Hut. Fragt man kräuterkundige Landfrauen, was bei juckendem Ausfluss oder Scheidenentzündungen hilft, dann kommt nicht selten die Antwort: Sitzbäder mit Frauenmantelabkochungen. In der Volksmedizin nutzt man die antivirale Wirkung auch schon lange; die Extrakte werden nämlich gegen Warzen und Lippenbläschen auf die Haut aufgetragen (siehe Seite 193/194).

Jedenfalls entgehen die wenigsten Bakterien der Gerbwirkung unbeschadet, denn die Stoffe zerstören den Eiweißanteil ihrer Membran. Bildhaft gesprochen: Gerbstoffe knacken die Schutzhülle von Bakterien und sind für Pilze pures Gift (z. B. Candida).

Die Frauenmantelgerbstoffe sind nach neueren Erkenntnissen sogar in der Lage, das Wachstum von Staphylococcus aureus zu hemmen. Dieser Erreger geisterte vor einiger Zeit als »Killerbakterium« durch die Presse. Staphylokokken gehören zu den so genannten Krankenhauskeimen, die sich durch den ständigen Einsatz von Antibiotika in Human- wie auch in Tiermedizin eine Resistenz erwerben konnten und vor allem für Abwehrgeschwächte und OP-Patienten eine Gefahr darstellen. Es gibt heute kaum mehr ein Antibiotikum, das Staphylokokken in Schach hält, und kaum ein Desinfektionsmittel reicht noch aus, um sie vom Kranken fern zu halten. Nun sehen sich die Hygiene-Institute wieder gezwungen, die Kraft natürlicher Desinfektionsmittel wie z. B. Essig zu prüfen und nach Pflanzen mit antibiotischen Kräften zu suchen, gegen die die Krankenhauskeime keine Schutzmechanismen besitzen. So entdeckte man neben Gerbstoffdrogen wie Frauenmantelkraut oder Walnussblättern viele altbekannte Heilpflanzen mit zum Teil beträchtlicher antibiotischer Wirkung wieder: beispielsweise Bärlauch, Kamille, Knoblauch, Myrrhe, Salbei, Thymian oder Zimt – um nur einige zu nennen (siehe »Alternativen zur Antibiotikatherapie«, Seite 185).

Gerbstoffe – neue Hoffnung bei Krebs?

Eine japanische Forschergruppe fand heraus, dass ein im Frauenmantel vorkommender Gerbstoff namens Agrimoniin (Ellagitannin) das Wachstum von Brustkrebszellen hemmt.

Man vermutete schon lange, dass die Gerbstoffe der Rosengewächse (Ellagitannine) auf direktem Weg das Immunsystem beeinflussen. Aber erst Anfang der neunziger Jahre konnte gezeigt werden, dass ein spezieller Frauenmantelgerbstoff (Agrimoniin) sogar die Bildung von Interleukin I anregt. Wenn die weißen Blutkörperchen Interleukin I ausschütten, kommt im Immunsystem eine Kettenreaktion in Gang: Diese Signalsubstanz des Immunsystems aktiviert die »Blutpolizei« (B- und T-Lymphozyten), begünstigt fieberhafte Heilprozesse und fördert so den Abbau von Krebszellen.

Doch viele andere Pflanzen besitzen ebenfalls tumorhemmende Kräfte. Alle Welt weiß inzwischen, dass grüner Tee krebsfeindlich ist. Die Inhaltsstoffe, die dafür verantwortlich sind, so genannte Polyphenole, gehören wie die Ellagitannine des Frauenmantels zur Gerbstoffgruppe und kommen beispielsweise auch in der Weinrebe vor (Blätter, Saft, Wein). Doch insbesondere der grüne Tee ist nicht ganz unbedenklich. Sofern er nicht aus kontrolliert biologischem Anbau stammt, ist er meist mit Pestiziden belastet, sodass er oft mehr schadet als heilt.

Von Frauenmantelkuren wie auch vom grünen Bio-Tee darf man sich natürlich keine Wunderheilungen bei Krebs erwarten. Mit ihnen beugt man auf sanfte Weise einem Ausbruch der Erkrankung vor. Oder man begleitet mit solchen Teekuren eine gezielte Rezidivprophylaxe mit Enzym- (z. B. Wobemugos) und Mistelpräparaten (z. B. Iscador). Familiär belastete Frauen sollten in jedem Fall die Alchemilla zur Wegbegleiterin wählen (siehe die Behandlungskonzepte auf Seite 202 und 241). Der Frauenmantel enthält nämlich nicht nur die krebsfeindlichen Gerbstoffe, sondern auch Kieselsäure und viele andere gesundheitsfördernde Wirkstoffe.

Die Inhaltsstoffe der Alchemilla

- *Ätherische Öle,* überwiegend in den Blüten: Die spezifische Wirkung ist bislang unbekannt; vermutlich antibakteriell und stimmungsaufhellend.
- *Bitterstoffe,* vermehrt im Alpenfrauenmantel: wirken appetitanregend, blutreinigend und verdauungsfördernd (steigern die Resorption von Eisen und Mineralstoffen) und regen den Stoffwechsel an.
- *Carotinoide,* vor allem in den oberirdischen Teilen: schützen Pflanzen vor Strahlenschäden. Wirken antioxidativ (reparieren Strahlen-, Umweltgift- und Virusschäden der Zellen).
- *Chlorophyll,* vor allem in den oberirdischen Teilen: fördert äusserlich die Wundheilung und regt innerlich die Blutbildung an.
  Eine krebsfeindliche Wirkung wird vermutet.
- *Cumarine:* wirken antiödematös und venenstärkend.
- *Flavonoide* (1 % bis 4 %; vor allem Quercetin, Hyperosid, Kaffeesäure und Kämpferol), vermutlich vermehrt im Alpenfrauenmantel: wirken krampflösend, antiödematös, bindegewebs- und gefäßstärkend. Quercetin ist mild harntreibend, entzündungswidrig (hemmt die Prostaglandinsynthese) und antiviral. Kämpferol wirkt auch antiallergisch (hemmt die Histaminfreisetzung).
- *Gerbstoffe* (5 % bis ca. 12 %; in den oberirdischen Teilen vor allem Ellagitannine – 3,5 % Agrimoniin, 1,2 % Pedunculagin, 0,9 % Laevigatin – und im Wurzelstock auch Catechingerbstoffe – vermehrt im Alpenfrauenmantel: Hauptwirkstoffe mit breiter Wirkung: adstringierend (= zusammenziehend), antibakteriell (gegen grampositive und gramnegative Bakterien), antimykotisch, antiviral, antimutagen, antioxidativ (Radikalfänger), entzündungswidrig, immunmodulierend (regt die Interleukin-1-Bildung an), kapillarabdichtend, wundschlussfördernd, mild stopfend, blähungswidrig und blutflusshemmend (verkürzt die Blutgerinnungszeit). Antidot zu Alkaloiden und Metallen.

- *Leukocyanidine,* bis zu 1 % vor allem in den Blüten: sind vermutlich für die entzündungswidrige, blutflusshemmende und krampflösende Wirkung mitverantwortlich.
- *Phytosterine* (Antiandrogen): entzündungswidrig und tumorhemmend bei Prostataadenom sowie reizlindernd bei Altersblasenschwäche der Frauen.
- *Salicylsäure,* nur Spuren: entzündungswidrig und schmerzlindernd.

Mineralstoffe und Spurenelemente in der Alchemilla

Die getrocknete Handelsdroge (Alchemillae herba) hat einen Aschengehalt von 6 bis 11 %, bei der Analyse fand man diverse Mineralsalze.

- *Eisen:* wird zur Blutbildung und für den Sauerstofftransport im Blut benötigt.
- *Kalium:* wichtiges Elektrolyt; kommt in allen Zellen vor. Erhält das Ruhepotential, beeinflusst die Erregbarkeit von Nerv und Muskel und ist am Eiweißaufbau sowie bei der Kohlenhydratverwertung beteiligt.
- *Kalzium,* bis zu 1,6 % im getrockneten Kraut: Kalzium wird zum Knochenaufbau benötigt. Beeinflusst Blutgerinnung, Erregbarkeit von Nerv oder Muskel und wirkt entzündungswidrig sowie antiallergisch.
- *Kieselsäure,* der Gehalt verdoppelt sich nach dem zweiten Schnitt (nach der Heuernte): wird wie Kalzium in den Knochen eingebaut. Steigert die Aktivität weißer Blutzellen (Lymphozyten); daher bei chronischen Entzündungen und in der Krebsprophylaxe.
- *Magnesium,* bis zu 0,38 % im getrockneten Kraut: wichtig für alle Zellfunktionen (aktiviert ATP), beeinflusst die Erregbarkeit von Nerv und Muskel. Wirkt krampflösend.
- *Sulfat:* die Salze der Schwefelsäure sind Bestandteile einiger Aminosäuren. Gelten als Antidote bei Metallvergiftung.

Weitere wissenschaftliche Erkenntnisse über Alchemilla

Nicht alle Wirkungen des Frauenmantels lassen sich direkt mit speziellen Inhaltsstoffen in Verbindung bringen. In vielen Fällen hilft das Kraut, ohne dass man wüsste, warum. Das Wissen über Pflanzenwirkstoffe steckt eben noch in Kinderschuhen. Zwar sind bereits Hunderte von spezifischen Pflanzeninhaltsstoffen bekannt. Aber jedes Gewächs setzt sich aus einem sehr komplexen Wirkstoffgemisch zusammen, wobei die Einzelstoffe nicht selten auch gegensätzliche Effekte zeigen.

Erst seit wenigen Jahrzehnten richtet sich das Augenmerk der Pflanzenforscher (Phytopharmakologen) auf den Synergismus, d.h. auf das Zusammenwirken der Pflanzeninhaltsstoffe. Bislang ist nur von wenigen Substanzen bekannt, wie sie untereinander in Wechselwirkung treten; z.B. verbinden sich Gerbstoffe mit Eiweißen und Metallsalzen zu unlöslichen Komplexen.

Das große Rätsel, warum der Frauenmantel so umfassende Heilkräfte besitzt, konnte aber nicht endgültig geklärt werden. Das braucht uns jedoch nicht zu irritieren. Denn einige der traditionellen Heilanzeigen des Frauenmantels wurden in klinischen Studien überprüft und bestätigt. Hier eine Übersicht der wissenschaftlichen Erkenntnisse über die Alchemilla:

- *Antirheumatisch* (entzündungshemmend und schmerzlindernd bei Rheuma): Eine Gruppe von Wissenschaftlern untersuchte die entzündungshemmende Wirkung dreier Heilpflanzen bei Rheuma und fand heraus, dass die Urtinkturen von Frauenmantel sowie die von Ackerschachtelhalm (Equisetum arvense) und Stechpalme (Ilex aquifolium) mindestens genauso stark entzündungshemmend wir-

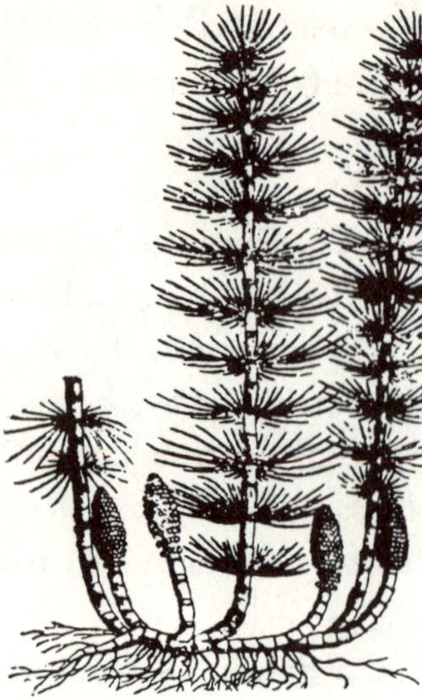

Bei rheumatischen Erkrankungen ergänzt der kieselsäurereiche Ackerschachtelhalm den Frauenmantel.

ken wie die schulmedizinischen Medikamente, die bei diesem Leiden üblicherweise verordnet werden. Die Wissenschaftler fassten das Ergebnis ihrer Studie wie folgt zusammen: »Die (...) Urtinkturen von Alchemilla, Equisetum und Ilex zeigen (...) einen mindestens genauso starken entzündungshemmenden Effekt wie die Antiphlogistika Hydrocortison, Phenylbutazon bzw. Diclofenac-Na« (Paper, Müller, Franz). Aus der Sicht der Wissenschaftler stehen zwar noch klinische Studien an Rheumapatienten aus. Aber Volksmediziner empfehlen bei Rheuma lange schon Teekuren mit Frauenmantelkraut, die den Körper weit weniger belasten als die chemischen Keulen, und für Rheumapatienten gibt es in Apotheken längst schon Naturheilmittel, in denen die drei genannten Pflanzen kombiniert sind (z. B. Heße-komplex Nr. I von Schuck, siehe Seite 323).

- *Blutungsregulierend* (antihämorrhagisch): Der Frauenmantel hemmt die Menstruationsblutung nicht wirklich; d. h., er unterdrückt die

Blutung nicht. Das Kraut ist eher von regulierender und harmonisierender Natur wie so viele Rosengewächse. Eine interessante klinische Studie wurde in Rumänien durchgeführt. 341 Mädchen, alle zwischen elf und siebzehn Jahre alt, die an zu häufigen, zu starken oder an dauerhaften Blutungen litten, bekamen Frauenmantel-Fluidextrakte. Selbst nach längerer Einnahme hoher Dosen des Extrakts stellten sich keine unerwünschten Nebenwirkungen ein. Der blutflusshemmende Effekt war jedoch eindeutig und trat vor allem dann zuverlässig auf, wenn der Extrakt vorbeugend, also bereits einige Tage vor der Regel eingenommen wurde (siehe Behandlungskonzept, Seite 220). Rumänische Wissenschaftler fanden auch heraus, dass Frauenmantelextrakte die Blutgerinnung beeinflussen; sie konnten eine Vermehrung der Thrombozytenzahl und eine Verkürzung der Blutgerinnungszeit feststellen und verordnen die Extrakte daher auch zur Verhütung von größeren Blutverlusten vor Operationen. Die im Fachjargon als »antihämorrhagisch« bezeichnete Wirkung führt man in erster Linie auf die Gerbstoffe zurück. Vermutlich tragen aber auch Kalzium, Kieselsäure, Leukocyanidine und bislang noch nicht identifizierte hormonell wirksame Inhaltsstoffe zur Blutstillung bei.

- *Gefäßschützend* (angioprotektiv): Dem Signaturkundigen zeigen bereits die zähen und faserigen Blätter, dass der Frauenmantel eine bindegewebskräftigende Eigenschaft haben könnte. Französischen Wissenschaftlern gelang es, dies zu bestätigen. Sie stellten fest, dass die Blutgefäße durch Frauenmantelauszüge elastischer werden und dass die Extrakte die Aktivität bestimmter Enzyme hemmen, die die Gefäße durchlässiger machen und Wassereinlagerung in die Gewebe mit verursachen. Sie führten diese Schutzwirkung auf spezielle Flavonoide des Frauenmantels zurück (Quercetin). Der Name leitet sich vom lateinischen *flavus* (= gelb) ab, und Flavonoide sind auch die Hauptwirkstoffe des venenkräftigenden Buchweizens oder der leberregenerierenden Mariendistel. Diese gelben Pflanzenfarbstoffe haben eine weit reichende Bedeutung. Sie kommen nur in oberirdischen, also sonnenexponierten Pflanzenteilen vor und dienen der Pflanze als eine Art Strahlenschutz. Des weiteren schützen sie sie vor Virus- und Pilzinfektionen. Das im Frauenmantel vorkommende Quercetin ist entzündungswidrig und vermindert ebenfalls Wassereinlagerungen (antiödematös). Außerdem wirkt es antiallergisch und antioxidativ, d. h., es hilft, durch Chemikalien, Strahlung oder Viren verursachte Zellschäden zu reparieren. Aufgrund der intensiveren Strahleneinwirkung an seinen Gebirgsstandorten bildet der Alpenfrauenmantel vermutlich wesentlich mehr Flavonoide als der gewöhnliche Frauenmantel.

- *Hormonregulierend:* Während manche Wissenschaftler alle frauenheilkundlichen Anwendungen der Alchemilla rundweg als volksmedizinischen Aberglauben abtun, beweisen andere das Gegenteil: Ein naturheilkundliches Präparat, in dem u. a. Frauenmantel enthalten war, wurde in einer klinischen Studie bei Wechseljahrsbeschwerden eingesetzt. Ergebnis: Die Symptome besserten sich; mehr ist aus Wissenschaftskreisen leider nicht bekannt. Der französische Arzt Yves Requena wies in seinem Buch *Acupuncture et phytothérapie* ebenfalls auf die hormonartige Wirkung der Alchemilla hin; er führte sie neben der Schafgarbe als Heilpflanze auf, die die Bildung von Gelbkörperhormonen stimuliert. Die hormonregulierende Wirkung nutzt man volksmedizinisch seit langem bei Menstruationsstörungen, bei Unfruchtbarkeit oder bei Wechseljahrsbeschwerden. Auch in der Naturheilpraxis erweist sich »Unser Aller Frauenheil« immer wieder als sanftes Hormonregulans und begleitet Frauen hilfreich von der Pubertät bis in die Wechseljahre (siehe Rezept, Seite 306).
- *Krampflösend* (spasmolytisch): Namhafte Heilpflanzenexperten wie der Münchner Professor Dr. Hildebert Wagner zählen den Frauen-

Nach dem Pflücken der Blätter hängt noch eine zähe Blattfaser aus dem Stängel heraus und weist auf die gewebekräftige Wirkung des Frauenmantels hin. (© Margret Madejsky)

mantel zu den krampflösenden Frauenheilpflanzen (Antidysmenorrhoika). Studien fand ich hierzu bislang noch keine. Aber neben dem Gänsefingerkraut und der Schafgarbe ist die erste Heilpflanze, an die Kräuterkundige bei krampfartigen Regelbeschwerden denken, der Frauenmantel. Die krampflösende Wirkung tritt am zuverlässigsten ein, wenn Tee oder Extrakte schon einige Tage vor der Regel eingenommen werden. Für die Wirkung sind vermutlich die im Kraut enthaltenen Leukocyanidine, die Flavonoide Quercetin sowie Kämpferol verantwortlich, aber auch der hormonartige Effekt der Alchemilla ist daran beteiligt. Frauenmanteltee oder -Extrakte sind erfahrungsgemäß besonders hilfreich bei Regelkrämpfen in der Pubertät, nach Absetzen der Antibabypille, bei Gelbkörpermangel oder bei Spiralträgerinnen (siehe Rezept, Seite 221).

Ein Schutzmantel für die Frau

Interview mit Dr. med. Astrid Blank
(ehemals Uniklinik Heidelberg)

Frau Dr. Blank, Sie arbeiten in der Naturheilkundlichen Ambulanz der Frauenklinik Heidelberg und beschreiten dort ganzheitliche Heilwege. Welche Naturheilverfahren wenden Sie dort an?

Um im Sinne der Natur heilen zu können, bedarf es Therapiewege, die uns Zugang zu allen Ebenen der Patientin ermöglichen. Das heißt für mich, dass Körper, Geist und Seele als Einheit zu behandeln sind. Dies ermöglicht uns die Verknüpfung von Therapieverfahren wie Akupunktur, Ernährungsberatung, Homöopathie und Kräuterheilkunde. Ein weiterer Schwerpunkt unserer Ambulanz ist aber auch die Abklärung krank machender Umwelteinflüsse. Im offen geführten Gespräch entscheiden wir zusammen mit der Patientin den konkreten Behandlungsablauf.

Täglich erreichen uns über die Medien neue Erkenntnisse über die Wirksamkeit von Heilpflanzen. Bei welchen Frauenleiden haben Sie mit der Kräuterheilkunde besonders gute Erfahrungen gemacht?

Die Kräuterheilkunde hat in der Ambulanz für Naturheilkunde bei jedem Krankheitsbild Einzug gehalten. Die besten Erfahrungen liegen uns für hormonell bedingte Leiden vor: Bei Blutungsstörungen, prämenstruellem Syndrom, Unfruchtbarkeit, Myom oder bei Wechseljahrsbeschwerden sind Heilpflanzenanwendungen besonders hilfreich. Aber auch bei Umweltpatienten nutzen wir bestimmte Heilpflanzen zur Ausleitung von Problemstoffen, beispielsweise haben wir mit Gundelrebentee gute Erfahrung bei der Entgiftung von Blei gemacht.

Oben: Blühender Frauenmantel. Die kleinen Blüten muten wie grün gewandete Elfen an, die sich im Taubecher tummeln. (© Margret Madejsky)
Unten: Über die Drüsen am Blattrand gibt der Frauenmantel bei hoher Luftfeuchtigkeit Wassertröpfchen ab. Dieses Pflanzenwasser diente den vorchristlichen Priesterinnen als Weihwasser, und in späteren Jahren begehrten es auch die Alchimisten. (© Margret Madejsky)
Vorhergehende Seite: »Stella matutina« von Georges Rouault, 1895. (© Musée d'Avallon)

Links oben: Frauenmantelblüten verleihen Tees oder Kräutertropfen ein liebliches Aroma. (© Olaf Rippe)
Rechts oben: 2000-jährige Urlärche im Ultental. Die Lärche ist die große Freundin der Alchemilla, denn in Lärchenwäldern gedeiht immer auch der Frauenmantel. (© Olaf Rippe)
Unten: Frauenmantel mit Tauperle im Blattschoß, aufgenommen am Geburtsort des Paracelsus bei Einsiedeln in der Schweiz. (© Margret Madejsky)
Folgende Seite: Schwedisches Blumenalphabet von Ottilia Adelborg. (© K. Hjelm Forlag, Borje Bergquist)

Wirkstofforientierte Phytotherapeuten sprechen dem Frauenmantel aufgrund seines Gerbstoffgehaltes eine leicht stopfende und entzündungswidrige Wirkung zu. Sie verordnen den Frauenmantel auch bei Frauenleiden. Könnten Sie uns Beispiele nennen?
Eigentlich habe ich persönlich diese Pflanze noch nie direkt wegen ihrer stopfenden und entzündungswidrigen Wirkung eingesetzt. Die Alchemilla ist neben dem Mönchspfeffer (Agnus castus) eine Favoritin zur Behandlung von Gelbkörperschwäche. Sie kommt beispielsweise bei Unfruchtbarkeit, bei starker und verlängerter Blutung sowie bei funktionellen Eierstockzysten zum Einsatz. Sie lindert aber auch das Brustspannen und gleicht insbesondere die »Jammerstimmung« vor der Periode aus.

Welchen Stellenwert nimmt Ihrer Meinung nach eine so sanfte und ungiftige Heilpflanze wie Alchemilla vulgaris innerhalb der frauenärztlichen Praxis ein?
Obwohl so sanft, zeigt Alchemilla oft auch im Alleingang ihre Wirkung. Der deutsche Name »Frauenmantel« gibt dafür wirklich schon genügend Information her. Legt die Frau diesen Mantel um sich, dann ist sie von weit weniger Faktoren belastet als zuvor. Frauen, die dazu neigen, alles zu sehr an sich heranzulassen und eher für andere als für sich selbst zu handeln, geben nach Einnahme von Alchemilla eine gewisse Lässigkeit an. Alchemilla hilft den Frauen, sich besser abzugrenzen.

Diese Pflanze mit ihrem komplexen Wesen gehört für mich viel mehr in die frauenärztliche Therapie integriert. Leider gibt es noch keine Untersuchungen über die genaue Wirkweise auf das Hormonsystem.

Es gibt bekanntlich viele Möglichkeiten, eine Heilpflanze arzneilich einzusetzen. Wie wenden Sie den Frauenmantel am liebsten an?
Ich verordne bevorzugt Tinkturen. Aber auch Tees oder Kräuterpackungen mische ich den Frauenmantel gerne bei. Alchemilla ist oft

das Hauptmittel von Rezepturen, die bei chronischen Frauenleiden innerlich oder äußerlich angewandt werden. Wichtig ist in meinen Augen, dass die Frauen die Zeit der Zubereitung und Anwendung zur Meditation nutzen und damit ihre Selbstheilungskräfte aktivieren.

Im Verlauf einer ganzheitlichen Behandlung treten oftmals körperliche oder seelische Reaktionen ein. Welche Erfahrungen haben Ihre Patientinnen mit dem Frauenmantel gemacht?

Ich erkläre den Patientinnen meist die Signaturen (Zeichen) des Frauenmantels. Oft sind sie daraufhin begeistert von der Hilfestellung, die ihnen diese Pflanze geben soll.

Die schönsten Aussagen kommen aber meist ohne vorangegangene Aufklärung. Manche Frauen berichten beispielsweise, dass sie während der Heilmeditation neue Bilder von sich als Frau wahrnehmen konnten und wie sie dann in ihrem »ummantelten« Wesen viel leichter mit den Alltagsschwierigkeiten als Frau umgehen können.

Der Trend geht zunehmend in Richtung Selbstbehandlung. Ist der Frauenmantel Ihrer Meinung nach zur Selbstmedikation geeignet, oder müssen die Frauen etwas beachten, damit sie auch wirklich zu ihrer eigenen Heilung beitragen?

Selbstmedikation mag recht und gut sein. Auch ich bin für Aufklärung und bin der Meinung, dass Frauen wieder lernen sollten, mit Heilpflanzen umzugehen. Wenn aber wirklich ein krankhaftes Geschehen vorliegt, wie es z. B. bei starken Blutungen der Fall sein kann, dann sollte unbedingt medizinische Abklärung erfolgen. Blutungen können eine Vielzahl körperlicher wie auch seelischer Ursachen haben, die von medizinischen Laien gar nicht überblickt oder gezielt behandelt werden können. Wirklich zur eigenen Heilung beizutragen heißt aber, sich der Ursachen der Krankheit bzw. der krankhaften Reaktion bewusst zu sein und diese zu hinterfragen, loszulassen oder zu verändern.

Man hört so oft, dass man während einer homöopathischen Behandlung keinen Kaffee und keine Heilpflanzentees mehr trinken soll. Konnten Sie feststellen, ob der Frauenmantel oder andere Heilpflanzen die Wirkung homöopathischer Arzneien abschwächen?

Ich persönlich kann mich der Überzeugung »klassischer« Homöopathen, die fast alles neben ihrer Therapie ablehnen, nicht anschließen.

Je nach Verdünnung ist eine Wirkung auf anderer Ebene möglich. So sehe ich keine Heilhindernisse in der Kombination von Heilpflanzen und homöopathischen Niedrigpotenzen, die eher auf der körperlichen Ebene angreifen, mit Hochpotenzen, die eher auf der seelischen Ebene wirken. Schließlich kombinieren wir Homöopathie und Pflanzenanwendungen in der Naturheilkundlichen Ambulanz mit gutem Erfolg. Ernährungseinschränkungen können jedoch je nach Krankheitsbild empfehlenswert sein: Bei Myomen haben sich beispielsweise F.-X.-Mayr-Kuren bewährt; bei Allergie ist eiweißarme Nahrung angesagt, usw.

Sie erforschen derzeit die Wirkmechanismen einiger Heilpflanzen. Dürfen wir von Ihnen bald auch neue Erkenntnisse über den Frauenmantel und andere Frauenheilpflanzen erwarten?

Wenn es nach mir ginge, würden wir nur noch die Natur erforschen, aus der ja ursprünglich die meisten Medikamente stammen. Gerne würden wir auch mehr Aussagen zur Wirkweise der Heilkräuter formulieren, doch ist leider alles eine Frage der Finanzierung. Die Wissenschaft Deutschlands läuft leider stark betont mit Drittmittelgeldern der Pharmaindustrie, sodass wir auf Sponsoren angewiesen sind. Aber da wir keine Kontaktaufnahme scheuen, hoffen wir, bald auch Aussagen über heimische Frauenkräuter wie den Frauenmantel liefern zu können.

Vielen Dank!

Die Formensprache der Alchemilla

»Nichts ist, was die Natur nicht gezeichnet habe, und durch die Zeichen kann man erkennen, was im Gezeichneten verborgen ist.«

Paracelsus

Nun wollen wir die Pfade der Wissenschaftlichkeit wieder verlassen, um einen ursprünglicheren Weg der Heilpflanzenerkenntnis zu beschreiten: den Erkenntnisweg der Signaturlehre. Auf der Signaturlehre, der Lehre von der Zeichensprache der Natur, basieren die Pflanzenkenntnisse vieler Naturvölker, denn es ist eine Art Ursprache, mit der sich die Pflanzen dem Menschen offenbaren.

Der Alchimist, Arzt und Naturforscher Paracelsus hat die Signaturlehre einst von den Bauerndoktoren seiner Zeit abgeschaut. Diese verfügten nämlich weder über Kräuterbücher noch verstanden sie das damals schon übliche Medizinerlatein, und trotzdem kannten sie die Heilkräfte der Pflanzen besser als so mancher Medicus. Aber woher wussten sie, welches Kraut für welches Leiden gut ist? Die Antwort ist ganz einfach: Sie wussten es von der Pflanze selbst, die sich, bildhaft ausgedrückt, wie ein Stummer durch Zeichen statt durch Worte mitteilt.

Pflanzen sprechen zu unseren Sinnen: Farbe, Form, Gestalt oder Gestik sprechen zu unserem inneren oder äußeren Auge. Blütendüfte verraten der Nase so manches Heilgeheimnis, und der Geschmack erzählt dem Gaumen von den Pflanzenkräften. Aber auch Standort, Blattstruktur, Fortpflanzung, Lebensdauer und vieles mehr sind von Bedeutung, wenn man das Pflanzenwesen verstehen will. Bei der Signaturlehre handelt es sich eigentlich um eine interpretierte Botanik.

Ausgerüstet mit Brille (= Erfahrung), Stab (= Vernunft) und Laterne (= Licht der Erkenntnis) folgt der Signaturkundige den Spuren der Natur.

Die Pflanze wird nicht nur beschrieben, ihre Merkmale werden darüber hinaus gedeutet.

Der Frauenmantel trägt eine Vielzahl von Signaturen, die erkannt und verstanden werden wollen: Seine schüsselartigen Blätter, die Tautropfen oder seine achtzähligen Blüten sind Botschaften, die es zu entschlüsseln gilt. Nur, wie lassen sich diese Pflanzenbotschaften begreifen?

Die Botschaften der Pflanzen

Die Volksheiler von einst suchten zunächst nur nach oberflächlichen Ähnlichkeiten zwischen Krankheit und Heilmittel. Paracelsus lobte diese Fähigkeit: »... ich habe über 80 Bauern gekannt, die die Kräuter nur wegen ihrer Form und Anatomie mit den Krankheiten verglichen haben, und sie haben vor meinen Augen damit wunderbar und gut geholfen.« Dass diese Art des Vergleichs funktioniert, liegt an der Urverwandtschaft zwischen Mensch und Heilpflanze.

Auf das Menschen- wie auch auf das Pflanzenreich wirken die gleichen Kräfte ein, und diese führen zu Ähnlichkeiten in Gestalt oder Ausdruck. Wir sagen heute noch, ein Mensch sei von seiner Krankheit gezeichnet. Jede Krankheit hinterlässt Spuren, gräbt z. B. Falten ins Gesicht oder beugt uns durch die Last der Schmerzen. Ein äußeres Krankheitssymptom ist also ein sichtbares Zeichen, das die Krankheit am Menschen hinterlässt. Die Signaturlehre basiert nun auf der Annahme, dass auch die Pflanze von den Kräften gezeichnet ist, die in ihr wirken.

Ein Beispiel soll dies veranschaulichen: Wäre vor hunderten von Jahren ein melancholischer Mensch zu einem signaturkundigen Bauerndoktor gegangen, dann hätte dieser vielleicht eine Heilpflanze verordnet, die wie der Kranke den (Blüten-)Kopf hängen lässt. Die Geste der Melancholie findet sich z. B. in der Bachnelkenwurz und in der Küchenschelle, die zu den Melancholie-Mitteln der Homöopathie gehören.

Innenschau statt Analyse

Im Zeitalter der Apparatemedizin, Pharmazie und Analytik mutet diese Vorgehensweise vielleicht altmodisch an. Sie beruht auch nicht wie die moderne Naturwissenschaft auf Maß, Zahl oder Gewicht und versteht sich nicht als eindeutige Wissenschaft. Aber ein Weiser bemerkte einmal: »Wissenschaft ist eben der moderne Aberglaube.«

Wenn auch die wissenschaftlichen Erkenntnisse über den Frauenmantel dürftig sind, so ändert dies doch nichts an der umfassenden Heilkraft dieser altbekannten Frauenpflanze. Wie so oft fehlen noch die geeigneten Nachweismethoden, und sicher ist der analytische Weg der Heilpflanzenforschung nicht unbedingt der richtige, um das wahre Wesen der Alchemilla zu ergründen. Die Wirkung einer Pflanze nur durch ihre Inhaltsstoffe zu erklären wäre etwa so, als ob man behaupten würde, ein Buch bestünde nur aus Cellulose und Druckerschwärze, obwohl es doch viel mehr auf den geistigen Inhalt ankommt.

Die Signaturlehre ist dagegen ein sinnlicher Weg, das geistartige Wesen der Pflanze zu erfassen. Man muss eigentlich nur mit offenen Sinnen und vorurteilsfrei an die Pflanze herantreten, sie genau betrachten, bei ihr verweilen, und wenn sie einen einlädt, dann kann man noch ein Stück vom Blatt unter die Zunge legen und ähnlich, wie es einst die weisen Frauen taten, den Sinnen lauschen. Dies bedarf natürlich einiger Übung und benötigt vor allem einen unvoreingenommenen Beobachter, der den Botschaften der Pflanze einfach nur lauscht, ohne voreilige Schlüsse zu ziehen. Gelingt es uns jedoch, uns von Erwartungen oder Wünschen frei zu machen und uns einfach nur in die Pflanze einzufühlen, dann verrät sie uns bereitwillig so vieles über sich.

Im Folgenden sind nun einige der Botschaften genannt, die uns die Alchemilla vermittelt.

Blattbetonung – Zeichen für rhythmisches Wirken

Im Gegensatz zur Rose, die ihre Blüten stolz zur Schau trägt, oder zur Blutwurz, deren Kräfte sich mehr in den unterirdischen Organen konzentrieren, lebt die Alchemilla ganz im Blatt. Obwohl alle drei zu den Gerbstoffpflanzen gehören, zeigen sie durch die jeweilige Betonung von Blüte, Blatt oder Wurzel ihr unterschiedliches Wesen.

Pflanzen haben wie wir ein Oben (Blüte), eine Mitte (Blatt) und ein Unten (Wurzel). Es ist nicht gerade nahe liegend, dass man die Pflanze einfach nur umdrehen muss, um zu erfahren, auf welchen Pol im Menschen der jeweilige Pol der Pflanze einwirkt. In der anthroposophischen Medizin ist die Dreigliederung jedoch ein feststehender Begriff.

Laut der anthroposophischen Naturerkenntnis entspricht die Blüte dem Stoffwechsel-Gliedmaßen-System (unten), das Blatt dem Rhythmischen System (Mitte) und die Wurzel dem Nerven-Sinnes-System (oben). Vereinfacht ausgedrückt: Weil die Wurzel Nährstoffe aus dem Boden aufnimmt, entspricht sie im Menschen dem oberen Pol mit den Sinnesorganen, die die Sinnesreize aufnehmen. In der Blüte bildet und speichert die Pflanze Energie und Wärme, was im Menschen am ehesten den Stoffwechselorganen im Bauchraum entspricht. Das Blatt verbindet den oberen mit dem unteren Pflanzenpol und dient der Pflanze als Atmungsorgan – im Menschen entspricht dies allen rhythmischen Prozessen, z. B. Atmung, Herz-Kreislauf oder Menstruation.

Weil das wohlgeformte Frauenmantelblatt zudem noch tut, als wäre es eine Blüte, verschmelzen hier Rhythmus und Stoffwechsel miteinander. Allein daraus könnte man ableiten, dass das Kraut vielleicht auf jene Organe wirkt, die gleichermaßen dem Rhythmischen wie auch dem Stoffwechselsystem unterstellt sind.

Der Anthroposoph Wilhelm Pelikan schrieb hierzu: »Zum Hauptorgan ist das Blatt gemacht. Das Blattartige verschmilzt also in gewisser Weise mit dem Blütenhaften bei der Alchemilla, und in dieser eigentümlichen Durchdringung wird man die Signatur dieser Pflanze suchen müssen, um ihre Heilwirkung zu begreifen. Die menschliche Gegenregion zu diesem Zusammenhang ist in rhythmischen Prozessen zu finden, die aber nicht in der rhythmischen Sphäre von Herz und Lunge, sondern in jenem ins Stoffwechselgebiet geschobenen rhythmischen Organ gegeben ist, dem Uterus.«

Blattform – Sinnbild des weiblichen Geburtsschoßes

Allein aus der Blattform kann man auf die Heilkräfte bei Frauenleiden schließen: Mit ihren schüsselförmigen Blättern verkörpert die Alchemilla das weibliche, empfangende Prinzip. Die Blattschüssel, in

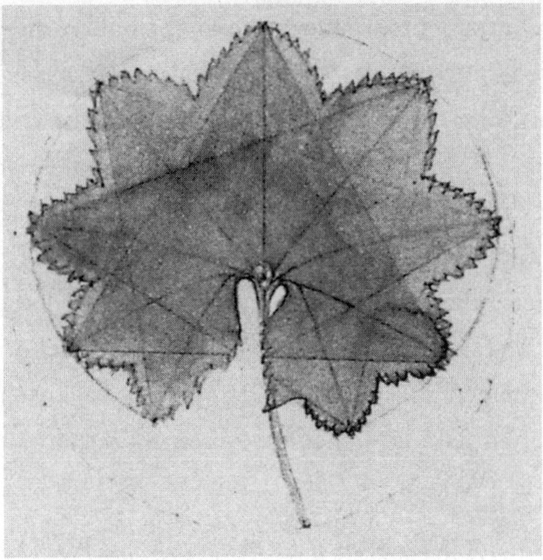

Blattzeichnung von Joseph Beuys (1948). In der Neunzahl der Blätter erkennt man die kosmische Kraft des Mondes. (© VG Bild-Kunst, Bonn 1999)

deren Mitte meist eine Wasserperle ruht, wird oft mit dem weiblichen Geburtsschoß verglichen, für den der Frauenmantel seit langem ein Heilmittel ist. Die Blätter weisen außerdem meist sieben bis neun Lappen auf, worin sich die weiblichen Planetenkräfte von Venus (sieben) und Mond (neun) widerspiegeln.

In der Jugend sind die Blätter rosettenartig gefaltet oder gefächert und muten wie ein kleines Mäntelchen an. In der Mantelform zeigt sich bereits das einhüllende und beschützende Wesen des Frauenmantels.

Zähe Blätter – Hinweis auf die gewebekräftigende Eigenschaft

Zerreißt man ein Frauenmantelblatt, dann zeigt es sich zäh und faserig, manchmal hängen an den Rissstellen die Blattnerven wie Fäden heraus. In der Pflanze wohnt also eine festigende Kraft, und die fadenartigen Blattnerven könnten in uns beispielsweise den Nerven oder auch den Venen entsprechen. Vielleicht haben die weisen Frauen einst durch die Zähigkeit des Blattes erkannt, dass der Frauenmantel bei Erschlaffungszuständen der Beckenorgane hilft; volksmedizinisch wird das Kraut z. B. bei Senkungsbeschwerden oder nach der Geburt gebraucht, um die Gewebe wieder zu straffen.

Neben der Alchemilla zeigt beispielsweise auch der Breitwegerich die Signatur der zähen Blattnerven, und in beiden Pflanzen hat man schließlich gefäßstärkende Wirkstoffe gefunden (siehe Seite 93). Andere Pflanzen zeigen die gewebekräftigenden Eigenschaften wie das »Hartheu« (Johanniskraut) eher im zähen Stängel.

Unscheinbare Blüten – Ausdruck der Heilkraft bei inneren Leiden

Die gelbgrünlichen Blüten verraten wiederum die der Pflanze innewohnenden Venuskräfte, die uns Frauen immer wohl tun. Paracelsus hat aber auch einmal bemerkt, dass Pflanzen, die keine Blüten haben, für Krankheiten gut sind, die sich nicht äußerlich zeigen, sondern sich mehr im Innern des Körpers abspielen. Nun hat unsere Alchemilla nur ganz unscheinbare Blüten, deren Farbe sich kaum vom Blatt abhebt. Sie heilt in der Tat viele Frauenleiden, die sich überwiegend im Innern abspielen; z. B. Eierstockzysten, Regelkrämpfe oder Unfruchtbarkeit. Das heißt natürlich nicht, dass man nicht das eine oder andere äußere Zeichen an der erkrankten Frau finden würde – schließlich zeichnet jede Erkrankung den Patienten in irgendeiner Weise.

Achtzahl der Blüte – Hinweis auf die hormonelle Wirkung

Die Acht ist die Zahl des römischen Merkur, der dem griechischen Götterboten Hermes entspricht. Von »Hermes« leitet sich wiederum der Begriff der Hormone ab (griechisch *hormé* = Antrieb, Drang).

Alchemilla-Zeichnung von Walther Roggenkamp.
Aus »Heilpflanzenkunde« von Wilhelm Pelikan.

Im Menschen regiert die Planetenkraft des Merkur z. B. die Lungen, den Stoffwechsel und das Hormonsystem. Während die Lungenheilpflanze aber meist Blätter wie Lungenflügel aufweist (z. B. Lungenkraut) oder die Signatur der Bronchien trägt (z. B. Lungenflechte), zeigt sich die Alchemilla für Stoffwechsel und Hormone zuständig.

Im blühenden Kraut fand man sogar hormonartige Substanzen (siehe »Phytosterine«, Seite 90), aber die hormonelle Wirkung ist keineswegs vollends erforscht. Dafür verwendet man das blühende Kraut lange schon erfolgreich bei hormonellen Leiden wie Blutungen, Fruchtbarkeitsstörungen oder Wechseljahrsbeschwerden.

Unfruchtbare Blüte – die geheimnisvolle Mariensymbolik

Die fruchtbarkeitssteigernde Heilkraft zeigt sich in der Pflanzenwelt oft im Samenreichtum. So finden sich beispielsweise im vielsamigen Granatapfel pflanzliche Östrogene (Östron), und in samenreichen Pflanzen wie Brennnessel oder Hafer wirkt ebenfalls eine östrogenisierende Kraft; manche Vollkornbrote werden inzwischen sogar »Brot für die Frau« genannt, weil sie wertvolle Phytoöstrogene liefern.

Nun vermehrt sich aber unsere Alchemilla ungeschlechtlich und bildet auch nur wenige Samen. Die Christen sahen darin das Zeichen der Unschuld und unterstellten den Frauenmantel auch aus diesem Grund der Jungfrau Maria.

Im Gegensatz zu anderen venushaften Heilpflanzen (z. B. Damiana) wirkt der Frauenmantel nicht direkt östrogenisierend (= eisprungfördernd und luststeigernd), sondern hat eher mit der Fruchterhaltung zu tun (gestagenartig).

Behaarung – Merkmal derKieselsäurepflanze

Behaarte Blätter und Stängel deuten dem Signaturkundigen an, dass es sich um eine Kieselsäurepflanze handeln könnte. Man denke nur an die stark behaarten Blätter von Beinwell, Borretsch oder Lungenkraut, die in der Tat viel Kieselsäure enthalten. Diese verleiht nicht nur der Pflanze Halt und Strukturkraft, sondern auch dem Menschen, der sie anwendet. Behaarte Pflanzen wie die Alchemilla eignen sich auch aufgrund ihres Kieselsäuregehaltes besonders bei chronisch entzündlichen Frauenleiden. Egal, ob chronisch entzündlicher Ausfluss, Blutungen oder Knochenschwäche – Alchemilla gibt Struktur zurück.

Wetteranzeiger – Signatur der Gebärmutter-Heilpflanze

Viele Blütenpflanzen reagieren auf die steigende Luftfeuchtigkeit, indem sie ihre Blüten schließen, und zeigen dadurch dem Wanderer, ob ein Unwetter droht. Solange uns Gänseblümchenblüten anstrahlen oder Silberdisteln geöffnet sind, wird sich das Wetter in jedem Fall noch halten. Der Frauenmantel ist ebenfalls eine Wetterpflanze, nur zeigt er seine Prognose eben nicht so offensichtlich. Nur mit Hilfe einer Lupe erkennen wir bei dem Gewächs, ob vielleicht Regen heranzieht: Bei trockener Witterung sind die Staubbeutel nämlich geöffnet, und vor Regen verschließen sie sich.

Bei schönem Wetter sind die Staubbeutel geöffnet,
bei hoher Luftfeuchtigkeit schließen sie sich – dies zeigt
die Gebärmutterheilpflanze an. (© Margret Madejsky)

In der Reaktion auf die Luftfeuchtigkeit zeigt sich die mondhafte Eigenschaft; der Mond regiert über alle Flüssigkeiten und damit auch über die Luftfeuchtigkeit. Das rhythmische Öffnen und Schließen von Blüten oder Staubbeuteln zeigt die Verwandtschaft zur Gebärmutter, die sich als mondhaftes Organ ebenfalls rhythmisch öffnet und schließt: Während der Regel öffnet sich der Muttermund, damit das Blut herausfließen kann, und er schließt sich danach wieder schützend. Um den Eisprung herum öffnet sich der Muttermund wieder ein wenig, um mögliche Besucher, die Spermien, einzulassen. Nach dem Eisprung verschließt er sich erneut fest und schirmt die Gebärmutter wie ein Schatzkästchen bis zur nächsten Blutung vor Außeneinflüssen ab.

Suchen wir nun nach Heilpflanzen für die Gebärmutter, so fallen uns die Wetteranzeiger sofort ins Auge, und es leuchtet nun vielleicht ein, warum die Wöchnerin Gänseblümchen als »Arnika der Gebärmutter« bekommt oder weshalb sich der Frauenmanteltee als Kindbettmittel bewährt hat.

Guttationsphänomen – Hinweis auf mondhafte Heileigenschaften

Aus den Wasserdrüsen am Blattrand sondert die Alchemilla vor allem in den Morgenstunden und bei hoher Luftfeuchtigkeit Wassertröpfchen ab (Guttationstropfen). Der Mond als Regent über alle Flüssigkeiten stellt hier wiederum den Bezug zur weiblichen Sexualsphäre her.

In der Astromedizin unterstehen beispielsweise die Eierstöcke, die Gebärmutter und die Schleimhäute dem Mond. Dass wir im »Taublatt« fast immer Wassertropfen vorfinden, deutet auf die reinigenden Kräfte hin. Und weil die Pflanze selber »schwitzt«, also ausgleichenden Einfluss auf den Wasserhaushalt zeigt, beeinflusst sie natürlich auch das »Schwitzen« in der Pubertät oder in den Wechseljahren.

Der Frauenmantel bevorzugt halbschattige, feuchte Wiesen, Weg- und Waldränder. Nun lautet eine alte Regel, dass die Heilpflanze meist dort wächst, wo sie benötigt wird. Wie so viele Pflanzen, die feuchten Grund besiedeln (z. B. Mädesüß, Silberweide), lindert auch der Frauenmantel die Leiden, die in feuchter Kälte entstehen, z. B. Rheuma (siehe Seite 91).

Um sich im feuchten Milieu vor Fäulnis zu schützen, muss der Frauenmantel wie jedes andere Gewächs eine austrocknende Kraft in sich entwickeln oder einen anderen wirksamen Schutz vor der Feuchtigkeit bilden. Diesen Schutz nennen wir heute Gerbstoffe, und mit ebendiesen Pflanzeninhaltsstoffen wehrt sich das Gewächs gegen Fäulnisbakterien oder Schimmelpilze. Glücklicherweise dienen die Schutzstoffe der Pflanze auch uns: Ihre austrocknenden Eigenschaften nutzen wir heilkundlich z. B. bei Blutungen, Entzündungen, nässenden Wunden oder bei Durchfällen.

Der Frauenmantel bevorzugt quellige Orte und zeigt damit seine Heilkraft bei Leiden, die aus der Feuchte kommen. (© Margret Madejsky)

Teil II

Alchemilla-Rezepte für ein ganzes Frauenleben

Alchemilla-Zeichnung der Münchner
Künstlerin Chris Josephski.

Interne Anwendungsarten

Die Teebereitung – ein Heilritual für den Alltag

»Der Tee vom Frauenmänteli ist lieblich und angenehm«, lobte einst der Schweizer Kräuterpfarrer Künzle. Doch Frauenmanteltee schmeckt nicht nur gut, er heilt zudem auf zweierlei Ebenen. Zum einen greift er auf der körperlich-stofflichen Ebene regulierend ein. Als sanfte Zubereitungsart bietet sich eine Teekur z. B. bei chronischen Frauenleiden oder in der Schwangerschaft an. Zum anderen kann die tägliche Teebereitung zu einer Art Heilritual werden – ein stressfreier Zeitraum, in dem wir etwas Gutes für uns tun und in dem wir unsere Selbstheilungskräfte aktivieren können. Dies ist in unserer hektischen Zeit auch deswegen wichtig, weil die innere Haltung einen erheblichen Teil zur Gesundung beiträgt. Die tägliche Teezeremonie kann also ein Ja zur Heilwerdung sein.

- *Zubereitung:* pro Tasse (ca. 150 ml) 2 Teelöffel frisches oder getrocknetes Kraut heiß überbrühen, 8 bis 10 Minuten ziehen lassen, abseihen, eventuell mit ein wenig Bienenhonig süßen.
- *Anwendungsgebiete:* Eine Teekur eignet sich als alleinige oder als begleitende Maßnahme bei allen genannten Frauenleiden. Sie bewährt sich besonders bei Regelkrämpfen, bei Blutungsstörungen, bei Unfruchtbarkeit oder beim prämenstruellen Syndrom, in der Schwangerschaft, im Kindbett sowie bei Wechseljahrsbeschwerden. Begleitend empfiehlt sich der Tee ebenfalls bei Myomen, Zysten, chronischen Brustleiden sowie bei Senkungsbeschwerden, Prostataadenom, Rheuma oder Altersdiabetes.

Alchimia; Holzschnitt von L. Thurneysser zum Thurn (1574).

- *Dosierung und Dauer der Einnahme:* Die Dauer einer Teekur hängt in erster Linie von der Art der Beschwerden ab. Soll der Frauenmanteltee die Menstruationsblutung regulieren, so reicht es meist, ab der Zyklusmitte bis zum Einsetzen der Blutung 2 bis 3 Tassen täglich zu trinken. Dies gilt auch für die Fruchtbarkeitssteigerung oder bei prämenstruellen Beschwerden. Bei Krämpfen kann man den Tee auch während der Blutung zu sich nehmen. Ansonsten dauert eine Teekur etwa 6 bis 8 Wochen. Meist sagt einem der Körper, wann

Schluss ist, indem das Verlangen nach dem Tee allmählich sinkt. Dann pausieren wir 1 bis 2 Wochen oder greifen zu einem Wechselmittel, damit der Körper neue Heilreize bekommt. In Maßen kann man Frauenmanteltee aber bedenkenlos über viele Monate hinweg trinken. Bei chronischen Frauenleiden zeigt die langfristige Einnahme die besten Erfolge.

Der Kräutermet – eine germanische Erfindung

Lange bevor der Tee in die abendländische Kräuterheilkunde Einzug hielt, bereiteten die alten Germanen ihre Heiltränke, indem sie die Kräuter oder Wurzeln in Honigmet oder in Milch zum Sieden brachten. Auch aus heutiger Sicht ist dies nicht nur eine überaus schmackhafte, sondern ebenso eine besonders wirksame Zubereitungsart.

Honig wie Alkohol sind so genannte »Medizinpferde«, die die Heilstoffe der Pflanze in den Körper transportieren. Beide werden schon in der Mundhöhle resorbiert und nehmen viele Pflanzeninhaltsstoffe direkt mit ins Blut. Darüber hinaus gehen wegen des Alkohols auch fettlösliche Wirkstoffe wie ätherische Öle oder pflanzliche Hormone gut über, was den Met in seiner Heilkraft über den Tee stellt. Aus dem heilsamen Kräutermet entwickelte sich in späteren Jahrhunderten das Kräuterbier, ein beliebtes Heilmittel der Volksmedizin.

- *Zubereitung:* 1 bis 2 Hand voll frisches oder getrocknetes Frauenmantelkraut in einen Topf geben, mit einer Flasche Honigmet übergießen und unter Umrühren aufkochen lassen. Sobald es kocht, den Topf vom Herd nehmen, abgedeckt abkühlen lassen, abseihen und in die Flasche zurückfüllen. Der Kräutermet wird kühl aufbewahrt und sollte innerhalb von wenigen Tagen aufgebraucht werden.

- *Anwendungsgebiete:* Der Kräutermet hat dieselben Heilindikationen wie der Tee.
- *Dosierung und Dauer der Einnahme:* Weil der Kräutermet kurmäßig eingenommen viel kostspieliger als der Tee ist, verwenden wir ihn meist nur zu besonderen Anlässen wie z. B. beim traditionellen Kindbettumtrunk (siehe Rezept, Seite 283). Wer sich dennoch eine Metkur gönnen möchte, kann 1 bis 2 Wochen lang täglich 1 bis 3 Gläser (je 100 ml) vor oder zwischen den Mahlzeiten trinken.

Der Kräuterwein – ein mittelalterliches Heilgeheimnis

Mit der Hildegard-Medizin sind heute wieder die Heilweine in Mode gekommen. Wie in der Klostermedizin üblich, so empfahl auch Hildegard von Bingen (11./12. Jahrhundert) das Sieden von Pflanzenteilen in Wein. In den Kräuterbüchern des 15. und 16. Jahrhunderts findet man fast nur noch Weinrezepte und destillierte Pflanzenwässer. Das liegt daran, dass der Wein ebenfalls ein »Medizinpferd« ist, auf dessen Rücken die Arzneistoffe direkt ins Blut »reiten« (vgl. hierzu Kräutermet). Zudem sprach man dem Wein in allen Anbaugebieten stets eine kräftigende und die Blutbildung anregende Wirkung zu. Daher kamen vor allem Siechlinge und Wöchnerinnen in den Genuss von Kräuterweinen und Weinsuppen. Neben den Kräften der verwendeten Kräuter wirken außerdem noch die erdenden Kräfte der tief verwurzelten Weinrebe, die der Kopflastigkeit unserer Zeit entgegentreten.

- *Zubereitung:* 1 bis 2 Hand voll frisches und fein zerschnittenes oder getrocknetes Kraut in einen Topf geben, mit ¾ Liter gutem Rotwein übergießen und unter Umrühren erhitzen. Sobald er kocht, den Topf vom Herd nehmen, abgedeckt abkühlen lassen, abseihen und in die Flasche zurückfüllen. Besonders wohlschmeckend und heilkräftig wird ein solcher Kräuterwein, wenn man noch im lauwarmen Zustand, je nach Gusto, etwa 1 bis 3 Teelöffel echten Bienenhonig beimengt. Kühl und dunkel aufbewahrt, hält sich der Kräuterwein in der Regel einige Wochen lang.

- *Anwendungsgebiete:* Weil bei der Zubereitung ein Großteil des Alkohols verdampft, eignen sich Heilweine durchaus auch für Schwangere und Wöchnerinnen. Wegen des hohen Gerbstoffgehaltes bewähren sie sich beispielsweise bei leichten Durchfällen. Aber auch bei Neigung zu starken oder langen Blutungen oder zur Bindegewebskräftigung bei Senkungsbeschwerden können Heilweinkuren hilfreich sein.
- *Dosierung und Dauer der Einnahme:* Bei leichteren Durchfällen bewährten sich einige Tage lang 2 bis 3 kleine Gläser (ca. 100 ml) täglich. Eine Heilweinkur leistet auch dann gute Dienste, wenn über längere Zeiträume hinweg kleine Mengen eingenommen werden – z. B. täglich ein kleines Glas (ca. 100 ml).

Die Kräutertropfen – wie man den Heilgeist in die Flasche bannt

Wesentlich haltbarer als das getrocknete Teekraut und auch wirkungsvoller als der Tee ist ein alkoholischer Frauenmantelauszug. In meiner Sammlung befinden sich Kräutertropfen, die nun schon über zehn Jahre alt sind und immer noch gut riechen, schmecken und wirken. Alkohol ist halt ein gutes Konservierungsmittel. Er ist aber ein ebenso gutes Lösungsmittel, das fett- wie auch wasserlösliche Inhaltsstoffe herauszieht. Kräutertropfen sind das gehaltvollste Heilmittel, das man auf einfache Weise selber aus der Alchemilla zubereiten kann.

- *Zubereitung:* einige Hand voll blühendes Frauenmantelkraut sorgfältig verlesen und zerkleinern (wie Petersilie schneiden oder zu Pflanzenbrei verarbeiten). Das zerkleinerte Kraut locker in ein sauberes Glas geben (z. B. Marmeladenglas), bis dieses fast voll ist, und nun mit einem 50%igen Alkohol-Wasser-Gemisch randvoll übergießen; wichtig ist, dass man 95%igen Trinkalkohol (Ethanol) verwendet. Das Glas nun fest verschließen, im Dunkeln stehen lassen und ab und zu kräftig schütteln. Frühestens nach 4 Wochen werden die Tropfen abfiltriert (z. B. Kaffee-/Papierfilter), in eine braune Arzneiflasche umgefüllt und beschriftet: deutscher und botanischer Pflanzenname, Pflanzenteil, Herkunft, Sammeldatum, Mondphase und eventuell Mondstand. Wer auf diese Weise andere Heilpflanzen verarbeiten möchte, muss nur den Alkoholgehalt anpassen: Bei zarten Pflanzenteilen (z. B. Kamillenblüten) genügen 40 % Alkohol, bei Blatt- und Krautdrogen (z. B. Beifuß) 50 % und bei harten Pflanzenteilen (z. B. Eichenrinde) 60 % Alkohol. Trinkalkohol und Braungläser sind in Apotheken erhältlich.
- *Anwendungsgebiete:* Weil schon wenige Tropfen täglich eine beachtliche Heilwirkung entfalten, eignen sich die Kräutertropfen gleichermaßen zur Behandlung akuter Beschwerden wie Krämpfen, zur mehrwöchigen Schleimhautreinigung oder zur Langzeittherapie bei chronischen Frauenleiden wie Brustverhärtungen, Myomen, Zysten oder Senkungsbeschwerden. Die Kräutertropfen lassen sich aber auch in Gesichtswässer, Salben und Zäpfchen einarbeiten oder verdünnt zu Tamponaden oder Umschlägen verwenden.
- *Dosierung und Dauer der Einnahme:* »3-mal täglich 20 Tropfen«, lautet hier die Faustregel, die wir natürlich individuell anpassen können. Bewährt hat sich auch, 1 bis 2 kleine Teelöffel in ein Glas Wasser zu geben und von diesem über den Tag verteilt immer wieder einen Schluck zu trinken. Die Dauer der Anwendung hängt wie beim Tee von der Art der Beschwerden ab.

Die Verreibung – die süßeste Art des Heilens

Es gibt nur wenige Möglichkeiten, die volle Heilkraft einer Frischpflanze ganz ohne Alkohol zu konservieren: Die Verreibung ist eine davon. Schon in den alten Kräuterbüchern finden sich immer wieder Rezepte wie der »Sinnau-Zucker« (siehe Rezept, Seite 164), die die Vorläufer der Milchzuckerverreibung sind. Abgesehen von der Homöopathie, ist die Verreibung heute fast ganz in Vergessenheit geraten. Das ist schade, weil man Kindern, Schwangeren und allen, die Alkohol meiden sollen oder wollen, auf diese Weise ein hochwertiges Frischpflanzenpräparat herstellen kann, dessen Heilkraft den Tee meist noch übertrifft.

- *Zubereitung:* Für eine Verreibung benötigen wir mehrere Hand voll frisches Frauenmantelkraut mitsamt Blüten sowie Messer, Schneidebrett, Reibschale, Mörser und Milchzucker. Zunächst wird das Sammelgut sorgfältig verlesen (nicht waschen!), so fein wie möglich

Ein Apotheker stellt eine Verreibung her; aus »Hortus sanitatis« (Mainz 1491).

zerschnitten und gewogen. Für 100 g Verreibung benötigen wir je 50 g Frischpflanze und Milchzucker. Dann geht die eigentliche Prozedur los. Das fein zerschnittene Kraut wird nun in der Reibschale unter ständiger Zugabe von gepulvertem Milchzucker so lange mit dem Mörser gestoßen und gerieben, bis eine einheitliche Masse entsteht – meist braucht man dazu eine Stunde. Schließlich wird die noch feuchte Masse auf einem sauberen Tuch oder Papier ausgebreitet und an einem luftigen Platz 1 bis 3 Tage getrocknet. Danach kann die Verreibung in einer Dose oder in einem braunen Schraubglas etwa ein Jahr lang aufbewahrt werden.

- *Anwendungsgebiete:* Grundsätzlich kann die Verreibung bei allen Frauenleiden zur Anwendung kommen, die einer innerlichen Therapie zugänglich sind. Diese Darreichungsform ist vergleichbar mit der Einnahme der Frischpflanze. Weil die Verreibung keinen Alkohol enthält, eignet sie sich beispielsweise als sanfte Arznei für Schwangere, für Wöchnerinnen, für Kinder oder für Alkoholkranke und natürlich für alle, die Alkohol umgehen sollten (z. B. Epileptiker).
- *Dosierung und Dauer der Einnahme:* Die übliche Dosis liegt bei 3 Teelöffeln täglich; Kinder bekommen je nach Alter natürlich nur eine Prise bis einen halben Teelöffel. Die Verreibung eignet sich zur Langzeittherapie bei chronischen Frauenleiden wie Zysten oder Senkungsbeschwerden. Sie kann aber auch bei akuten Leiden wie entzündlichem Ausfluss oder Regelkrämpfen in Form einer Stoßtherapie erste Hilfe leisten – dann bis zu 5-mal täglich einen Teelöffel einnehmen.

Externe Anwendungsarten

Die Frauendusche – erste Hilfe bei Unterleibsentzündungen

Eine Frauendusche besteht aus einer Gummipumpe, in die Tee eingefüllt wird, und einem Applikator, mit dem der Tee dann in die Scheide eingebracht wird; Frauenduschen sind über Apotheken zu beziehen. Eine Vaginalspülung reinigt die Schleimhäute, steigert deren Durchblutung und wirkt je nach Zusammensetzung entzündungswidrig, juckreizlindernd, keimtötend, regenerierend oder auch nur angenehm.

- *Zubereitung:* 3 bis 4 Esslöffel getrocknetes Frauenmantelkraut mit einem halben Liter kochendem Wasser überbrühen, etwa 15 Minuten ziehen lassen, abseihen und auf Körpertemperatur abkühlen lassen. Bevor man den Tee in die Frauendusche füllt und sich damit – z. B. in der Badewanne liegend – vorsichtig die Scheide spült, kann man noch 1 bis 2 Esslöffel Bio-Apfelessig als mildes Schleimhautdesinfizienz zusetzen. Auch 1 bis 3 Tropfen eines milden ätherischen Öls dürfen beigemengt werden. Antibakteriell und sanft zur Schleimhaut sind beispielsweise Geranium, Kamille, Lavendel oder Schafgarbe; andere Öle oder größere Mengen können jedoch brennen wie Feuer!
- *Anwendungsgebiete:* Mit Hilfe der Frauendusche kann man die pflanzlichen Heilstoffe direkt in die Scheide und an den Gebärmuttermund bringen. Die Frauendusche ist daher besonders hilfreich bei Ausfluss und Scheidenentzündungen (siehe Rezept Seite 169). Sie kann auch bei Geschwüren oder Zellveränderungen am Muttermund als begleitende Lokaltherapie versucht werden. Frauen, die

stark bluten, Schwangere oder Wöchnerinnen sollten diese Lokalanwendung mit Ärzten oder Hebammen absprechen!

- *Dauer und Häufigkeit der Anwendung:* Bei akuten Beschwerden führt man die Vaginalspülung eine Woche lang täglich und bei chronischen Leiden 1- bis 2-mal wöchentlich durch. Für die tägliche Daueranwendung ist die Frauendusche nicht geeignet, da der Tee und die ätherischen Öle allmählich die Scheide austrocknen, sodass die zarte Scheidenhaut erneut für Keime anfällig wird. Wer die Frauendusche dennoch gerne und häufig anwenden möchte, sollte als Basis lieber Taubnesseltee verwenden und danach Bio-Joghurt mit lebenden Milchsäurebakterien einführen, um die Scheidenflora wieder aufzubauen.

Das Sitzbad – eine volksmedizinische Heilanwendung

In der Volksmedizin finden Sitzbäder regen Anklang, da sie einfach durchzuführen sind und bei vielen Unterleibsleiden Linderung oder gar Heilung bringen. Das Erfolgsgeheimnis der Sitzbäder ist einerseits der Rundumkontakt mit der Heilpflanze; viele Pflanzenheilstoffe werden nämlich auch über die Haut aufgenommen. Andererseits gibt das Sitzbad die Möglichkeit, sich aktiv zu entspannen und sich wenigstens einmal am Tag richtig auf die Heilung zu konzentrieren. Somit verstärken sich Pflanzenwirkstoffe und Heilmeditation gegenseitig.

- *Zubereitung:* 2 Hand voll getrocknetes Frauenmantelkraut mit einem Liter kochendem Wasser überbrühen und mindestens 20 Minuten ziehen lassen; währenddessen eine Sitzbadewanne mit wohltemperiertem Wasser füllen. Schließlich gießt man den Frauenmanteltee hinein und entspannt sich 10 bis 15 Minuten lang in der Wanne sitzend. Besonders wohltuend ist es, wenn wir dem Sitzbad noch

2 bis 4 Tropfen eines angenehm empfundenen ätherischen Öls beimengen; hierzu eignen sich vor allem die weiblichen Aromaessenzen von Geranium, Lavendel, Rose oder Rosenholz.

- *Anwendungsgebiete:* Mit Sitzbädern erreicht man vor allem das äußere Genital, weshalb sie besonders bei Analfissuren, genitalen Ekzemen, Herpes an den Schamlippen, bei Bartholinitis oder bei Vulvitis angebracht sind. Sie werden aber auch bei Eierstockentzündung, Senkungsbeschwerden, Myomen oder Zysten, von Volksmedizinern empfohlen und gelobt.
- *Dauer und Häufigkeit der Anwendung:* Bei akuten Beschwerden wie Herpes genitalis bereiten wir uns eine Woche lang abends ein Sitzbad und wenden bei Bedarf anschließend eine Salbe oder einen mit verdünnten Kräuterextrakten getränkten Umschlag an (1 : 10). Bei chronischen Leiden wie Myomen, Senkungsbeschwerden oder Zysten führt man einige Monate lang 2-mal wöchentlich ein Sitzbad durch und ergänzt diese Lokalbehandlung in jedem Fall durch innerliche Arzneigaben.

Das Unterleibsdampfbad – Pfarrer Weidingers Frauenheilrezept

Eine angenehme und zugleich originelle Anwendungsart führt der Südtiroler Kräuterpfarrer Weidinger in seinem Buch *Kräuter für die Seele* auf: das Unterleibsdampfbad. Es ähnelt in seiner Durchführung dem Inhalationsdampfbad, das einige noch aus Kindertagen kennen – nur dass nicht die Stirnhöhle, sondern der Unterleib bedampft wird. Wie auch andere Wärmeanwendungen wirkt das Unterleibsdampfbad durchblutungsfördernd, kräftigend und mild krampflösend auf die Beckenorgane. Eine tiefere Heilwirkung lässt sich erzielen, indem man wenige Tropfen ätherisches Geranium- oder Lavendelöl einrührt.

- *Zubereitung:* Eine gute Hand voll frisches oder getrocknetes Frauenmantelkraut mit einem Liter kochendem Wasser übergießen. Der dampfende Topf wird nun so zwischen die gegrätschten Beine gestellt, dass die Dämpfe an die Scham gelangen, wobei der Unterleib warm mit einer Decke verhüllt ist. Am besten setzt frau sich so bequem wie möglich auf die Kante eines Hockers und lässt die Dämpfe 10 bis 15 Minuten lang einwirken.
- *Anwendungsgebiete:* Die warmen Frauenmanteldämpfe wirken besonders wohltuend bei leichten Regelkrämpfen, die sich durch Wärme bessern.
- *Dauer und Häufigkeit der Anwendung:* Das Unterleibsdampfbad kann man über Monate hinweg täglich anwenden. Schwangere sollten allerdings auch diese Anwendung mit ihrer Hebamme absprechen.

Die Vaginalzäpfchen – Heilkraft für Scheide und Gebärmutter

Obwohl es nahe liegend ist, Unterleibsentzündungen mit Vaginalzäpfchen zu behandeln, bietet der Handel nur eine geringe Auswahl naturheilkundlicher Präparate an. Frauenärzte verordnen oft nur Zäpfchen mit Milchsäurebakterien (z.B. Döderlein med oder Vagiflor), um die Scheidenflora wieder aufzubauen. Bei Scheidenentzündungen oder bei Zellveränderungen am Muttermund bringen Milchsäurebakterien allein aber nur selten Heilung und sollten erst nach einer gezielten Lokaltherapie mit Heilpflanzen kurmäßig angewendet werden.

Selber machen ist also die Devise! Mit Zäpfchen lassen sich viele homöopathische Arzneien sowie Pflanzenextrakte in die Scheide einbringen und können dann direkt am Ort des Krankheitsgeschehens ihre Wirkung entfalten (siehe »Frauenkräuter für die Lokalbehandlung«, Seite 130).

Bewährt hat sich zum Beispiel folgende Kombination von Frauenmantel und Rose, die leichtere Reizungen lindert und sich daher unter anderem bei Scheidentrockenheit oder zur Vaginalpflege nach Geschlechtsverkehr eignet:

2 ml Alcea Alchemilla Urtinktur (Frauenmantel)
2 Tropfen Oleum aether. Rosae verum (äther. Rösenöl)
18 g Adeps solidus (Hartfett = Zäpfchenmasse)
Zu 20 Zäpfchen à 1 Gramm verarbeiten.

Bei vaginalen Reizungen, wie sie zum Beispiel nach Antibiotika vorkommen oder auch zur Regeneration nach einer schulmedizinischen Antipilzkur, kann man folgendes Rezept versuchen:

1 ml Alcea Alchemilla Urtinktur (Frauenmantel)
1 ml Alcea Tropaeolum majus Urtinktur (Kapuzinerkresse)
1 ml Borax Dil. D4 (Borax)
3 Tropfen Oleum aeth. Rosae verum (echtes Rosenöl)
5 Tropfen Oleum aeth. Lavandulae (äther. Lavendelöl)
27 g Adeps solidus (Hartfett = Zäpfchenmasse)
Zu 30 Zäpfchen à 1 Gramm verarbeiten.

- *Zubereitung:* 10 Teile Zäpfchenmasse (aus der Apotheke) in einem Wasserbad allmählich erhitzen. Wenn sich die Masse vollständig verflüssigt hat, kann unter ständigem Umrühren ein Teil Frauenmantelextrakt (z. B. Kräutertropfen oder Urtinktur) oder eine individuell zusammengesetzte Kräutermischung beigemengt werden. Das Ganze wird noch im flüssigen Zustand in Plastikhüllen für Zäpfchen (aus der Apotheke) gegossen oder mit sauber gewaschenen Händen zu Vaginalkugeln geformt und in einer sauberen Dose im Kühlschrank aufbewahrt. Selbst gemachte Zäpfchen sind vor allem dann monatelang haltbar, wenn man wenige Tropfen echtes Geranium-, Lavendel- oder Rosenöl beigemengt hat.

- *Anwendungsgebiete:* Zäpfchen kommen zum Einsatz bei akuten wie auch bei chronischen Unterleibsleiden, z. B. bei Entzündungen, Ausfluss oder Zellveränderungen (Pap II bis III, siehe Seite 197). In geeigneter Zusammensetzung könnten Vaginalzäpfchen in vielen Fällen Antibiotikagaben ersetzen. In der Schwangerschaft müssen alle Lokalanwendungen unbedingt vorher mit Frauenarzt oder Hebamme abgesprochen werden!
- *Dauer und Häufigkeit der Anwendung:* Bei akuten Unterleibsentzündungen führt man etwa eine Woche lang 1- bis 2-mal täglich ein Zäpfchen ein. Bei chronischen Entzündungen, Zellveränderungen oder bei Muttermundgeschwüren empfiehlt es sich, eine Woche lang eine Stoßtherapie mit 1 bis 2 Zäpfchen pro Tag durchzuführen und danach mit 3-mal wöchentlich einem Zäpfchen fortzufahren. Bei anderen langwierigen Unterleibsleiden wie Gebärmuttersenkung gebraucht man in der Regel nur 2-mal wöchentlich ein Zäpfchen als Begleittherapie.

Die Kräutersalbe – Be-hand-lung für Seele und Körper

Die Haut nimmt viele heilsame Pflanzenwirkstoffe auf. Mit einer Salbe können wir uns im wahrsten Sinne des Wortes be-*hand*-eln, d. h. streicheln und verwöhnen. Besonders bei Juckreiz oder Schmerzen kann eine Salbenbehandlung manchmal mehr bringen als Pillen. Man denke nur an schmerzende Brüste (Mastopathie) oder an brennende Schamlippen (Candida?), die wie ein Stoppschild jeder Berührung oder Liebkosung im Weg stehen. Statt Brust oder Scham nun zur Tabuzone zu erklären und mit Liebesentzug zu strafen, sollten wir sie lieber ganz bewusst mit heilkräftigen und wohlriechenden Salben verwöhnen.

- *Zubereitung:* Zunächst benötigt man etwas Zeit, einen Topf und 2 saubere Schraubgläser. In das eine Glas kommen alle fettlöslichen Salbenbestandteile: 100 ml fettes Öl (z. B. Mandelöl) und je 3 Teelöffel gelbes Bienenwachs sowie Lamecreme in Pastillen (= gereinigtes Wollwachs aus der Apotheke). In das andere Glas gibt man die wasserlöslichen Bestandteile: z. B. 10 bis 20 ml Frauenmantel-Urtinktur. Nun wird das Glas mit dem Öl so lange im Wasserbad erhitzt, bis Bienenwachs und Lamecreme sich vollständig aufgelöst haben. Dann stellt man das Glas mit den Kräutertropfen auch kurz ins Wasserbad, um es ein wenig zu erwärmen. Schließlich mengt man dem Ölglas noch einige Tropfen ätherische Öle bei (z. B. Lavendel, Rose); dies macht die Salbe auch länger haltbar. Zuletzt kippt man den Inhalt beider Gläser zusammen und schüttelt das gut verschlossene und mit einem Küchentuch umwickelte Glas 2 bis 3 Minuten lang so kräftig wie möglich, damit sich die Bestandteile verbinden; abkühlen – fertig!
- *Anwendungsgebiete:* Eine solche Salbe kann bei Erkrankungen der Brust oder des äußeren Genitals hilfreich sein. Um die Heilwirkung zu verstärken, wäre es sinnvoll, der Salbe weitere Heilstoffe beizumengen. Bei Brustknoten wäre eine Mischung aus je 10 ml Alchemilla Urtinktur und Conium dil. D4 sowie einige Tropfen ätherisches Lavendelöl gut; statt des Mandelöls könnte hier auch Wildrosenöl (Weleda) als ölige Grundlage dienen. Bei Brennen oder Juckreiz am Genital wäre eine andere Mischung angebrachter: je 10 ml Alchemilla Urtinktur und Walnuss Fluidextrakt sowie je 3 Tropfen ätherisches Geranium- und Lavendelöl.
- *Dauer und Häufigkeit der Anwendung:* Bei Bedarf kann man die Salbe 1- bis 3-mal täglich auftragen, und sie darf grundsätzlich auch so lange angewendet werden wie nötig oder angenehm.

Frauenkräuter für die Lokalbehandlung

Geranium (ätherisches Öl)
Wirkt antibakteriell und antimykotisch. Erste Hilfe bei Scheidenpilz: 10 Tropfen Geranium- mit 90 Tropfen Olivenöl vermengen, ein Mini-Tampon damit tränken und über Nacht einführen.

Kamille (Chamomilla Urtinktur oder Blütentee)
Wirkt in Form von Bädern, Umschlägen oder Vaginalspülungen austrocknend, juckreizlindernd, zusammenziehend, wundheilend, antibakteriell und antimykotisch (siehe Seite 185).

Lavendel (ätherisches Lavendelöl)
3 bis 4 Tropfen Lavendelöl wirken in Vaginalspülungen oder mit Joghurt eingeführt reizlindernd, besonders bei bakteriellen Entzündungen. Lavendelduft hilft außerdem bei der Abgrenzung und vermittelt ein ›sauberes‹ Gefühl.

Majoran (Majorana Urtinktur)
Wirkt stark antibakteriell und antimykotisch (siehe Seite 186).

Melisse (Melissa Urtinktur)
Wirkt antiviral; sollte daher bei genitalem Herpes in Form von Pinselungen (50%ig), Spülungen oder Zäpfchen versucht werden.

Ringelblume (Calendula Urtinktur oder Blütentee)
Wirkt antibakteriell, entzündungswidrig, krebsfeindlich, regenerierend und wundheilend. Sollte daher bei Muttermundsgeschwüren oder bei Verhornungstendenz der Scheidenhaut zusammen mit Alchemilla und Taubnessel in der Frauendusche gebraucht werden.

Rose (Rosa damascena Urtinktur oder echtes ätherisches Öl)
Sollte der Frauendusche oder Vaginalzäpfchen beigemengt werden, wenn chronische Reizung besteht oder wenn frau ihr Geschlecht noch lieben lernen muss (siehe Seite 163).

Salbei (Salvia Urtinktur)
Altes Wundkraut; wirkt antibakteriell und antimykotisch; ist wegen seiner balsamischen Eigenschaften bei chronischen Entzündungen oder bei Muttermundsgeschwüren angebracht (siehe Seite 187).

Schafgarbe (Millefolium Urtinktur oder ätherisches Öl)
Wirkt ähnlich reizlindernd, wundheilend, antibakteriell und antimykotisch wie die Kamille.

Sonnenhut (Echinacea Urtinktur)
Wirkt antiviral; sollte daher bei Herpes oder bei Papilloma-Viren mit Alchemilla, Melisse und Walnuss in Zäpfchen eingearbeitet werden. Empfehlenswert wären auch Joghurtapplikationen (z.B. 2 TL Joghurt mit 5 Tropfen Echinacea Urtinktur von Ceres).

Taubnessel (Lamium album Urtinktur)
Wirkt in Sitzbädern, Spülungen, Zäpfchen oder mit Joghurt eingeführt reizlindernd, regenerierend, antibakteriell und vermutlich antiviral. Keine Pflanze ist so sanft zum Genital (siehe Seite 159).

Walnuss (Juglans regia Urtinktur)
Wirkt in Form von Spülungen, Sitzbädern oder Zäpfchen antibakteriell, antimykotisch und antiviral. Lindert in Form von Sitzbädern Juckreiz und Wundheitsgefühl. Bei hartnäckigen Keimen ist die Anwendung in Joghurt hilfreich; hierzu 2 TL Bio-Joghurt mit ½ bis 1 TL Urtinktur und je 2 bis 3 Tropfen äther. Geranium- und Lavendelöl mischen und z.B. mit einer Spritze täglich einführen.

Alchemilla - ein Jungbrunnen für die Haut

»Das Waschen mit Tau gilt ja fast überall im Volke als ein Mittel, um eine schöne Gesichtshaut zu bekommen.«

Heinrich Marzell

Wer wollte sie nicht, die ewig jugendliche Schönheit? Unsere kleine Alchimistin hilft uns auch auf diesem Gebiet. Denn sie wandelt nicht nur allerlei Frauenkrankheiten in Gesundheit, sondern sie vermag uns sogar natürliche Schönheit zu spenden.

Im Alpengebiet gilt der Tau, mit dem meist das Wasser der Alchemilla gemeint ist, seit langem als Verjüngungselixier für die Haut. Die Frauen reiben sich bis heute das Gesicht mit dem »Taublatt« ab, sooft dies möglich ist – es gibt kaum etwas Erfrischenderes für die Haut! Die Gesichtsabreibung mit den taunassen Blättern verleiht der Haut jugendliche Frische. Dabei erinnere ich mich an eine Frauengruppe, der ich von diesem Schönheitswasser erzählte. Sie stürmten gleich zur Frauenmantelwiese, wuschen sich wie eine Schar vergnügter Elfen mit dem Tau, kamen später mit geröteten Wangen zurück und wirkten in der Tat zehn Jahre jünger.

Wer nicht die Möglichkeit hat, sich das Schönheitswasser von der Wiese zu holen, kann dem Rat des Südtiroler Kräuterpfarrers Weidinger folgen, der den Ölauszug aus dem Frauenmantel als Hautpflegemittel empfiehlt. Dazu setzt man 1 Teil Frauenmantelkraut mit 4 Teilen kalt gepresstem Olivenöl an, stellt das Glas etwa 14 Tage an einen sonnigen Platz und seiht es danach durch ein Küchentuch ab. Pfarrer Weidinger beschreibt die Wirkung dieses Gesichtsöls: »Der Frauenmantel reinigt durch seine entzündungswidrige Eigenschaft, während das Öl für ein glattes Aussehen der Haut sorgt.«

Man kann den Frauenmanteltee ebenfalls als Gesichtswasser benutzen. Der Tee besitzt zwar nicht die verjüngende Kraft des Guttationswassers, dafür wirkt er auf andere Weise heilsam. Kurmäßig angewandt, ziehen die Frauenmantelgerbstoffe großporige Gesichtshaut zusammen und klären die unreine Haut. Wohltuend ist ein solches Gesichtswasser auch bei fettiger Haut. Wir stellen es dann täglich her und betupfen die Haut nach dem Waschen mit dem lauwarmen Tee oder legen lauwarme, mit Tee getränkte Tücher für einige Minuten über das Gesicht.

Ein Hautbalsam aus der Natur

Neben dem Frauenmantel gibt es noch viele weitere Kräuter, die ebenfalls äußerlich angewandt die Haut verjüngen. Eine der ältesten Hautheilpflanzen ist z. B. der Spitzwegerich, das »Heilblatt« der Germanen. Sein Saft ist wie ein Balsam für die Haut und lässt sich das ganze Sommerhalbjahr über leicht gewinnen: Nehmen Sie einmal drei lange Spitzwegerichblätter und machen Sie ein oder zwei Knoten hinein. Nun mahlen sie den Wegerichknoten unter leichtem Druck so lange in den flachen Handtellern, bis der gelbgrüne Saft herausläuft. Dieser Saft ist eine bewährte erste Hilfe bei Hautentzündungen (z. B. Neurodermitis), Sonnenbrand, Insektenstichen oder Schürfwunden. Der Wegerichsaft wirkt nämlich entzündungswidrig, antiallergisch, juckreizlindernd und wundheilend. Schon die germanischen Frauen haben das »Heilblatt« sowie den Frauenmantel frisch zerquetscht als Wundpflaster gebraucht oder den Saft in der Stillzeit auf entzündete Brustwarzen gestrichen.

Heute weiß man, dass sie recht daran taten: Im Wegerich kommt nämlich ein antibiotischer Wundheilstoff vor, das Aucubin. Weil der Inhaltsstoff Eitererreger hemmt, vergleichen Experten die Wirkung von Aucubin sogar mit der von Penicillin. Beide Wundheilpflanzen, der Wegerich mit seinem Aucubin und der Frauenmantel mit seinen Gerbstoffen, sind aber nicht nur bei Wunden aller Art hilfreich. In der Kosmetik nutzt man ihre klärende Wirkung beispielsweise bei unreiner Haut, und die Extrakte dienen in Gesichtswässern oder Salben auch der Hautregeneration.

Nicht nur unsere Heilmittel, auch unsere Schönheitselixiere wachsen also oft direkt vor der Haustür. Eine weitere Hautpflanze, die man in unmittelbarer Nähe des Hauses angesiedelt hat, ist die Dach- oder Hauswurz, die schon von den Römern als Blitzschutz auf Hausdächern angepflanzt wurde. Einst glaubte man, dass man mit Hilfe der Dachwurz sogar glühendes Eisen anfassen könne. In der Tat hält kaum ein Gewächs so viel Hitze und Sonnenstrahlung aus wie die Dachwurz. Das saftige Dickblattgewächs schützt sich vor Austrocknung durch Schleimstoffe, die auch unsere Haut feucht halten. Im Grunde ist sie die »Aloe vera des Alpenlandes« und ergänzt äußerlich angewandt das reinigende Taublatt. Besonders heilkräftig ist der frische Presssaft, der vor allem Sonnenschäden der Haut regeneriert und ähnlich wie das Guttationswasser der Alchemilla der frühzeitigen Alterung entgegenwirkt.

Wahre Schönheit kommt von innen

Von innen heraus spendet die Alchemilla ebenfalls natürliche Schönheit. Zum einen wirkt der Frauenmantel hormonell regulierend, z. B. in Form von Teekuren. Wegen der gelbkörperregulierenden Wirkung ist die Alchemilla vor allem dann hilfreich, wenn Hautleiden wie Akne mit Regelstörungen verbunden sind. Die Behandlung einer prämenstruellen Akne erfordert natürlich ein wenig Geduld und sollte sich nicht allein auf den Frauenmantel stützen (siehe Rezept, Seite 136).

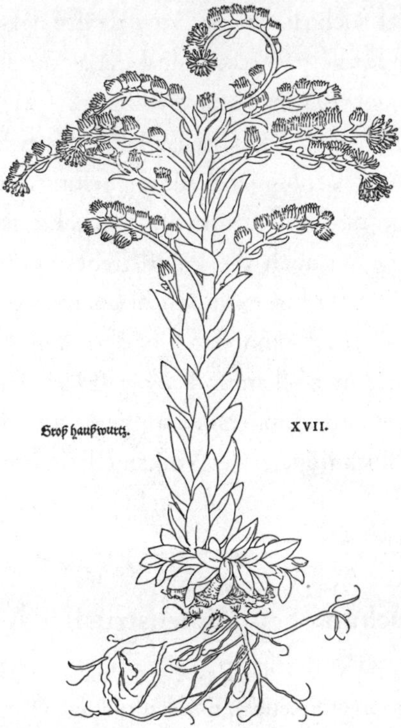

Die Haus- oder Dachwurz liefert einen hautregenerierenden Presssaft.
Aus »Kreüterbuch« von Leonhard Fuchs (1543).

Oft muss erst der Darm kräftig gereinigt werden, bevor sich eine deutliche Besserung des Hautbildes erzielen lässt. Die Haut, die astromedizinisch dem Mond zugeordnet wird, regeneriert sich zudem nur im Vier-Wochen-Rhythmus, sodass Hautkuren einige Monate lang durchgeführt werden sollten, wenn man bleibende Erfolge wünscht.

Zum anderen verhindern die Frauenmantel-Gerbstoffe Fäulnisprozesse im Darm. Sie binden nämlich Gase, die durch Verdauungsschwäche oder falsche Ernährung entstehen, und reinigen den Darm daher auf sanfte Weise. Ein gesunder Darm ist in jedem Fall die Voraussetzung für eine gesunde Haut. Daher empfiehlt es sich, neben dem Frauenmantel auch die reinigenden Kräfte der Scharfstoffpflanzen zu nutzen. Besonders wertvoll sind die Scharfstoffe der Kapuzinerkresse; Blüten und Blätter kann man beispielsweise als Salat zubereiten oder in Form von Angocin Tabletten (von Repha) zuführen. Die Kapuzinerkresse wirkt einer Fehlbesiedelung des Darms entgegen und hemmt zudem das Wachstum von Eiterbakterien.

Bei eitriger Akne sei auch die Gundelrebe empfohlen. Ihr Name weist auf die Heilkräfte hin: »Gund« bezeichnet nämlich Eiter oder ein giftiges Körpersekret, und der Gundermann wird wegen seiner eiterwidrigen Kräfte im Volksmund sogar »Herr des Eiters« genannt. Als Bestandteil der Gründonnerstagssuppe gehört die Gundelrebe zu den wichtigsten Blutreinigern der Volksmedizin, und das Kraut lässt sich für Tees gut mit dem Frauenmantel kombinieren.

Mischung bei prämenstrueller Akne

Wenn sich eine Akne vor der Regel verschlimmert, kann man dem mit einer hormonregulierenden und hautreinigenden Mischung entgegen wirken. Frauenmantel und Mönchspfeffer regulieren die Hormone. Gundelrebe reinigt zusammen mit jodiertem Schwefel tiefgreifend. Das Löffelkraut reinigt Darm und Haut. Meerwasser und Tintenfisch, die homöopatischen Hauptmittel bei Akne vor der Regel, runden die Rezeptur ab.

Je 20 ml Alchemilla vulgaris Urtinktur (Frauenmantel), Glechoma hederacea Urtinktur (Gundelrebe) und Vitex agnus-castus Dil. D2 (Mönchspfeffer) mit je 10 ml Aqua Marina Dil. D12 (Meerwasser), Cochlearia officinalis Urtinktur (Löffelkraut), Sepia Dil. D12 (Tintenfisch) und Sulfur jodatum Dil. D6 (jodierter Schwefel) über die Apotheke von Spagyra mischen lassen.

2- bis 3-mal täglich 20 bis 30 Tropfen im Mund zergehen lassen.

Teekur für die Haut

Dass Schönheit von innen kommt, ist altbekannt. Meist sind Hautleiden wie Akne, Neurodermitis oder Schuppenflechte Versuche des Körpers, Giftstoffe aus dem Körper zu leiten. Daher setzt sich eine Teemischung für die Haut aus entgiftenden Pflanzen (Gundelrebe und Walnuss), aus galletreibenden Pflanzen (Erdrauch), aus verdauungsfördernden Pflanzen (Tausendgüldenkraut) und aus Stoffwechsel anregenden Heilpflanzen (Gänseblümchen und Stiefmütterchen) zusammen. Der hormonell regulierende Frauenmantel rundet die Rezeptur ab.

20 g Erdrauchkraut
50 g Frauenmantelkraut
30 g Gänseblümchenblüten
50 g Gundelrebenkraut
30 g Stiefmütterchenkraut
20 g Tausendgüldenkraut
20 g Walnussblätter

Alles mischen. 2 Teelöffel mit ca. 200 ml Wasser heiß überbrühen, 5 bis 10 Minuten ziehen lassen, abseihen und mit ein wenig Honig süßen. 2 bis 3 Tassen täglich entlasten die Haut als Entgiftungsorgan. Begleitend empfiehlt sich eine langfristige Kur mit Akne-Kapseln (von Wala), und bei Neigung zu Eiter hilft oft auch eine Reinigung von innen heraus mit Angocin-Tabletten (Repha).

Gesichtspflegelotion, fettarm

Wenn Sie sich von der Kosmetikindustrie emanzipieren wollen, dann stellen Sie Ihre Gesichtspflegelotion doch einfach selbst her. Die Basis bildet eine neutrale Grundemulsion, die etwa 20 % heilsame Kräuterextrakte, aber auch ätherische Öle, fette Öle oder flüssige Vitamine aufnimmt. Hier mein persönliches Schönheitsrezept.

Je 5 ml Alcea Alchemilla Urtinktur (Frauenmantel) und Alcea Viola tricolor Urtinktur (Stiefmütterchen) sowie Aloe-vera-Gel und Mandelöl in 75 ml Grundemulsion geben und kräftig durchschütteln. Der Lotion können noch einige Tropfen echtes ätherisches Rosenöl beigemengt werden, wobei die genaue Tropfenzahl von der Qualität des Rosenöls abhängt. Vor Gebrauch immer kräftig schütteln!

Natürlich lässt sich diese Pflegelotion auch auf individuelle Bedürfnisse abstimmen: Bei trockener Haut benötigt man eben mehr Feuchtigkeitsspender; hierfür eignet sich Aloe-Gel, das auch durch Dachwurz-Presssaft ersetzt werden könnte. Am besten gebraucht man dann nur je 3 ml der oben genannten Tinkturen und erhöht dafür den Anteil des Aloe-Gels auf 10 ml. Zusätzlich können 2 bis 3 Tropfen fettes Lilienöl beigemengt werden, dieses glättet die Haut und wirkt der Faltenbildung entgegen. Ebenso beugen Vitamine (z. B. Vitamin-A-Fluid von Kräutergarten, siehe Bezugsquellen Seite 330) der Hautalterung vor. Bei unreiner Haut empfiehlt sich die Beimengung von Plantago lanceolata Urtinktur (Spitzwegerich) sowie zusätzlich je 3 Tropfen ätherisches Geranium- und Salbeiöl.

Die einzelnen Bestandteile der Rezeptur sind in Apotheken sowie in manchen Kräuterläden erhältlich, die mit Hobbythekbedarf ausgerüstet sind (siehe Bezugsquellen Seite 330).

Pflanzen für die Schönheit

Brennnessel (Urtica dioica)

Die Blätter reinigen das Blut und eignen sich für Kuren bei juckenden Hautleiden (z. B. Urtica comp. Glob. von Wala). Pferdehändler geben alten Schindmähren die Samen ins Futter, damit sie ein glänzendes Fell bekommen. Bei Haarwuchsstörungen empfehlen sich 1 bis 2 Esslöffel Brennnesselsamen täglich (Bezugsquellen, siehe Seite 330).

Dachwurz (Sempervivum tectorum)

»Aloe vera des Alpenlandes«; der Presssaft spendet Feuchtigkeit und regeneriert Strahlenschäden. Urtinkturen kann man in Gesichtslotionen und Salben einarbeiten.

Gänseblümchen (Bellis perennis)

Das »ewige Schönchen« regt als Tee oder in Salben (z. B. Traumeel S Salbe) den Hautstoffwechsel an und wirkt ähnlich hautregenerierend wie die Ringelblume.

Geranium (Pelargonium odorantissimum)

Wirkt keimtötend und reizlindernd; das ätherische Öl lässt sich z. B. bei Akne in Hautlotionen oder Salben und bei Haarpilz in Schampoos einarbeiten.

Gundelrebe (Glechoma hederacea)

Der »Herr des Eiters« reinigt die Haut von innen heraus. Teekuren sind bei allen eitrigen Hautleiden angezeigt. Aus dem frischen Kraut kann man ein Wundöl herstellen.

Madonnenlilie (Lilium candidum)

Der Ölauszug der Blüten wird tropfenweise Gesichtslotionen oder Salben beigemengt; fettes Lilienöl duftet hinreißend, macht die Haut weicher und wirkt der Faltenbildung entgegen.

Ringelblume (Calendula officinalis)
Wundheilpflanze. Äußerlich zur Narbenpflege (Calendulaöl) und bei Hautreizungen aller Art (z. B. Dercut Lotion von Pekana).

Salbei (Salvia officinalis)
Waschungen mit Salbeitee oder wenige Tropfen ätherisches Öl in Gesichtswässern, Lotionen oder Salben wirken antiseptisch und hautberuhigend, z. B. bei Akne.

Spitzwegerich (Plantago lanceolata)
Das »Heilblatt der Germanen« wirkt äußerlich wundheilend, hautregenerierend, juckreizlindernd und antibiotisch. Ein heilsamer Wundbalsam ist der frische Pflanzensaft, der beispielsweise bei Neurodermitis so oft wie möglich aufgetragen werden sollte. Frischer Presssaft oder Urtinkturen lassen sich in Gesichtslotionen oder Salben einarbeiten (siehe Seite 138).

Stiefmütterchen (Viola tricolor)
Kardinalpflanze bei Akne oder Neurodermitis. Viola wirkt innerlich (z. B. Dercut Tropfen) sowie äußerlich (z. B. Dercut Lotion von Pekana) stoffwechselanregend.

Walnuss (Juglans regia)
Kardinalpflanze bei Akne und Neurodermitis. Tee oder Extrakte binden Metalle im Darm, reinigen die Lymphe, regenerieren Insektizidschäden der Bauchspeicheldrüse und heilen die Haut von innen. Äußerlich angewandt wirken Tee wie auch Extrakte (z. B. Extractum Juglandis fluid) wundheilend und stark antiviral sowie pilzfeindlich.

Silbermantel bei Gewichtsproblemen

»Bei Fettleibigkeit und aufgedunsenem Leib, sofern dies nicht von gutem Tisch und Mangel an Bewegung herrührt, hilft bei längerem Gebrauch das Silbermänteli (Alchymilla alpina).«

Kräuterpfarrer Künzle

Es heißt, arabische Scheichs würden ihre Frauen mit Gold aufwiegen. Aber nicht nur das orientalische Schönheitsideal ist wohlbeleibt, in der germanischen Götterwelt begegnen uns z. B. die Walküren. Auf Kunstwerken sieht man sie als kräftig gebaute Weibsbilder über den Kriegsstätten schweben, wo sie gefallene Krieger empfangen und nach Walhall in den germanischen Götterhimmel geleiten. Die Germanen wie auch andere alte Kulturen hätten sich sicherlich über den modernen Schlankheitswahn nur lustig gemacht.

Film, Fernsehen und Regenbogenpresse spiegeln uns heute ein völlig ungesundes Schönheitsideal vor. Die meisten Models sind abgemagert und nachhaltig hormonell gestört. Als Vorbild sollten uns diese Hungerkünstlerinnen jedenfalls nicht dienen. Und bevor man eine Diät nach der anderen beginnt und wegen mangelnden Erfolgs wieder abbricht, meist nur um den Herren der Schöpfung zu gefallen, sollte frau lieber das eigene Selbstwertgefühl wieder erlangen. Die meisten Männer finden ohnehin Frauen ab Kleidergröße 40 attraktiver als die Bohnenstangen aus der Medienwelt; doch eigentlich haben uns die Herren gar nichts reinzureden, sollen sie sich doch erst mal um ihren eigenen Bierbauch kümmern …

Aus heilkundlicher Sicht ist natürlich weder das Untergewicht noch das Übergewicht unbedenklich. Oft lerne ich Frauen kennen, deren Eisprung ausblieb und deren Menstruation nachhaltig versiegt war, weil sie unter Magersucht gelitten haben oder durch Hochleistungssport ausgemergelt waren. Ähnliches berichten übergewichtige Frauen, denn im Fettgewebe findet die Umwandlung von männlichen zu weiblichen Hormonen statt (periphere Konversion), und diese gerät bei Essstörungen durcheinander. In der Folge wird die Regel ebenfalls schwächer oder bleibt ganz aus. Fehlt aber die Entgiftung über die Menstruationsblutung, dann leidet das Seelengleichgewicht darunter, und ein Teufelskreis des Essens und Sich-schlecht-Fühlens beginnt.

Gegen seelisch bedingte Essstörungen ist leider kein Kraut gewachsen, denn hier hilft erfahrungsgemäß nur die familiäre Geborgenheit, ein verständnisvolles Umfeld und die kritische Auseinandersetzung mit der Essproblematik in Therapiegruppen.

Was sich aber recht häufig beobachten lässt, ist, dass Essstörungen – vor allem die Naschsucht oder Heißhungerattacken im Rahmen einer Bulimie – sich bei vielen Frauen vor der Mensis verschlimmern. Wenn die Stimmung vor der Regel ins Bodenlose sinkt, ist das Essen oft ein Versuch, die innere Leere aufzufüllen. In solchen Fällen können hormonell und psychisch ausgleichende Pflanzen wie der Frauenmantel die Seelenwogen wieder etwas glätten (siehe Seite 147); und wenn die Behandlung erfolgreich war, nimmt natürlich auch die Lust auf Süßes oder die Frequenz der Heißhungeranfälle spürbar ab.

Dick vom Tortengucken

Bei anderen Arten von Gewichtsproblemen bieten Heilpflanzen ebenfalls Unterstützung, z. B. wenn Frauen erzählen, dass sie durch den bloßen Anblick einer Kuchenvitrine zunehmen. Das habe ich zwar schon oft gehört, bisher aber nie persönlich überprüfen können. Mein Kollege Dr. Amann hat dagegen einen solchen Fall vorzuweisen. Er begleitete einmal eine Patientin in ein Café, nachdem sie sich in seiner

In der Volksmedizin gelten Teekuren mit dem Alpenfrauenmantel als Geheimtipp bei hormonell bedingter Fettsucht. (© Margret Madejsky)

Praxis gewogen hatte. Sie schauten sich gemeinsam eine Weile die Kuchenauswahl an und gingen dann, ohne zu trinken oder zu essen, wieder in die Praxis zurück. Jetzt wog die Frau allerdings 200 g mehr als zuvor! Bis heute ist es uns ein Rätsel, wie so etwas überhaupt möglich ist.

Gewichtsprobleme, die nicht durch übermäßiges Essen verursacht wurden, sind in der Regel hormonell bedingt. Eine Schilddrüsenunterfunktion geht z. B. oft mit Verstopfung, schwacher Regelblutung und eben mit Gewichtszunahme trotz mäßigen Essens einher. Dagegen hat die Schilddrüsenüberfunktion eher Nervosität und manchmal auch die Neigung zu Durchfällen zur Folge. Bei Unterfunktion nimmt man also zu, ohne viel zu essen, und bei Überfunktion nimmt man trotz guten Appetits eher ab. Nicht selten sind die Hormonwerte in beiden Fällen noch in der Norm; Blutwerte bilden ohnehin nur die Spitze des Eisberges: Lange bevor sich die hormonellen Störungen im Blutbild zeigen, klagen die Betroffenen über Müdigkeit oder Nervosität und berichten vielleicht, dass sie nichts Enges am Hals vertragen oder familiär vorbelastet sind.

Bei Schilddrüsenstörungen zählt unsere kleine Alchimistin nun zwar nicht zu den Kardinalheilpflanzen. Einen harmonisierenden Effekt hat sie aber allemal. Aufgrund der gelbkörperregulierenden Eigenschaft wirkt der Frauenmantel z. B. der vermehrten Wassereinlagerung entgegen, die bei manchen Frauen in den Tagen vor der Regel zu einem Aufgedunsensein führt. Zusammen mit schilddrüsenaktivierenden Heilpflanzen wie dem Blasentang (z. B. in Form von Fucus Oligoplex von Madaus, siehe Seite 319) kann die Alchemilla hier einen hormonellen Ausgleich schaffen. Statt aber literweise Frauenmanteltee zu trinken, in der Hoffnung, dass sich bald alle Gewichtsprobleme in Luft auflösen, sollte man lieber kontinuierlich kleine Mengen des Frischpflanzenextraktes einnehmen (z. B. 2- bis 3-mal 5 Tropfen Alchemilla Urtinktur von Alcea) und die Hormone ab und zu zusätzlich mit einer Beifuß-Teekur ankurbeln.

Dass der Frauenmantel bei Übergewicht empfohlen wird, heißt jedoch keineswegs, dass er mageren Frauen nicht ebenfalls helfen könnte. Erinnern wir uns daran, dass Rosengewächse wie die Alchemilla stets einen Ausgleich schaffen! Wenn Frauen sich wegen ihres Untergewichts beklagen, dann kombiniert man den Frauenmantel eben mit aufbauenden und nervenstärkenden Heilkräutern (z. B. Hafer). Schöne Erfolge lassen sich dann auch mit Alchemilla comp. (von Alcea) erzielen, das ja den Yin-Pol stärkt, also fraulicher und gelassener macht (siehe Seite 324).

Recht häufig ist auch die so genannte hypophysäre Fettsucht. Die hormonelle Störung geht dann vom oberen Hormonzentrum (Hypophyse) aus, das die anderen Hormondrüsen im Körper zu wenig anregt und daher zu einem niedrigen Grundumsatz führt.

Es gibt kaum Untersuchungen zu der Wirkung von Heilpflanzen auf die Hypophyse. Nur hier und da findet man Hinweise darauf, dass z. B. Beifuß die Hypophyse anregt oder dass die homöopathischen Mittel Calcium carbonicum, Cimicifuga, Graphites oder Pulsatilla bei hypophysärer Fettsucht hilfreich sein könnten. Die Volksmediziner verwenden aber auch den Frauenmantel lange schon bei hormonell bedingter Fettsucht. Wegen seiner sanften Wirkung eignet er sich besonders gut zur Dauertherapie oder zur Begleitung einer gezielten homöopathischen Konstitutionstherapie. Alchemilla harmonisiert erfahrungsgemäß die ganze hormonelle Achse, spendet dem Körper Strukturkraft und der Seele Balsam.

Im Gegensatz zum Frauenmantel, der eher strafft und zusammenzieht, öffnet der Beifuß die Ausleitungswege, wie es kaum eine andere Pflanze vermag. Während einer Teekur treibt es die Stoffwechselschlacken sozusagen aus allen Knopflöchern heraus. Eine Patientin beklagte sich einmal bei mir, weil sie während der Beifußkur bis zu dreimal täglich ihr Hemd wechseln musste, da sie sich selbst nicht mehr riechen mochte. Dafür war sie allerdings viel fitter und viel besser gelaunt als sonst.

Der Volksmund sagt bekanntlich, dass der »Bifot«, ans Bein gebunden, den Wanderer unermüdlich macht, und darin steckt mehr als nur ein Fünkchen Wahrheit: Beifußtee wirkt ähnlich kreislaufanregend wie Kaffee, nur ohne die vom Koffein verursachte Nervosität hervorzurufen. Das Kraut der Mondgöttin Artemis gehört neben dem Frauenmantel zu den wichtigsten heimischen Gebär-, Frauen- und Mutterkräutern. Beifuß sollte aber längerfristig zur Anregung der hormonellen Achse gebraucht werden, und er kann den Frauenmantel auch phasenweise ergänzen. Kuren mit dem Artemisia-Gewächs führt man am besten bei abnehmendem Mond durch, dann reinigt es besonders tiefgreifend (siehe »Altbayerische Blutreinigungskur«, Seite 148).

Beifuß-Teekuren regen bei Fettsucht die hormonelle Achse an.
Aus dem »Kreüterbuch« von Leonhard Fuchs (1543).

Mischung bei prämenstruellem Heißhunger

Diese Mischung ersetzt bei Essstörungen nicht die bewährten Familien- und Gruppentherapien. Sie soll vielmehr eine Ergänzung bieten.

Weil sich Essattacken meist vor der Regel häufen, bilden hormonell regulierende Pflanzen wie Frauenmantel und Mönchspfeffer die Basis. Die hormonell ausgleichende Wirkung wird durch Pulsatilla (Küchenschelle) vertieft; sie ist das homöopathische Konstitutionsmittel für anlehnungsbedürftige Frauen, die vor der Regel ihrem Heißhunger erliegen und anschließend aufgebläht und voller Gewissensbisse sind. Calcium carbonicum ergänzt Pulsatilla und stärkt die Nerven. Die Magnesiumverbindung wirkt mild krampflösend und zählt zu den Heimwehmitteln der Homöopathie. Antimonium crudum ist eine reinigende Schwefelverbindung, die nach Viel- und Durcheinanderessen den Magen wieder beruhigt. Ambra (Sekret des Pottwals) rundet als Seelentröstermittel die Rezeptur ab.

Je 20 ml Alchemilla Urtinktur (Frauenmantel), Ambra Dil. D6 (Sekret des Pottwals), Stibium sulfuratum nigrum Dil. D8 (Schwefelantimon) und Vitex agnus-castus Dil. D2 mit je 5 ml Magnesium carbonicum Dil. D6 (Magnesiumkarbonat), Calcium carbonicum Dil. D12 (Austernschale), Pulsatilla Dil. D6 und Pulsatilla Dil. D12 über die Apotheke von Spagyra mischen lassen.

Ab der 2. Zyklushälfte oder sobald die Beschwerden beginnen, bis zu 5-mal täglich 10 bis 15 Tropfen im Mund zergehen lassen. Eine ideale Ergänzung bildet die morgendliche Einnahme von 15 bis 20 Globuli Aurum/Apis regina comp. (Wala), das zusätzlich die Stimmung aufhellt und die Nerven stärkt.

Altbayerische Blutreinigungskur für Frauen

Ein chinesisches Sprichwort besagt: »Bevor du den Tiger (= die Krankheit) am Schwanz packst, öffne erst alle Fenster und Türen – vielleicht geht er dann von alleine.«
Entgiften ist bei den meisten chronischen Krankheiten, also auch bei Stoffwechselleiden oder Fettsucht, ein Erfolg versprechender Ansatz. Kaum eine Pflanze öffnet die natürlichen Entgiftungswege des Körpers besser als Beifuß. Er treibt Harn und Schweiß, fördert die Verdauung und die Menstruationsblutung. Seit Jahrhunderten entgiften sich Frauen in unseren Breiten mit dem in Honigmet gesottenen Kraut, das schon Hildegard von Bingen zur »Entfettung der Frauen« empfohlen hat.

Eine gute Hand voll frisches oder getrocknetes Beifußkraut in einer Flasche Honigmet (0,7 Liter) erhitzen. Wenn es siedet, den Topf vom Herd nehmen, abkühlen, abseihen und den Beifußmet in die Flasche zurückfüllen. Während der abnehmenden Mondphase 1 bis 3 Gläschen (ca. 100 ml) davon über den Tag verteilt trinken.

Bewährt und nicht ganz so süß sind auch Teekuren mit Beifuß, die bei abnehmendem Mond die beste Wirkung entfalten. Hierzu 4 bis 5 Esslöffel mit einem Liter kochendem Wasser überbrühen, 10 bis 15 Minuten ziehen lassen, abseihen und mit etwas Honig gesüßt über den Tag verteilt trinken. Diese Kur muss allerdings oft durchgeführt werden, wenn sie sich auf das Gewicht niederschlagen soll.

Mutterkräuter bei Unterleibsentzündungen

»Sinnau-Safft etliche Tage des Morgens/jedes Mal 2 Loth getruncken/und des Abends auch so viel/dienet wider den weißen Mutterfluss. Den Safft auch warm mit einer Spritzen zu der Frauen in die Mutter gethan/hilfft deßgleichen.«

Jakobus Tabernaemontanus

Wenn man in alten Kräuterbüchern über Heilpflanzen für die »Mutter« liest, dann ist mit diesem Begriff stets die Gebärmutter gemeint. So hieß der Frauenmantel wegen seiner heilsamen Kräfte bei Ausfluss oder Unterleibsentzündungen einst sogar »Mutterkraut«. So nannte man aber auch die Kamille (Matricaria chamomilla), in deren Namen bereits das lateinische Wort *mater* (= Mutter) oder *matrix* (= Gebärmutter) steckt. Schon in der römischen Antike gebrauchten die Dienerinnen der Venus Mutterkräuter wie Frauenmantel oder Kamille zu Waschungen.

Mutterkräuter blicken also auf eine lange Tradition als Heilpflanzen für den Unterleib zurück. Diese Heiltradition ist in unserer Zeit leider etwas in Vergessenheit geraten. Das liegt zum einen daran, dass ein großer Teil des alten Wissens über die Kräfte der Heilpflanzen zusammen mit den »Hexen«, die oft kräuterkundige Frauen oder Hebammen waren, verbrannt wurde. Zum anderen brachten die Amerikaner nach dem Zweiten Weltkrieg Antibiotika wie das Penicillin mit nach Europa. Man hoffte, mit ihnen eine Universalmedizin gegen Infektionen aller Art gefunden zu haben. Erst in den letzten Jahrzehnten traten die Nachteile dieser vermeintlichen Wundermedizin an die Oberfläche: Antibiotika, die man auch als »Lebensgegner« bezeichnen könnte (vom griechischen *anti* = gegen und *bíos* = Leben), raffen nicht nur schädliche Bakterien dahin, sondern auch jene, die mit uns in Symbiose leben. Beispielsweise sind Milchsäurebakterien für die Nahrungsverwertung im Darm wichtig und erhalten auch ein gesundes Scheidenmilieu aufrecht.

Antibiotika könnten hoch wirksame Arzneien sein, wenn sie nur etwas sparsamer verordnet würden und wenn man sie den echten Notfällen vorbehielte. Aber durch häufige Antibiotikagaben beim Menschen wie auch in der Tiermedizin konnten sich vormals harmlose Bakterien allmählich Resistenzen erwerben und zu gefährlichen Krankheitserregern werden, gegen die es heute kaum noch wirksame Medikamente gibt. Ein Großteil der stetig zunehmenden Darmprobleme sowie der häufig wiederkehrenden Unterleibs- oder Blasenentzündungen gehen daher ebenfalls auf das Konto der Antibiotika.

Die antibiotischen Kräfte der Heilpflanzen

Mehr denn je geht es darum, das alte Kräuterwissen zurückzuerobern und wieder für die Frauenheilkunde nutzbar zu machen. Doch zuerst wollen wir wissen, was Heilpflanzen bei Entzündungen wirklich leisten – hierzu eine Geschichte aus der Praxis:

Es rief einmal eine Frau an, die wegen ihrer ständig wiederkehrenden Analekzeme einen Termin vereinbaren wollte. Sie hatte bereits mehrfach Antibiotika verordnet bekommen, da man im Abstrich Staphylokokken, Streptokokken und Candida albicans gefunden hatte. Da sie zum Zeitpunkt des Telefonats akut unter Brennen, Jucken und Wundsein litt, wollte sie erst noch einmal eine Antibiotika-Kur machen, um »ein für alle Mal alle Entzündungserreger zu beseitigen«, und dann erst in die Naturheilpraxis kommen. Ich klärte sie über die Kräfte der Pflanzen auf, doch sie wollte nicht glauben, dass diese mehr als ein Antibiotikum ausrichten können, und sie bestand auf der Antibiotika-Therapie.

Wenige Tage später, es war ein Samstagabend, rief sie mich wieder an. Inzwischen hatte sie die Antibiotika eingenommen, und diese hatten ihr prompt Linderung verschafft. Aber schon am ersten tablettenfreien Tag kehrten alle Beschwerden zurück – sie litt also wieder an Hautrötung, Brennen, Juckreiz und Wundheitsgefühl. Da sie keine der Heilkräuter für Sitzbäder vorrätig hatte (z. B. Frauenmantelkraut, Kamillenblüten oder Walnussblätter), überlegten wir, welche Arznei, die man zudem an einem Samstagabend auf dem tiefsten Land bekommt, nun noch helfen könnte. Mir fiel zum Glück der Knoblauch ein (siehe »Alternativen zur Antibiotika-Therapie«, Seite 185), der sich schließlich in jeder guten Küche findet. Knoblauch hatte mir bei meinen eigenen Unterleibsentzündungen schon gute Dienste geleistet, also empfahl ich ihr: »Nehmen Sie 2 bis 3 frisch geschälte Knoblauchzehen, und hacken Sie diese klein. Den Knoblauchbrei geben Sie dann in ein kleines Leintuch, und dieses tragen Sie über Nacht wie eine Bin-

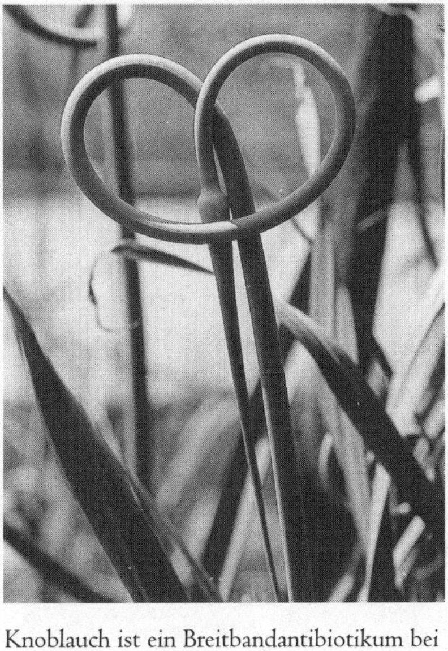

Knoblauch ist ein Breitbandantibiotikum bei Unterleibsentzündungen. (© Margret Madejsky)

Reinigungskur nach Antibiotika-Gaben

Nach Antibiotika-Gaben bricht nicht selten die Schleimhautabwehr zusammen, und in der Folge kommt es zu Darmproblemen oder zu Unterleibsentzündungen. Daher empfiehlt es sich, die Schleimhäute zu reinigen und das Immunsystem vorübergehend zu unterstützen. Zur Rezeptur: Frauenmantel und Taubnessel regenerieren die genitalen Schleimhäute. Löffelkraut und Meisterwurz wirken einer Fehlbesiedlung des Darmes entgegen. Die Kupferverbindung löst Krämpfe und reinigt zusammen mit Schwefel Darm und Blut. Sonnenhut stärkt das Immunsystem, und Gundelrebe hemmt antibiotikaresistente Eitererreger. Neben Schwefel zählt Okoubaka zu den Hauptmitteln bei Antibiotika-Folgen und entgiftet vor allem Darm und Bauchspeicheldrüse. Schließlich rundet Staphisagria als pilzfeindliches Mittel die Rezeptur ab.

Je 10 ml Alchemilla Urtinktur (Frauenmantel), Cochlearia Urtinktur (Löffelkraut), Cuprum sulfuricum Dil. D6 (Kupfersulfid), Delphinium Staphisagria Dil. D4 (Stephanskörner), Echinacea Urtinktur (Sonnenhut), Glechoma hederacea Urtinktur (Gundelrebe), Imperatoria ostruthium Urtinktur (Meisterwurz), Lamium album Urtinktur (Taubnessel), Okoubaka Dil. D2 (Rinde des Okoubaka-Baums) und Sulfur Dil. D6 (Schwefel) über die Apotheke von Spagyra mischen lassen; ca. 4 Wochen lang 2- bis 3-mal täglich 20 bis 30 Tropen, eventuell in Wasser verdünnt, einnehmen.

Begleitend ist zuckerarme Kost anzuraten; Joghurts mit lebenden Milchsäurebakterien bauen die Darmflora wieder auf. Bei Bedarf kann man eine Zeit lang zusätzlich lokale Maßnahmen durchführen: Bei äußerlichen Entzündungen wählt man eher Sitzbäder oder Umschläge, bei innerlichen Entzündungen helfen eher Vaginalspülungen oder Zäpfchen mit antimikrobiellen Heilpflanzen (siehe Seite 130).

de, sodass die Dämpfe an die betroffenen Stellen gelangen.« Am Montagmorgen rief sie mich begeistert wieder an und berichtete, dass durch die Knoblauchwickel schon in der ersten Nacht alle Beschwerden deutlich gelindert wurden und bereits in der zweiten Nacht fast ganz verschwunden waren. Trotz des Erfolges führten wir allerdings noch eine reinigende Kur durch, um erneute Rückfälle zu vermeiden (siehe »Reinigungskur nach Antibiotika-Gaben«, Seite 152).

Alchemilla – Stein der Weisen bei Unterleibsentzündungen

Ähnliche Heilerfolge erzielt man natürlich auch mit dem Frauenmantel. So fand vor einiger Zeit eine junge Frau den Weg in meine Praxis und erzählte mir folgende Leidensgeschichte.

Wegen eines unbestimmten Wundheitsgefühls am Genital suchte sie vor gut sieben Jahren einen Gynäkologen auf, der Feigwarzen (Virusinfektion) fand und eine Entzündung der bartholinschen Drüsen feststellte. Die Feigwarzen wurden entfernt, wogegen die Bartholinitis selbst nach mehrfachen Antibiotika-Gaben nicht verschwand. Sie litt nun jahrelang unter einer therapieresistenten Bartholinitis, die mit Rötung, Wundheitsgefühl und extremer Berührungsempfindlichkeit der Scham einherging. Sie hatte alles Mögliche dagegen unternommen, z. B. Bach-Blüten-Therapie, klassische Homöopathie, diverse Salben – doch nichts konnte das Wundheitsgefühl beseitigen. Schließlich ging sie sogar zur Psychotherapie, weil sie inzwischen glaubte, dass sie eben »unberührbar« sei.

Ich hörte mir die Geschichte an und überlegte, was zu tun sei. Sie schien mir eher zu den dünnhäutigen Menschen zu gehören, die keinen rechten Schutzwall haben; und auch dass sie sich als unberührbar bezeichnete, wies mir den Weg zum Frauenmantel. Also verordnete ich ihr zunächst Alchemilla-Urtinktur und bat sie, mit der Einnahme der Tropfen ein »Ja zum Frausein« zu verknüpfen. Sie erhielt außerdem ein Mischrezept, das die Schleimhäute von innen heraus reinigen und regenerieren sollte. Doch ich konnte ihr vorerst nicht helfen. Sie berichtete monatelang nur über leichte Linderung der Beschwerden und wurde zu meinem Sorgenkind. Also rollte ich den Fall noch einmal auf, schickte sie wieder zum Gynäkologen, um zu erfahren, welche Krankheitserreger die genitale Reizung verursachten. Nun kam sie mit einer neuen Diagnose wieder: Der Gynäkologe hatte im Abstrich Candida-Erreger gefunden. Jetzt wussten wir, woran wir waren, und ich setzte sofort eine Candida-Mischung für den Darm ein (siehe Behandlungskonzept, Seite 170).

Weil die Behandlung gynäkologischer Leiden von Gesetzes wegen nur Ärzten erlaubt ist, schickte ich sie wiederum zum Gynäkologen und bat sie, ihn zu fragen, ob sie statt der antimykotischen Creme, die er verordnet hatte, auch Sitzbäder durchführen könnte. Der Gynäkologe war dafür aufgeschlossen, und so führte sie einige Wochen lang konsequent nahezu täglich Sitzbäder mit Frauenmantelkraut, Schafgarbenblüten, Taubnesselkraut und Walnussblättern sowie mit ätherischem Geranium- und Lavendelöl durch. Es dauerte nicht lang, da konnten wir aufatmen, denn die Erreger und die Beschwerden waren endlich verschwunden. Am meisten hat mich aber gefreut, dass sie nun endlich ihre Weiblichkeit genießen kann. Nun klingt dies vielleicht wie eine Wunderheilung, was natürlich nicht stimmt. Wir haben beide sehr viel für die Heilung getan, und ein Leiden, das einen Menschen sieben Jahre lang begleitet, lässt sich nicht so einfach wegzaubern. Der Prozess der Heilwerdung, was in ihrem Fall viel mit dem Frausein zu tun hat, dauerte mit all den kleinen Aufs und Abs viele Monate an.

Wie kann es sein, dass Pflanzen stärker als Antibiotika wirken?, wird sich nun so manche Leserin fragen. Die Antwort ist im Grunde genommen ganz einfach: Pflanzen müssen sich selber heilen. So scheiden verletzte Bäume Harze aus (z. B. Fichte, Tanne oder Weihrauchbaum), um ihre Wunde zu verschließen und sich vor Infektionen zu schützen.

Wenn eine Zwiebel oder Wurzel im Boden steckt, dann ist sie dem ständigen Angriff von Fäulnisbakterien und Schimmelpilzen ausgesetzt. Die Pflanze muss also Stoffe bilden, die sie vor Fäulnis und Zersetzung bewahren. Andere Pflanzen, die wie unsere Alchemilla Bachufer oder Quellwiesen besiedeln, müssen in dem feuchten Milieu ebenfalls einen effektiven Schutz vor Bakterien, Bodenpilzen oder Pflanzenviren aufbauen. An dieser Fähigkeit zur Selbstheilung erkannten wohl schon die Urvölker die Wundheilkräfte mancher Harze, Kräuter oder Wurzeln.

Viele Pflanzen werden seit langem als Wundheilmittel genutzt, und was ist eine Scheidenentzündung anderes als eben eine »innere« Wunde – schließlich geht sie mit Wundheitsgefühl einher. Inzwischen konnten Wissenschaftler zahlreiche pflanzliche Schutzstoffe identifizieren, die für die wundheilenden Eigenschaften verantwortlich sind. Beim Knoblauch handelt es sich z. B. um einen Stoff namens Allicin, der Untersuchungen zufolge penicillinähnliche Kräfte hat. Professor Weiß führt in seinem *Lehrbuch der Phytotherapie* einen interessanten Versuch auf: Wissenschaftler haben verschiedene Krankheitserreger auf ihren jeweiligen Nährböden herangezüchtet. Die Bakterienkulturen wurden dann mit Knoblauchextrakt überimpft, woraufhin alle 22 getesteten Keime im Wachstum gehemmt wurden! Doch das ist im Grunde genommen ein alter Hut, denn gute Köche wissen längst: Knoblauch oder Gewürze wie Majoran machen Speisen haltbarer, weil sie das Wachstum von Bakterien oder Schimmel hemmen.

Was für den Knoblauch die Schwefelverbindung Allicin, ist für den Frauenmantel der Gerbstoff, für die Kamille das ätherische Öl und für Johanniskraut der rote Farbstoff Hypericin – um nur einige Beispiele für Pflanzeninhaltstoffe mit antimikrobieller Wirkung zu nennen. Vorteil der antimikrobiellen Pflanzenstoffe ist, dass die Erreger gegen diese keine Widerstandskräfte haben und dass es zu keinen Folgeerkrankungen – wie z. B. zur Darmdysbiose nach Antibiotika-Gaben – kommt.

Im Gegensatz zum Frauenmantel hat der Knoblauch längst in den Arztpraxen Einzug gehalten. Inzwischen empfehlen viele Gynäkologen bei Scheidenentzündungen über Nacht frisch geschälte Knoblauchzehen einzuführen. Bakterien reagieren empfindlich auf die Knoblauchdämpfe, vor allem wenn es sich um unbestrahlten und somit hochwertigen Bio-Knoblauch handelt. Doch der Knoblauch hilft nicht immer – kein Mittel kann immer und in jedem Fall helfen, das wäre auch zu viel verlangt! Wenn der Knoblauch-Trick nicht funktioniert, muss man trotzdem nicht gleich auf Antibiotika zurückgreifen – vorausgesetzt, man weiß die Kräfte weiterer Frauenkräuter zu nutzen.

Mutterkräuter statt Antibiotika

Doch wie kann man die antimikrobiellen Kräfte der Kräuter nutzen? Hier gibt es viele Antworten, weil man jeder Entzündung gezielt begegnen muss, um diese auch wirklich auszuheilen. Bei Unterleibsentzündungen aller Art empfehlen Volksmediziner gerne Sitzbäder. Manche bevorzugen hierfür Kamillenblüten, andere Frauenmantelkraut, wieder andere schwören auf Schafgarbe oder Walnuss. Doch damit wird man dem Leiden nur teilweise gerecht. Durch Sitzbäder erreicht man lediglich das äußere Genital, was bei Entzündungen der Schamlippen, der bartholinschen Drüsen oder bei Analekzem hilf-

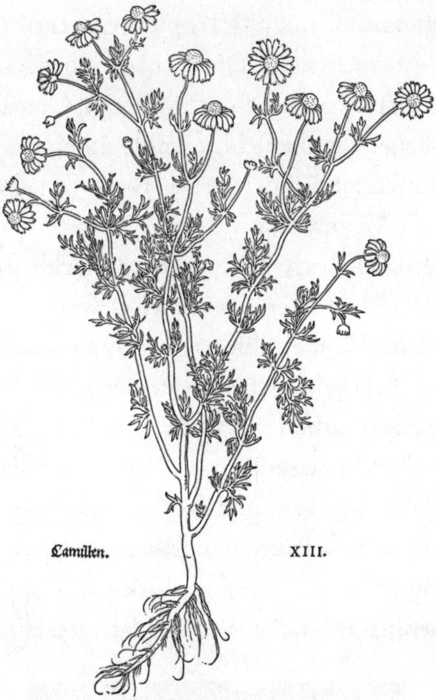

Die Kamille wird seit vielen Jahrhunderten bei Unterleibsentzündungen verwendet.
Aus »Kreüterbuch« von Leonhard Fuchs (1543).

reich sein kann. Wenn es aber in der Scheide juckt und brennt, dann helfen Spülungen und/oder Zäpfchen am besten. Nur so gelangen die antimikrobiellen Pflanzenstoffe an den Ort des Geschehens.

Auch hat jede Pflanze ihr spezielles Wirkungsspektrum.

Die meisten Ätherisch-Öl-Pflanzen wirken antibakteriell. Ätherische Öle, die Aromastoffe vieler Gewürzkräuter, durchbrechen nämlich die Zellmembran von Bakterien. Daher gehen die meisten bakteriellen Scheidenentzündungen rasch zurück, wenn man beispielsweise eine Spülung oder eine Tamponade mit stark verdünnten ätherischen Ölen durchführt. Eine erste Hilfe bei Scheidenentzündungen kann ein Mini-Tampon sein, das man mit einer Mischung aus 10 Tropfen ätherischem Geraniumöl mit 90 Tropfen Olivenöl tränkt und über Nacht einführt. Aber Vorsicht: Die meisten ätherischen Öle sind für die zarte Scheidenhaut viel zu scharf; Majoran, Oregano oder Thymian können wie Feuer brennen! Nur milde ätherische Öle wie Geranium, Kamille, Lavendel, Lilie, Myrrhe, Rose, Schafgarbe oder Weihrauch dürfen in die Vagina.

Aromaessenzen sind hoch konzentrierte Wirkstoffkomplexe. Ihre antimikrobiellen Kräfte nutzen wir sinnvoll, wenn wir wenige Tropfen in Teemischungen für Vaginalspülungen, in Tamponaden oder in Zäpfchen einarbeiten. Bei bakteriellen Scheidenentzündungen oder bei Vaginalsoor ergänzen ätherische Öle die Frauenmantelgerbstoffe. Während ätherische Öle sozusagen die Bakterienhülle knacken, geben ihnen die Gerbstoffe den Rest, und für Candidaerreger sind Gerbstoffe pures Gift. Nur wenige Bakterien oder Pilze überleben daher einen Gemeinschaftsangriff dieser beiden Wirkstoffgruppen. Vaginalspülungen mit Frauenmantel- oder Walnussblättertee ziehen nämlich die

Ein duftender Ölauszug aus Lilienblüten wurde schon von Hippokrates als Frauenheilmittel bei Gebärmutterleiden empfohlen. (© Margret Madejsky)

entzündeten Gewebe zusammen, dichten sie oberflächlich ab und verhindern, dass Bakterien oder Pilze tiefer vordringen. Aber zu häufige Frauenduschen trocknen die empfindliche Scheidenhaut aus, sodass diese – nur bei Daueranwendung (!) – wiederum infektanfällig wird.

Balsam für die Scheidenhaut

Um die austrocknenden Eigenschaften der Gerbstoffe abzumildern, kann man sich der Taubnessel bedienen, sie ist eine ideale Ergänzung zum Frauenmantel. Der Volksmund nennt sie »Nesselweiblein«. Im Gegensatz zum »Nesselmännlein« (Brennnessel) ist die Taubnessel nämlich sanft, schleimig, kühlend und reizlindernd. Über die keimtötenden Eigenschaften der Taubnessel ist von wissenschaftlicher Seite nicht viel bekannt. Das häufige Unkraut ist in erster Linie eine Pflanze der Regeneration. Nichtsdestotrotz gibt es Frauen, die ihren Scheidenpilz mit Hilfe von Taubnesselkraut beseitigen konnten. Die Schleime der Taubnessel legen sich wie ein schützender Balsam über die gereizte Scheidenhaut und verhindern eine Keiminvasion. Das Kraut enthält auch antimikrobielle Gerbstoffe und wirkt vermutlich antiviral wie ihre Verwandte, die Melisse.

Dem Volksglauben zufolge heilt nun die weiße Taubnessel den Weißfluss, die gelb blühende Art heilt den gelben Ausfluss, und die rot blühende Art soll sogar bei rotem Ausfluss helfen – doch Vorsicht: Für den Weissfluß ist die weiße Taubnessel in der Tat eine wunderbare Heilpflanze, innerlich wie auch lokal angewandt. Mit dem Nesselweiblein reinigen wir bei Ausfluss, Entzündungen oder auch Zysten die genitalen Schleimhäute, z. B. mit Teekuren oder mit Lamium album comp. (siehe Seite 323). In Form von Spülungen, Sitzbädern oder in Zäpfchen entfalten sie eine entzündungswidrige und regenerierende Wirkung. Wenn der Ausfluss dagegen gelb ist, so kann dies

Geheimrezept bei hartnäckigen Keimen

Nun will ich noch eine weitere Geschichte wiedergeben, die Vertrauen in die Kraft der Heilpflanzen schaffen soll. Es suchte mich einmal eine Frau auf, die mir Folgendes erzählte: Sie hatte jahrelang bestimmte Bakterien in der Scheide (Gardnerellen, siehe Seite 165) und deswegen schon mehrmals, jedoch erfolglos, Antibiotika eingenommen.

Die Frau hatte nach eigener Aussage wegen ihrer Gardnerellen bereits »mehrere Gynäkologen verschlissen« und auch alle 88 Internet-Einträge über diese Bakterien gesichtet, um ein Heilmittel dagegen zu finden – wieder erfolglos! Nun befand ich mich in einer Zwickmühle, denn von Gesetzes wegen dürfen Heilpraktiker keine Heilbehandlung bei Unterleibsleiden durchführen – der deutsche Unterleib gehört eben per Gesetz dem Gynäkologen.

Also klärte ich sie über die Gesetzeslage auf und schickte sie mit folgender Empfehlung wieder zum Frauenarzt: »Bitte fragen Sie Ihren Gynäkologen, ob Sie nicht Vaginalspülungen mit einem lauwarmen Tee aus einer guten Hand voll Frauenmantelkraut, Taubnesselkraut mit Blüten und Walnussblättern sowie mit je 3 Tropfen ätherischem Geranium-, Lavendel- und Schafgarbenöl durchführen können.«

Der Gynäkologe fand die Idee gut. Also führte sie eine Woche lang jeden Abend eine Vaginalspülung mit dieser Mixtur durch (siehe Seite 130 und Seite 169) und führte anschließend jedes Mal noch über Nacht ein Zäpfchen mit Milchsäurebakterien ein (z. B. Döderlein med Zäpfchen).

Ergebnis: Der Gynäkologe fand bei der darauf folgenden Untersuchung keine Gardnerellen mehr. Trotzdem war die Frau immer noch zutiefst beunruhigt, da sie Angst vor einem Rückfall hatte, und teilte mir mit, dass sie die Spülungen weiterhin regelmäßig durchführen wolle. Jetzt erkannte ich erst ihr wahres Problem: Sie litt unter fürchterlicher Angst vor Infektionen und hatte deswegen im Lauf der Jahre einen Waschzwang entwickelt, der ihre Scheidenhaut schädigte.

Die Auseinandersetzung mit Bakterien und Krankheiten ist aber wichtig für unser Immunsystem, und nichts macht infektanfälliger als ein Waschzwang! Auch die zu häufige Anwendung von Vaginalspülungen trocknet die Scheidenhaut aus. Daher sollte frau solche Spülungen bei akuten Beschwerden nur eine Woche lang täglich anwenden und anschließend Bio-Joghurt einführen, um die Scheidenflora wieder zu regenerieren.

So hoffe ich, dass meine Erklärung allen Leserinnen einleuchtet und dass diese dann mein »Geheimrezept bei hartnäckigen Keimen« nicht zur täglichen Prophylaxe missbrauchen, sondern nur dann einsetzen, wenn sie wirklich eine bakterielle Entzündung haben.

Vaginalspülungen mit Frauenmantelkraut bekämpfen sogar hartnäckige Entzündungserreger. (© Margret Madejsky)

Taubnesselblüten enthalten reizlindernde Schleimstoffe und sind daher besonders sanft zur Scheidenhaut. (© Margret Madejsky)

auf Bakterien hindeuten, die eventuell stärkerer Geschütze bedürfen. Bei gelbem oder stinkendem Ausfluss sollte frau daher eine gynäkologische Untersuchung fordern. Es ist immer gut, seine Gegner zu kennen, vor allem, wenn man sie wirksam bekämpfen will. Bakterien, Pilze oder Viren können wie Vampire sein, die die Lebensenergie absaugen oder das Liebesleben lahm legen. Darum ist es wichtig, immer zu fragen, wie der Entzündungserreger genau heißt, der im Abstrich gefunden wurde (siehe Seite 165).

Bei rotem Ausfluss sollte ebenfalls eine gynäkologische Untersuchung erfolgen, weil er viele Ursachen haben kann. Kurz vor oder nach der Regel sind Blutbeimengungen unbedenklich, um den Eisprung herum deuten sie auf ein hormonelles Ungleichgewicht hin (Mittelblutung); und wenn nach dem Geschlechtsverkehr Blutspuren im Vaginalschleim auftreten, dann ist dies ein Hinweis auf eine Entzündung am Muttermund (z. B. Chlamydien). Bei rotem Ausfluss besteht nicht gleich Grund zur Panik. Aber je schneller man eine Untersuchung durchführen lässt, umso rascher und gezielter kann man handeln. Schließlich ist gegen fast jedes Leid ein Frauenkraut gewachsen!

Frauenmantelzäpfchen – Blumen für die Vagina

Schon der Arztvater Hippokrates (4. Jahrhundert v. Chr.) hat Mutterzäpfchen mit Rose empfohlen. Dieser Tradition folgend erproben wir nun schon mehr als ein Jahrzehnt lang verschiedene Rezepturen für Vaginalzäpfchen. Je nach dem, ob eine Neigung zu Entzündungen besteht oder ob frau ihrer Vagina einfach nur etwas Gutes tun will, kommen natürlich andere Rezepte in Frage (siehe Seite 127). Doch die bewährte Basis solcher Rezepte bildet stets eine hochwertige Alchemilla Urtinktur (z. B. von Alcea) zusammen mit echtem ätherischen Rosenöl.

Die Frauenmantelzäpfchen sind dann eine besonders venusische Arznei für ein venusisches Organ. In erster Linie dienen sie der Vaginalpflege, aber sie eignen sich ebenso zur Nachkur nach einer gezielten Behandlung von Scheideninfekten, wenn von der Entzündung vielleicht noch leichte Reizerscheinungen übrig sind. Manche Therapeutinnen gebrauchen solche Zäpfchen sogar wie eine Art »Psychotherapie für die Vagina«, denn sie sind wie geschaffen für Frauen, die ihre Geschlechtlichkeit erst lieben lernen müssen.

Hier ein apothekengerechtes Rezept für 10 Zäpfchen à 2 Gramm:

Alcea Alchemilla Urtinktur (Frauenmantel) 2,0
Oleum aethereum Rosae verum (äther. Rosenöl) gtt. II
Oleum aeth. Geranii (äther. Geranienöl) gtt. I
Adeps solidus (Hartfett = Zäpfchenmasse) ad. 20,0
M.f. vag.-supp. à 2 g Nr. X

Bei Bedarf bis zu 1-mal täglich 1 Zäpfchen einführen; nicht während der Regelblutung. Grundsätzlich eignen sich die Frauenmantelzäpfchen auch zur Anwendung in der Schwangerschaft, da die Urtinktur zusammen mit den besonders milden ätherischen Öle einer vaginalen Reizung etwa durch Geschlechtsverkehr oder Schwimmbad entgegenwirkt. Dennoch sollte die Anwendung dann in Absprache mit Frauenarzt oder Hebamme erfolgen. Bezugsquellen siehe Seite 330.

Historisches Rezept: Sinnau-Zucker

»Aus dem Sinnau machet man auch einen köstlichen guten Conservenzucker: Man nimt die abgestreifften Blätter und Blümlein des Sinnaus/die frisch eingesamlet worden ist/wieget darvon 4 Untzen/zerschneidet die auf das allerkleineste auf einem saubern Brett/mit einem dazu bereiten Schneidmesser. Darnach stösset man die wol in einem steinern Mörser/und thut darzu guten feinen Zucker/12 Untzen/vermischt es und stösset es wol durch einander/biß daß es wird wie ein Lattwerg/alsdann thut man es in ein Zuckerglaß oder Porcellanbüchs/und stellet es auf ein Monat in die Sonn/darnach behält man es über Jahr zu dem Gebrauch. Dieser Zucker ist eine edle Artzney/den Weibern/so mit dem weissen Mutterfluß beladen seyn/alle Morgen und Abend einer Castanien groß darvon geessen.«

Jakobus Tabernaemontanus

Alte Apotheke. Aus »Der Arzt und die Heilkunst in alten Zeiten«, Hermann Peters

Die häufigsten Erreger von Unterleibsentzündungen

Candida albicans (Sproßpilz)

Häufigster Erreger von Vaginalsoor. Gehäuft nach Antibiotika, durch Antibabypille oder in der Schwangerschaft; Übertragung auch durch Geschlechtsverkehr. Die Entzündung geht mit Brennen, Juckreiz und wässrigem Ausfluss einher. Der Scheideneingang ist gerötet, und in der Scheide finden sich weißliche Beläge. Antimykotisch wirken Spülungen oder Tamponaden mit Gerbstoffdrogen (Frauenmantel, Walnuss) und ätherischen Ölen (z. B. Geranium, Kamille); danach tun Bio-Joghurtapplikationen gut.

Chlamydien (bakterienähnliche Mikroben)

Chlamydien sind häufige Begleiter von Mischinfektionen (Pap IIw/III); eine Infektion erfolgt durch Geschlechtsverkehr. Chlamydieninfektionen verlaufen oft beschwerdefrei, führen aber auch zu gerötetem Muttermund, zu Kontaktblutungen, zu Blasenentzündung oder zu rechtsseitigen Oberbauchbeschwerden (Verdacht auf Perihepatitis). Diese Erreger können nur durch Anlegen einer Zellkultur nachgewiesen werden und führen unbehandelt häufig zu Eileiterverklebung und Unfruchtbarkeit. Antibiotika und Partnertherapie sind daher meist unumgänglich.

Escherichia coli (Darmbakterium)

Häufigster Erreger von Blasenentzündungen; befällt auch die Scheide. Eine Infektion erfolgt meist durch mangelnde Hygiene. Coliwirksam sind vor allem Spülungen und Tamponaden mit Gerbstoffdrogen (Frauenmantel, Walnuss).

Gardnerellen (führen zur meist beschwerdefreien Aminkolpitis)

Nach dem Geschlechtsverkehr riecht der Ausfluss fischig. Gardnerellen sind bei Beschwerden und vor allem in der Schwangerschaft behandlungsbedürftig, weil sie vorzeitige Wehen auslösen können.

Gardnerellen lassen sich oft durch Milchsäurebakterien verdrängen (z. B. Kur mit Döderlein-med). Effektiver ist es, erst eine Woche lang Vaginalspülungen (siehe Seite 160) durchzuführen.

Staphylokokken (Eiterbakterien)

Überwuchern nach Antibiotika den Darm (Dysbiose). Führen bei Unterleibsinfektionen zu eitrigem, gelbem Ausfluss mit Juckreiz und Brennen. Staphylokokkenwirksam sind Frauenmantel (Spülung), Kamille (Tamponaden), Knoblauch (Zehen einführen) und Majoran (z. B. Majorana Vaginalgel von Wala).

Streptokokken (Eitererreger)

Erregen ebenfalls Eiter und kommen gehäuft nach Antibiotika vor. Beschwerden und Behandlung wie Staphylokokken.

Trichomonaden (tierische Einzeller [Protozoen])

Übertragung durch Geschlechtsverkehr. Der Erstbefall führt bei Frauen zur Scheidenentzündung mit Kribbeln, Brennen, Jucken oder Wundheitsgefühl. Der Ausfluss ist eitrig, grün-gelb, übelriechend und eventuell schaumig. Beim Mann tritt oft nur ein Brennen in der Harnröhre auf. Die Erreger überdauern auch nach Abklingen akuter Beschwerden. Trichomonaden können zu schweren Entzündungen von Blase, Nieren, Eileitern oder Eierstöcken führen. Trichomonazide Stoffe finden sich in Knoblauch, Ringelblume (Spülungen) und Tigerlilie (Lilium tigrinum D2 Tabletten, lokal). Sinnvoll ist die innerliche Behandlung (z. B. Staphisagria dil. D4 und Lamium album comp., siehe Seite 323) zusammen mit der Lokalanwendung stark antimikrobieller Heilpflanzen (siehe Seite 130).
Zur Verhütung einer Reinfektion durch den Sexualpartner könnte dieser ein bis zwei Wochen lang seine Harnwege mit Urotruw (Truw) reinigen. Eine gynäkologische Kontrolle ist ratsam.

Tampons – wirklich sauber und diskret?

Schon vor über zehn Jahren machte eine Tamponstudie ihre Runde durch die Fachkreise, die eigentlich zu einem Tampon-Boykott hätte führen müssen. Amerikanische Wissenschaftler stellten damals fest, dass Tampons bereits nach einer Stunde das Wachstum von Bakterien in der Scheide fördern. An der Studie nahmen junge Mädchen teil, die noch nie Geschlechtsverkehr hatten und deren Abstriche vor der Untersuchung noch einwandfrei waren. Schon nach einer Stunde Tampon war ihr Pap-Test-Ergebnis von I auf II gerutscht (siehe Seite 198), also von sehr gut auf nur noch gut, und der Abstrich zeigte nun eine bakterielle Mischflora, wie sie im Normalfall erst nach einem Geschlechtsverkehr zu finden ist.

Nun sollte man bedenken, dass die meisten Tampons nicht nur eine, sondern meist mehrere Stunden oder die ganze Nacht über in der Scheide verweilen und dort den idealen Nährboden für Keime abgeben.

Viele Frauen gebrauchen Tampons fälschlicherweise, um sich z. B. in Schwimmbädern vor einer Keiminvasion zu schützen, doch der Rückholfaden bildet für die Erreger eine ideale Brücke von außen nach innen.

Weder Tampons noch Binden mit Plastikklebestreifen sind nämlich so »sauber und diskret«, wie wir meinen. Ein einfacher Test kann dies beweisen: Riechen Sie einmal an dem Blut, das in einen Wattebausch geflossen ist – es riecht ganz normal, eben wie frisches Blut zu riechen hat. Dagegen stinkt das Blut im Allgemeinen widerlich, das man mit einem Tampon zutage fördert. Kein Wunder, denn Tampons verschließen, was offen sein soll. Sie transportieren Keime vom äußeren Genital ins Innere und schaffen dort ein Milieu, in dem sich Krankheitskeime sehr wohl fühlen.

Darüber hinaus gelangen mit einem Tampon z. B. Bleichmittel in das edelste Organ. Nicht zuletzt steigern Sie sogar das Krebsrisiko. Die

zarte Scheidenhaut verhornt durch das Einführen und Herausziehen von Tampons, und unter den Verhornungen können Krebszellen entstehen, die durch einen oberflächlichen Abstrich nicht mehr so leicht erfasst werden.
Mein Gynäkologe empfahl mir vor vielen Jahren, lose Baumwollwatte als Einlage zu benutzen, weil ich unter ständigen Scheidenentzündungen litt. Die Umstellung war ganz leicht, denn lose Baumwollwatte fühlt sich sehr angenehm an, sie ist luftig und lässt sich so dick oder so breit schichten, wie es eben nötig ist – versuchen Sie es auch einmal!

Wer vom Gebrauch von Tampons ganz absehen sollte

- Frauen, die unter Regelschmerzen leiden.
- Frauen, die zu Unterleibsentzündungen neigen.
- Frauen, die schlechte Pap-Testergebnisse (ab IIw) hatten oder haben.
- Frauen, die schwanger werden wollen.

Behandlungskonzept bei Unterleibsentzündungen

Bei bakteriellem Ausfluss ist es sinnvoll, die Schleimhaut von innen heraus zu reinigen, um zu verhindern, dass die Entzündung in Eileiter und Eierstöcke aufsteigt; hierzu bewährt sich z. B. eine mehrwöchige Kur mit 3-mal täglich 20 Tropfen Lamium album comp. (siehe Seite 323).
Lokalanwendungen unterstützen die innerliche Schleimhautsanierung. Antibakteriell, antimykotisch und reizlindernd wirken Spülungen mit:

Frauenmantelkraut (entzündungswidrige Gerbstoffdroge)
Schafgarbenblüten (antibakterielles Wundheilkraut)
Taubnesselkraut mit Blüten (reizlindernde Schleimdroge)
Walnussblätter (antibakterielle und fungizide Gerbstoffdroge)

4 bis 5 Esslöffel der Kräuter mit 500 ml Wasser heiß überbrühen, 20 Minuten ziehen lassen und auf Körpertemperatur abkühlen. Dann 2 Esslöffel Bio-Apfelessig und je 3 bis 5 Tropfen ätherisches Geranium- und Lavendelöl beimengen und in die Frauendusche füllen. Bei akuten Entzündungen eine Woche lang jeden Abend.

Der Tipp: Bei bakteriellen Scheidenentzündungen leistet auch Majorana Vaginalgel (Wala) erste Hilfe. Das Gel setzt sich aus antibakteriellen Pflanzenextrakten und ätherischen Ölen zusammen. Es wirkt reizlindernd und regenerierend. Das Gel sollte mindestens eine Woche lang konsequent jeden Abend, z. B. nach der Frauendusche, angewandt werden.

Was frau sonst noch tun kann

- *Ursachen abklären:* Einige Erreger von Unterleibsentzündungen (z. B. Chlamydien) können zu einer Eileiterverklebung führen. Manche Keime (z. B. Trichomonaden) werden auch vom beschwerdefreien Partner übertragen. Eine gynäkologische Kontrolluntersuchung ist in jedem Fall sinnvoll, und eine Behandlung des Partners ist oft unumgänglich, damit es zu keinem Pingpongeffekt kommt.

- *Scheidenflora aufbauen:* Nach der Anwendung antibiotisch wirkender Heilpflanzen sollte die Scheidenflora wieder aufgefüllt werden. Gynäkologen empfehlen gerne eine Kur mit Vagiflor Vaginalzäpfchen (Asche); Bio-Joghurt tut es aber auch.
- *Auf Tampons verzichten:* Tampons begünstigen das Wachstum von Bakterien. Lose Baumwollwatte ist als Slipeinlage wesentlich gesünder.
- *Baumwollunterwäsche tragen:* Enge Jeans, Feinstrumpfhosen sowie Synthetikunterwäsche fördern ebenfalls Unterleibsentzündungen.
- *Intimwaschlotionen meiden:* Nicht selten schädigt ein penibler Waschzwang die empfindlichen Vaginalschleimhäute so nachhaltig, dass diese keinen Schutz mehr gegen Bakterienbefall haben.

Behandlungskonzept bei Scheidenpilz (Candidose)

Die Behandlung einer Neigung zu Scheidenpilz (Vaginalmykose) erfordert etwas Geduld und ein vielschichtiges Vorgehen, weil ein Pilzbefall meist Ausdruck einer tiefer sitzenden Störung ist (z. B. Darmpilz).

Die Basis des Therapiekonzepts bildet die Darmsanierung, weil der Darmpilz oft die Quelle für den Scheidenpilz darstellt. Eine gründliche Darmsanierung dauert einige Monate und baut auf drei Pfeilern auf:

- *Darm und Schleimhaut reinigende Mischung:* Je 10 ml Acidum nitricum Dil. D6 (Salpetersäure), Angelica archangelica Dil. D2 (Erzengelwurz), Berberis vulgaris Dil. D2 (Sauerdorn), Carum carvi Dil. D1 (Kümmel), Delphinium Staphisagria Dil. D4 (Stephanskörner), Hydrastis Dil. D4 (kanadische Gelbwurz), Imperatoria ostruthium Urtinktur (Meisterwurz), Kreosotum Dil. D6 (Buchenholzteer), Okoubaka Dil. D2 (Rinde des Okoubaka-Baums) und Sulfur Dil. D6 (Schwefel) über die Apotheke von Spagyra mischen lassen; 3-mal täglich 20 bis 30 Tropfen.

- *Darmpilzkur:* Bei Dysbiose hat sich eine 4 bis 6 Wochen lange Kur mit Myrrhinil-Intest (Repha) bewährt.
- *Ernährungsumstellung:* Während einer Darmsanierung sollte man Zucker und Fleisch reduzieren. Empfehlenswert sind dagegen Karotten, Meerrettich und Joghurts mit lebenden Milchsäurebakterien. Zu den darmreinigenden Gewürzpflanzen, die nun reichlich in Speisen getan werden sollten, zählen z. B. Knoblauch, Kümmel, Majoran, Rosmarin, Salbei oder Thymian. Aber auch Curry, Ingwer und Zimt hemmen das Wachstum von Pilzen.

Zur Linderung akuter Beschwerden tragen Lokalmaßnahmen bei:

- *Vaginalspülungen* (siehe Rezept, Seite 169): bei akuten Beschwerden eine Woche lang jeden Tag, längerfristig nur 2-mal wöchentlich.
- *Vaginalcreme:* je 5 ml Alchemilla vulgaris Ø (Frauenmantel), Juglans regia Ø (Walnuss) und Viola tricolor Ø (Stiefmütterchen) mit je 10 bis 15 Tropfen ätherischem Geranium-, Lavendel- und Schafgarbenöl in 100 g Salbengrundlage (Apotheke) einarbeiten; ein- bis mehrmals täglich auf die betroffenen Stellen auftragen.
- *Scheidenflora wieder aufbauen:* Nach Antibiotika oder antimikrobiellen Vaginalspülungen empfiehlt es sich, die Döderlein-Flora der Scheide wieder aufzubauen. Hierzu eignen sich Bio-Joghurts mit lebenden Milchsäurebakterien (z. B. mit einer Spritze eingeführt), Umschläge mit Molke (z. B. Lactisan Liquidum von Galactopharm) oder eine Kur mit Vagiflor Vaginalzäpfchen (Asche).

Blasenentzündungen

»Unverarbeitete Emotionen ernähren die Blaseninfekte.«

Olaf Rippe

Obwohl Blasenentzündungen zu den häufigsten Frauenleiden gehören, zählt »Unser Aller Frauenheil« auf diesem Gebiet leider nicht zu den hauptsächlichen Heilpflanzen. Bei bakteriellen Blasenentzündungen bringt das Kraut meist nur Linderung, weil es eben nicht so stark harndesinfizierend wirkt wie andere Heilpflanzen (siehe Seite 185).

Sofern wir nichts anderes zur Hand haben, können wir natürlich trotzdem auf die Alchemilla zurückgreifen. Schließlich durchspült auch eine Kanne voll Frauenmanteltee die Harnwege und wirkt mild krampflösend auf die Beckenorgane. Auch ein Frauenmantel-Sitzbad wird die schlimmsten Beschwerden lindern. Aber die wahre Stärke des Frauenmantels liegt eher bei der Altersblasenschwäche oder bei Blasenstörungen infolge einer Gebärmutterverlagerung. Doch hier muss das Kraut über lange Zeit hinweg als Tee und in Form von Sitzbädern gebraucht werden, damit es seine gewebekräftigende Wirkung entfalten kann (siehe Seite 182).

Wenn auch unsere Alchemilla bei Blasenleiden meist nur begleitend infrage kommt, so waren es doch meine Blasenentzündungen, die mich vor vielen Jahren zu den Frauenkräutern führten. Meine Geschichte ist eine, die so viele Frauen in ähnlicher Weise durchlebt haben, darum will ich sie an dieser Stelle erzählen.

Mit siebzehn Jahren verbrachte ich die erste Nacht in meinem Leben mit Blasenkrämpfen auf der Toilette. Jeder Harntropfen brannte wie Feuer. Also ging ich am nächsten Tag zum Urologen. Der fand Bakterien im Urin und verordnete Antibiotika. Diese brachten sofort Linderung, aber die Blasenentzündung kehrte nach zwei Wochen wieder. Ich suchte abermals den Urologen auf, der wiederum Bakterien fand und mir erneut Antibiotika verordnete. Das Medikament half zwar sofort, aber die Heilung war wieder nicht von Dauer, und wenige Wochen später kam die Blasenentzündung heftiger denn je ...

Zuletzt traute ich mich kaum noch, in einen Bus zu steigen, weil ich meist schon nach einer Station aussteigen und eine Toilette aufsuchen musste. Der Harndrang war so stark, dass mir zuweilen der Panikschweiß auf der Stirn stand, wenn keine Toilette in Sicht war. Ich wurde ganz neurotisch, mied Kino, Theater und alles, was ein längeres Stillsitzen erforderte.

Bald eröffnete mir der Urologe, dass meine Harnröhre zu eng wäre, dass sich der Harn deswegen zurückstauen würde und die Bakterien dadurch in der Blase wuchern könnten. Er schlug mir eine operative Harnröhrenerweiterung vor – ich war gerade achtzehn Jahre jung und entsetzt über diese Aussicht! Daraufhin ging ich nicht mehr zu diesem Arzt und plagte mich ein Jahr lang mit meiner ständig gereizten Blase herum.

Dem antibiotischen Teufelskreis entronnen

Das Schicksal meinte es gut mit mir und führte mich schließlich zu meinem Lebenspartner Olaf Rippe, der damals schon Heilpraktiker war und mir beim ersten Aufflammen der Beschwerden homöopathische Mischtropfen aus der Apotheke verordnete (Urotruw von Truw). Auch wenn es kaum zu glauben ist: Schon der erste Teelöffel brachte spürbare Entspannung und linderte den ständigen Harndrang. Die Blasenreizung flammte in den folgenden Wochen zwar noch ein paar Mal auf. Doch ich führte die Kur konsequent und mit recht hohen Dosen der Arznei noch einige Wochen durch. Seither hatte ich nie wieder Blasenbeschwerden! Im Laufe des ersten Jahres hat mir mein Partner noch eine Mandeloperation und viele weitere Antibiotika-Gaben erspart. Allmählich überzeugte mich die Kraft der Heilpflanzen, und ich beschloss bald, mich ganz den Frauenheilpflanzen zuzuwenden.

Inzwischen kenne ich viele Frauen, denen dieselben »Wundertropfen« helfen konnten, und ich bin jedes Mal aufs Neue über die zuverlässige Wirkung erfreut. Zuletzt suchte mich eine über Sechzigjährige auf, die eine ähnliche Krankengeschichte durchgemacht hatte. Nachdem ihr wiederholte Antibiotikagaben nicht helfen konnten, führte der Urologe eine Harnröhrenerweiterung durch, doch die Narben an den Schnittstellen begannen zu wuchern, und alles wurde schlimmer. Die Harnröhre wurde also nochmals erweitert – ohne Erfolg. Also entfernte man ihr die Gebärmutter, weil diese angeblich auf die Blase drückte – aber die Blasenbeschwerden wurden trotzdem schlimmer. Kurz bevor sie in die Naturheilbehandlung kam, wollten die Ärzte sie zu einer weiteren Operation bewegen. Die Frau war inzwischen ganz neurotisch und verließ das Haus nur noch, nachdem sie bis zu fünfmal hintereinander auf der Toilette war. Insgeheim dachte ich mir, was soll denn jetzt noch helfen? Aber einige Wochen Urotruw, zusätzlich Kräutertees und gezielte Homöopathie konnten sogar diese alten Beschwerden lindern.

Was uns an die Niere geht

In der Frauenpraxis stellen Blasenbeschwerden ein häufiges Problem dar. Ganzheitlich gesehen sind die Harnblase und die Nieren »Organe der Angst«. Im Volksmund heißt es schließlich: »Das geht mir an die Niere«, wenn etwas Schlimmes passiert ist. Heute ist bekannt, dass im Schock blitzartig Oxalsäure in den Nieren auskristallisiert und sich spontan auch Harngrieß oder gar Nierensteine bilden können. Daher bezeichnet man Nierensteine auch als »Angststeine«.

Ängste müssen jedoch nicht immer schock- oder panikartig erscheinen, um an die Nieren zu gehen. Beziehungsängste, Probleme mit der eigenen Geschlechtlichkeit oder mit dem anderen Geschlecht bilden ebenfalls Nährboden für Nieren- oder Blasenleiden. So kommen immer wieder Frauen in die Naturheilpraxis, die beispielsweise vor oder nach jedem Rendezvous die Symptome einer Blasenentzündung entwickeln. Die üblichen Blasenmittel wie Bärentraubenblätter oder homöopathische Arzneien wie Cantharis versagen dann oft. Dagegen konnten zwei homöopathische Konstitutionsmittel, nämlich Pulsatilla und Staphisagria, schon oft Hilfe bringen; beide Mittel sind übrigens in den bewährten Urotruw Tropfen (Truw) enthalten. Wir wollen also beide Mittel kurz skizzieren, weil sie so vielen Frauen helfen könnten.

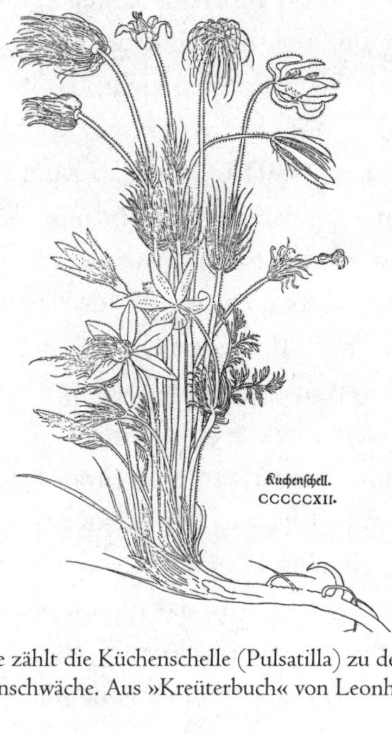

In der Homöopathie zählt die Küchenschelle (Pulsatilla) zu den wichtigsten Arzneipflanzen bei Blasenschwäche. Aus »Kreüterbuch« von Leonhard Fuchs (1543).

Beim Frauentyp, für den Pulsatilla (D4–D30) in Frage kommt, beginnen die Blasenbeschwerden bereits vor dem Rendezvous. Leitsymptome, die zur homöopathischen Pulsatilla führen, sind »Blasenreizung nach Durchnässung und Sitzen auf kaltem Boden« (hier hilft auch Urotruw gut) oder »Angst vor Männern und schwarzen Hunden«. Pulsatilla-Frauen sind oft blond, blauäugig, leicht zu Tränen geneigt und meist durstlos. Sie neigen zu religiöser Melancholie, sind sanft, schüchtern und regieren ihre Umwelt mit der Macht der Tränen. Die kleine Prinzessin in dem Märchen vom Froschkönig ist beispielsweise ein echter Pulsatilla-Fall. Im Mann wecken sie den Beschützer- und in Frauen den Mutterinstinkt. Man möchte sie am liebsten ganz ritterlich in einen Mantel hüllen, um sie vor den Unbilden des Lebens zu schützen, und in der Tat ist unser »Marienmantel« auch eine ideale Ergänzung zur homöopathischen Pulsatilla. In Tiefpotenzen (D4–D6) wirkt Pulsatilla noch antibiotikaähnlich, hilft z. B. auch bei Mittelohrentzündung und regt die schwache Blutung an. In mittleren Potenzen (D12) wirkt sie mehr ausgleichend auf den Hormonhaushalt und hilft gegen das Aufgeschwemmtsein vor der Regel (siehe Seite 238). Hochpotenzen (D30) kommen aber nur für »echte« Pulsatilla-Frauen infrage, die immer ein Tränchen im Knopfloch haben und deren Stimmung ähnlich schwankt wie das Wetter an einem Apriltag.

Dagegen leidet der Frauentyp, für den Staphisagria (D4–D30) angezeigt ist, eher nach dem Rendezvous unter Blasenbeschwerden. Wenn die Blasenentzündung eine »Folge von sexuellen Exzessen« ist, dann hilft Staphisagria besser (D4). Sie gehört wie die Küchenschelle zu den Hahnenfußgewächsen, deren Inhaltsstoffe mit zu den stärksten antibiotischen Stoffen aus der Pflanzenwelt zählen. Staphisagria (D4) empfiehlt sich auch bei Blasenbeschwerden nach Katheter und Operationen. Es ist aber ebenso das Hauptmittel bei Blasenbeschwerden jung verheirateter Frauen, die nach einem Streit Blasenkrämpfe und Brennen beim Wasserlassen bekommen.

Links oben: Blühender Apfelbaum mit Misteln; in der venusischen Hügellandschaft der schwäbischen Alb ist auch die Alchemilla zu Hause. (© Margret Madejsky)
Rechts oben: Weißdornblätter mit Blüten wirken herzkräftigend und mild beruhigend. (© Margret Madejsky)
Links unten: Wo die Bachnelkenwurz vorkommt, findet sich stets auch der Frauenmantel. (© Margret Madejsky)
Rechts unten: Der Odermennig heißt im Volksmund »Leberklette«. (© Margret Madejsky)
Vorhergehende Seite: Heckenrosenblüte. Rosengewächse sind freundliche Pflanzenwesen. (© Margret Madejsky)

Links oben: Marienlinde auf der Klosterinsel Frauenchiemsee. Vor dem Marienbild steht eine Vase mit blühendem Marienmantel, der im Christentum die Läuterung der Seele symbolisiert. (© Olaf Rippe)
Rechts oben: Moderne Kräuterhexe mit Beifußkranz. Neben dem Frauenmantel ist der Beifuß eine wichtige heimische Frauenheilpflanze. (© Margret Madejsky)
Unten: Auch die Schafgarbe war einst eine der Göttin geweihte Frauenheilpflanze. (© Margret Madejsky)
Folgende Seite: Kräuterbuschen dienten den weisen Frauen als Hausapotheken. (© Olaf Rippe)

Staphisagria war schon in allen Potenzen heilsam. Allerdings setze ich die Hochpotenzen (D30) eher bei Frauen ein, die vielleicht betrogen wurden und die sich über nichts mehr ärgern als darüber, dass sie ihrem Ärger nicht richtig Luft machen dürfen. Man sollte die Hochpotenz nicht ohne therapeutische Begleitung einnehmen, weil diese den Groll über den »Kampf der Geschlechter« hochschaukeln und Erstverschlimmerungen hervorrufen kann. Auch sollte man vielleicht den Sexualpartner solcher Frauen untersuchen und gegebenenfalls behandeln lassen, da sich die Partner sonst gegenseitig anstecken.

Jedenfalls warten Pulsatilla-Frauen auf den »Prinzen« und kriegen es schon vor dem Rendezvous mit der Angst zu tun, während sich Staphisagria-Frauen ihre Infekte nach Ärger, durch Geschlechtsverkehr oder in öffentlichen Bädern einfangen. Um die Neigung zu Blasen- oder Unterleibsentzündungen dauerhaft zu nehmen, sollten die Mittel aber einige Wochen eingenommen und durch lokale Kräuteranwendungen, z. B. durch Frauenmantelsitzbäder, unterstützt werden.

Heiße Fußbäder wirken wohltuend bei Blasenentzündungen.

Nie mehr kalte Füße!

Es gibt so viele Heilpflanzen, die bei Blasenentzündungen oder bei Reizblase Abhilfe schaffen können. Aber eine dauerhafte Heilung ist nur dann möglich, wenn auch die Krankheitsursache behoben wird.

Oft sieht man mitten im tiefsten Winter Frauen mit Stöckelschuhen und Nylonstrümpfen durch den Schnee staken oder schon im zeitigen Frühjahr barfüßig in Sommerschühchen herumlaufen. Kein Wunder, dass mitunter heftige Blasenentzündungen der Preis für die Laufstegmanieren sind. Mir selbst haben zwar die Pflanzen geholfen, aber hätte ich mir nicht bald auch angewöhnt, Wollsocken und warme Schuhe zu tragen, dann hätte ich sicher immer noch Blaseninfekte.

Laut der Traditionellen Chinesischen Medizin (TCM) entspringt an der Fußsohle der Nierenmeridian. Auffallend viele Frauen, die unter Blasenreizung leiden, klagen über kalte Füße, und dies ist als Nierenschwäche zu werten. Daher lautet der erste Rat bei Blasenschwäche: Füße warm halten, um die Nierenenergie wieder aufzufüllen!

Vor allem bei Blaseninfekten, die nach Durchnässung oder Sitzen auf kaltem Boden aufflammen, bewirken warme Fußbäder zusammen mit einer Kanne Blasentee (siehe Rezept, Seite 183) oft wahre Wunder. Für ein Fußbad benötigt man lediglich eine kleine Plastikwanne, wie man sie zum Putzen oder für die Handwäsche ohnehin zu Hause hat. In die Wanne wird warmes Wasser gegeben, dem man vielleicht noch einen Liter Kräutertee (Frauenmantel, Schafgarbe, Zinnkraut) sowie einige Tropfen ätherisches Geraniumöl oder Ylang-Ylang-Öl beimengt. Nach dem Fußbad sind Fußmassagen oder Einreibungen mit Kupfer-Salbe rot (Wala) wohltuend. In der astrologischen Medizin wird die Niere der Venus zugeordnet, und das Kupfer stärkt als Venusmetall die Nierenkraft. Abgesehen davon sind Fußmassagen mit Kupfersalbe sehr angenehm!

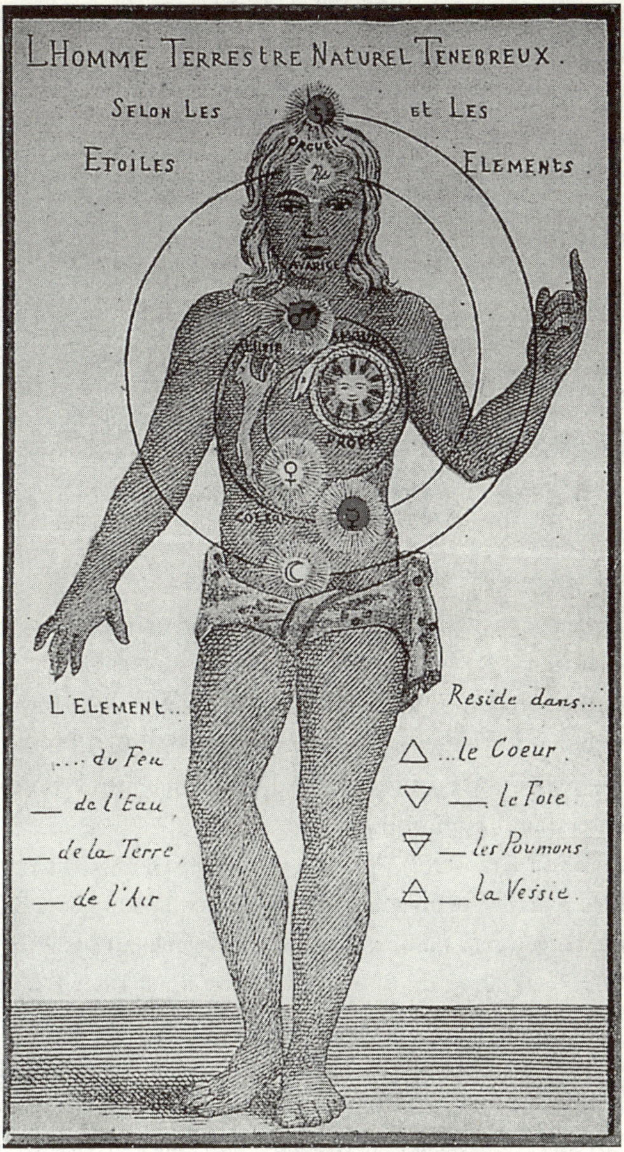

Nach astrologischer Vorstellung wird die Niere von der Venus regiert.

Astrologisch ordnet man die Birke Mond und Venus zu.
Ihre Blätter sind wichtiger Bestandteil regenerierender und nierenstärkender Teemischungen. (© Margret Madejsky)

Auch viele Heilpflanzen, die die Nierenkraft stärken, das weibliche Prinzip fördern oder eine Krampfneigung beheben, ordnet man der Venus zu: Neben dem Frauenmantel sind dies vor allem Birke, Goldrute, Lärche und Schafgarbe. Während Birke und Goldrute die Nierenenergie stärken, wirkt die Schafgarbe zudem antimikrobiell, harndesinfizierend und krampflösend.

Wenn wir mit Kräutergruppen oft tagelang in der Natur verbringen und sich eine der Frauen vielleicht nach Durchnässung eine Blasenreizung eingefangen hat, dann sammeln wir einfach ein bis zwei Hände voll Schafgarbenblüten und bereiten daraus einen Liter frischen Blasentee. Dies hat schon oft geholfen.

Wenn die Blasenschwäche mit dem Frausein zu tun hat, dann kann neben dem Frauenmantel, der für das »Ja zum Frausein« steht, auch die Lärche ein wunderbarer Heilbaum sein. Die Lärche, der freundlichste und lichteste Nadelbaum, wirkt nicht nur wie Balsam für die Seele, wenn man sich an seinen flechtenbehangenen Stamm lehnt.

Einen Besuch sind vor allem die auf 2000 Jahre geschätzten Urlärchen im Ultental bei Meran wert – wie unbedeutend werden doch unsere Sorgen im Vergleich zu den Stürmen, die ein 2000 Jahre alter Baum erlebt hat!

Die Lärche spendet darüber hinaus das stark antiseptische Lärchenharz ab (Therebinthina laricina). Dieses Harz ist Bestandteil einer Bademilch (Resina laricis Bademilch von Wala), die einen geradezu in die weibliche Urkraft des Lärchenbaums einhüllt. Lärchenharz ist aber auch harndesinfizierender Bestandteil eines bewährten Nieren-Blasen-Heilmittels (Berberis/Apis comp. Ampullen oder Globuli von Wala), das zusammen mit einem Blasentee schon so manche Blasenentzündung heilen konnte.

Eine der auf zweitausend Jahre geschätzten Urlärchen im Ultental bei Meran – ein venusischer Kraftort für Frauen. (© Margret Madejsky)

Rezept bei Altersblasenschwäche

Die folgende Rezeptur eignet sich zur Behandlung von »veralteten« Blasenbeschwerden. Sie setzt sich aus entzündungswidrigen, nierenstärkenden und bindegewebskräftigenden Arzneien zusammen.
Zur Rezeptur: Der Frauenmantel wirkt hier mild entzündungswidrig, hormonell regulierend und bindegewebskräftigend. Goldrute verbessert die Nierentätigkeit. Der homöopathische Schierling hilft bei chronischen Blasenleiden und bei Blasenlähmung alter Leute. Der Tintenfisch gilt in der Homöopathie als Hauptmittel bei unfreiwilligem Harnabgang; er ergänzt gewebekräftigende Pflanzen wie Frauenmantel und Zinnkraut. Die Zitterpappel ist ein volksmedizinisches Mittel bei Blasenschwäche im Alter (und bei Prostataleiden). Die Sägezahnpalme wird schließlich auch »pflanzlicher Katheter« genannt, weil sie stark entzündungswidrig und abschwellend auf die Harnröhre wirkt.

Je 20 ml Alchemilla Urtinktur (Frauenmantel), Serenoa repens Dil. D2 (Sägezahnpalme) und Solidago Urtinktur (Goldrute) und je 10 ml Conium Dil. D6 (Schierling), Equisetum Dil. D2 (Zinnkraut), Populus tremula Urtinktur (Zitterpappel) und Sepia Dil. D12 (Tintenbeutel vom Tintenfisch) über die Apotheke von Spagyra mischen lassen.

3- bis 5-mal täglich 15 bis 20 Tropfen in Schafgarbentee einnehmen.

Sofern im Harn Bakterien gefunden wurden, kann man zusätzlich Urotruw Tropfen (Truw) einnehmen. Bei Altersblasenschwäche infolge von Senkungsbeschwerden kann man begleitend 3-mal wöchentlich 1 Zäpfchen Senecio comp. (von Wala) einführen; die Zäpfchen stärken die Beckenorgane und kräftigen das Bindegewebe.

Behandlungskonzept bei Blasenentzündungen

Inzwischen kenne ich viele Frauen, die durch Urotruw Tropfen (Truw) von ihren Blasenentzündungen befreit wurden. Bemerkenswert ist, dass dieses homöopathische Komplexmittel oft noch hilft, wenn selbst die schulmedizinische Antibiokatherapie versagt hat. Leider hat sich die Zusammensetzung von Urotruw im Lauf der letzten Jahre geändert, sodass das Mittel in hartnäckigen Fällen ergänzt werden muss.

- Urotruw S Tropfen (Truw-Mauch enthält Staphisagria D3, Populus tremula D1, Pulsatilla pratensis D4, Senerosa repens D1, Smilax Ø, Solidago virgaurea Ø): Bei akuten Entzündungen hat sich die hoch dosierte Einnahme von 3- bis 5-mal täglich 1 Teelöffel bewährt. Nach Abklingen der akuten Beschwerden sollte die Kur mit 3- bis 5-mal täglich 20 Tropfen noch einige Tage fortgeführt werden.
- Die Ergänzung: Bei ständig wiederkehrenden Blasenentzündungen wird Urotruw ideal ergänzt durch Sägepalmfrüchte (Sabal serrulatum Ø 3-mal täglich 10 Tropfen), die wegen ihrer abschwellenden und entzündungswidrigen Wirkung »pflanzlicher Katheter« heißen, und durch homöopathischen Schierling (Conium D6 3-mal täglich 10 Tropfen). Die Mittel wirken am besten zusammen mit einem Liter Kräutertee für die Blase, wobei es sich empfiehlt, die Blasenkur auch nach Abklingen der Beschwerden noch einige Tage fortzuführen.
- Kräutertee für die Blase: Birkenblätter, Frauenmantelkraut, Goldrutenkraut, Pappelblätter und Schafgarbenblüten zu gleichen Teilen mischen; 1 Esslöffel der Mischung mit ca. 200 ml Wasser heiß überbrühen, 5 bis 10 Minuten ziehen lassen; 2 bis 5 Tassen täglich.

Was frau sonst noch tun kann

- *Auf warme Füße achten:* An der Fußsohle entspringt der Nierenmeridian, weshalb das Tragen warmer Socken oder auch Fußbäder zur Vorbeugung sowie zur Heilung von Blasenentzündungen beitragen.

- *Viel trinken und viel pieseln:* Frauen, die zu Blasenbeschwerden neigen, trinken meist viel zu wenig, oft aus Angst, zu häufig auf die Toilette zu müssen. »Viel trinken (ca. 2 Liter pro Tag) und viel pieseln«, lautet aber die Devise. Vor allem nach dem Geschlechtsverkehr sollte frau ihrem Harn freien Lauf lassen, um in der Harnröhre befindliche Keime auszuschwemmen. Zu den Berufsgruppen, die für Blasenleiden besonders anfällig sind, gehören z. B. Hebammen oder Lehrerinnen, die den Harndrang oft stundenlang unterdrücken.
- *Partnerbehandlung erwägen:* Nicht selten infizieren sich Sexualpartner gegenseitig, und es tritt ein Ping-Pong-Effekt ein. Besonders bei häufig wiederkehrenden Blasen- und Unterleibsentzündungen und vor allem bei bestimmten Erregern (z. B. Chlamydien, Proteus und Trichomonaden) sollte der Partner ebenfalls behandelt werden (z. B. vom Urologen).

Alternativen zur Antibiotika-Therapie

Bärentraube (Arctostaphylos uva-ursi)

Wirkung: Der Inhaltsstoff Arbutin wird in den Nieren zu antibakteriellem Hydrochinon gespalten, und dieses bekämpft – im alkalischen Harn (!) – die Erreger von Blasenentzündungen, z. B. Coli- und Proteus-Bakterien.

Anwendungsart: Bei akutem Blasenkatarrh bereitet man täglich 3 bis 4 Tassen Bärentraubenblättertee; dazu jeweils 1 Teelöffel 6 Stunden lang in 150 ml kaltem Wasser ansetzen. Einfacher ist die Einnahme von Fertigpräparaten, z. B. Nieren-Blasen-Tee (Sidroga) oder Cystinol akut Dragees (Schaper & Brümmer). Weil die harnwegsdesinfizierende Wirkung nur im alkalischen Harn eintritt, empfiehlt sich vegetarische Kost und/oder Natronpulver (3-mal täglich 1 Messerspitze).

Vorsicht: In der Schwangerschaft sind Bärentraubenblätter kontraindiziert, weil sie Wehen erregen können!

Kamille (Matricaria chamomilla)

»Erinnere dich, Kamille, was du anmeldest, was du zustande brachtest: Dass der niemals an einer Infektion starb, dem Kamille zu essen gegeben wurde« (altenglischer Neunkräutersegen).

Wirkung: Im ätherischen Öl kommen die bakterien- und pilztötenden Stoffe Bisabolol und Chamazulen vor. Kamillenöl neutralisiert auch Bakteriengifte; z. B. von Staphylokokken (verursachen u. a. Analekzem oder juckende Scheidenentzündungen) und Streptokokken (diese verursachen beispielsweise Scharlach). Die Schafgarbe wirkt ganz ähnlich wie die Kamille, wird aber oft noch besser vertragen.

Anwendungsart: Bei bakteriellen Entzündungen oder bei Scheidenpilz sind Vaginalspülungen mit frisch aufgebrühtem Kamillentee hilfreich (siehe Seite 130). Äußerlich helfen auch Sitzbäder und Umschläge.

Vorsicht: Nicht bei Korbblütler-Allergie anwenden. Bei Daueranwendung trocknen die Schleimhäute aus und werden wiederum anfällig.

Kapuzinerkresse (Tropaeolum majus)

Wirkung: Pflanzen mit Senfölglykosiden (Brunnenkresse, Löffelkraut, Meerrettich, Wiesenschaumkraut) sind altbewährte Blutreiniger. Das Benzylsenföl der Kapuzinerkresse erwies sich nahezu als Breitbandantibiotikum, es wirkt antibakteriell und antimykotisch (Candida).

Anwendungsart: Am besten wäre es, frische Blüten und junge Blätter im Salat zu verzehren. Die antibiotische Wirkung erzielt man ebenso mit Fertigpräparaten, z. B. mit Angocin N Tabletten von Repha; diese ergänzen die Lokalanwendungen bei bakteriellen Infekten aller Art – also auch bei Angina, Bronchitis, Blasen- oder Stirnhöhlenkatarrh, Eierstockentzündung und Scheidenpilz.

Knoblauch (Allium sativum)

Wirkung: Knoblauch vertreibt nicht nur »Vampire«, sondern auch eine Vielzahl von Krankheitserregern. Experten vergleichen seine Wirkung mit der von Penicillin. Gegen den Inhaltsstoff Allicin haben selbst hartnäckige Keime wie Staphylococcus aureus oder Candida albicans keine Resistenz. Bio-Knoblauch zeigt die beste antibiotische Wirkung.

Anwendung: Gynäkologen empfehlen Knoblauch bei Scheidenentzündungen aller Art; hierzu 1 Woche lang abends eine geschälte Zehe, eventuell mit einem Rückholfaden versehen, einführen und morgens wieder entfernen. Schwangere können 2-mal täglich 1 bis 2 Tabletten Allium sativum D2 einführen. Bei äußerlichen Entzündungen (z. B. Analekzem) bewähren sich Knoblauchwickel (siehe Seite 151).

Majoran (Origanum majorana)

Wirkung: Frauenkraut und darmreinigendes Gewürz mit antibiotischer Wirkung. Gegen das ätherische Öl sind die wenigsten Bakterien resistent. In Untersuchungen erwiesen sich die Extrakte als pilzfeindlich. (Candida!)

Anwendung: Bei Scheidenentzündungen bewährte sich die Kur mit Majorana Vaginalgel (Wala), das man innerlich durch Lamium album comp. (siehe Seite 323) ergänzt. Zäpfchen oder Tamponaden mit verdünnten Extrakten (10%ig) helfen gleichermaßen bei Vaginalsoor.

Salbei (Salvia officinalis)

Wirkung: Mit Salbei, Myrrhe und Weihrauch haben schon die Ägypter ihre Toten gesalbt. Eben weil diese Pflanzen starke antibiotische Kräfte haben, überdauerten die Mumien Jahrtausende. Salbei wirkt wegen seiner ätherischen Öle desinfizierend, er tötet Bakterien und Pilze.
Anwendung: Bei Scheidenpilz hilft eine Spülung mit Frauenmantelkraut, Majoran und Salbeiblättern mit ätherischem Lavendelöl.
Vorsicht: wegen Thujon (abortiv) nicht für Schwangere geeignet!

Spitzwegerich (Plantago lanceolata)

Wirkung: Der Wegerich war das »Heilblatt« der Germanen und zählt mit der Kamille zu den ältesten Wundheilpflanzen der Menschheit. In den frischen Blättern sowie im Extrakt kommt Aucubin vor, dessen Wirkung mit Penicillin vergleichbar ist. Aucubin bekämpft vor allem Staphylokokken.
Anwendung: Frischer Presssaft eignet sich bei Unterleibsentzündungen zu Tamponaden oder zu Umschlägen. Die Urtinktur lässt sich auch in regenerierende Vaginalzäpfchen einarbeiten.

Walnuss (Juglans regia)

Wirkung: zählt wie die Alchemilla zu den Gerbstoffpflanzen mit antibakterieller, antimykotischer und antiviraler Wirkung (siehe Seite 86).
Anwendung: bewährt sich innerlich (siehe Rezept, Seite 131) wie auch äußerlich zur Behandlung von Scheidenpilz oder bei bakteriellen Infektionen; in Form von Joghurtapplikationen, Sitzbädern, Umschlägen oder Vaginalspülungen.

Die krebsfeindlichen Kräfte der Alchemilla

»Sinnau in Wasser gesotten / und das Wasser durch ein Spritzen warm in die Mutter gethan / das heilet die Geschwär und alle Versehrung derselben.«

Tabernaemontanus

Vor einiger Zeit suchte mich eine junge Frau auf, die sich kurz zuvor standhaft geweigert hatte, sich von ihrem Gynäkologen in ein Krankenhaus einweisen zu lassen. Der Arzt hatte bei ihr eine Krebsvorsorgeuntersuchung (Pap-Test) durchgeführt und sie nach dem Eintreffen der Laborergebnisse zu einem Termin bestellt. Der Abstrich ergab Pap IIw, was bedeutet, dass sie eine entzündliche Zellveränderung am Muttermund hatte und das Labor eine baldige Wiederholung der Untersuchung empfiehlt (siehe »Wissenswertes über den Pap-Test«, Seite 198). Der Gynäkologe wollte sie aber trotz des unbedenklichen Befundes mit dem Telefonhörer in der Hand dazu drängen, sich sofort für einen Krankenhausaufenthalt zu entscheiden – weil er »die Sache noch vor dem Wochenende vom Tisch haben« wolle.

Gynäkologen sind eigentlich dazu ausgebildet worden, Frauenleiden zu heilen. Aber wie in jedem Berufsstand gibt es auch unter Frauenärzten schwarze Schafe. Kein verantwortlicher Gynäkologe rät bei Pap IIw zur Konisation (siehe Seite 199), sondern nur zur Kontrolle!

Ein Frauenarzt verriet mir einmal, warum er im Gegensatz zu manchen seiner Kollegen seine Patientinnen seltener ins Krankenhaus einweist: Er hat keine Belegbetten im Krankenhaus. Frauenärzte mit Belegbetten sind dagegen oft aus Rentabilitätsgründen gezwungen, ihre Betten zu füllen. Damit will ich aber auf keinen Fall Misstrauen gegen Frauenärzte schüren! Nichts ist wertvoller als ein Vertrauensverhältnis zu einer Ärztin oder zu einem Arzt, die einem im Krankheitsfall mit Rat und Tat zur Seite stehen. Auch Ärzte mit Belegbetten können aufgrund ihrer Erfahrung mit operativen Eingriffen sehr hilfreich sein, falls sich ein Eingriff als unumgänglich erweist. Vielmehr möchte ich betroffenen Frauen den Hinweis geben, dass sie im Zweifelsfall vielleicht noch einen zweiten Facharzt zurate ziehen und einen zweiten Test abwarten, bevor sie sich auf einen operativen Eingriff einlassen.

Die junge Frau mit Pap IIw entschied sich jedenfalls, den Gynäkologen zu wechseln. Sie fand einen Arzt, der einer naturheilkundlichen Behandlung zustimmte (siehe »Vitamine statt Konisation«, Seite 201). Ergebnis: Schon nach wenigen Wochen war der Abstrich einwandfrei, und sie war heilfroh, dass sie nicht ins Krankenhaus gegangen war.

Wissen ist Macht

Für Verwirrung sorgt zunächst die Tatsache, dass die meisten nur wissen: Der Pap-Test ist eine *Krebs*vorsorgeuntersuchung. Ein »schlechtes« Ergebnis deuten sie daher sofort als Krebs. Dagegen handelt es sich vielmehr um einen Test zur Früherkennung von Vorstufen. Der Pap-Test ist die einzige Untersuchungsmethode, bei der man nachweislich Krebsvorstufen mikroskopisch erkennen kann. Er ist daher auch ganz anders zu werten als beispielsweise eine Untersuchung auf Magen- oder Lungenkrebs, wo es nur einen positiven oder negativen Befund gibt, was »Krebs ja« oder »Krebs nein« bedeutet. Wir werden beim Pap-Test also fast ausschließlich mit einer (in vielen Fällen noch behandelbaren!) Vorstufe und nicht gleich mit der Diagnose Krebs konfrontiert. Daher sollte frau diese Möglichkeit der Früherkennung unbedingt nutzen!

Pap-Test-Ergebnisse, die zwischen II und III liegen, gehen oftmals nur auf Entzündungen zurück, die beispielsweise durch Trichomonaden, Soor oder Viren bedingt sind. Auch wenn der Vergleich hinkt, möchte ich Pap III zunächst einmal mit einem Schnupfen vergleichen, bei dem auch keiner auf die Idee kommen würde, die Nasenspitze abzuschneiden. Bei Zellveränderungen am Muttermund wird jedoch viel zu oft und viel zu früh zur Konisation (vom griechischen *konos* = Kegel) geraten, bei der Gewebe vom Muttermund entnommen und untersucht wird.

Natürlich gibt es unzählige Frauen, die nach einer Konisation nie wieder Unterleibsprobleme hatten. Der Abstrich bleibt in den meisten Fällen unauffällig und »sauber« (= Pap I). Manche Frauen werden aber nach solchen Eingriffen nicht mehr ganz so leicht schwanger oder leben in der ständigen Angst vor einem Rückfall weiter. Bei anderen verlagert sich das Krankheitsgeschehen möglicherweise.

Selbst bei einem Ergebnis von IIId, was nicht mehr nur von einer Entzündung herrührt, muss keineswegs sofort eine Konisation erfolgen. Hier kann man ohne Bedenken noch einige Monate abwarten. Die meisten Ärzte raten ohnehin erst nach dem dritten »schlechten« Befund zur Konisation. Wenn sich der Befund jedoch innerhalb von einem halben bis zu einem ganzen Jahr nicht deutlich bessert, dann ist vielleicht doch eine Konisation sinnvoll. Aber Warten allein macht nicht nur krank vor Angst, sondern wir lassen auch eine wertvolle Zeit ungenutzt verstreichen, in der eine ganzheitliche Behandlung Heilung bringen könnte. Damit eine Genesung möglich ist, sollten alle Frauen ab Pap III zunächst weitere eingehende Untersuchungen fordern (z. B. auf Herpes- oder Papillomaviren). Insbesondere sollte speziell nach den Krebs erregenden Virustypen 16 und 18 gesucht werden.

Hoffnung auf Heilung dürfen wir haben: Einer Frau, der man alle Krebs erregenden Viren gleichzeitig nachgewiesen hatte, halfen tägliche Joghurtanwendungen (2 TL Joghurt mit 1 TL Alchemilla-Fluidextrakt). Nach wenigen Wochen waren keine Viren mehr nachweisbar!

Neben Viren gibt es noch weitere Ursachen für Zellveränderungen, die sich abklären, gezielt behandeln oder auch ganz beseitigen lassen. Hierzu will ich noch einen interessanten Fall erzählen.

Eine Frau, die monatelang Pap III hatte, berichtete mir, dass einige Arbeitskolleginnen an demselben Frauenleiden wie sie selbst erkrankt waren. Weil sie Pap-Test-Ergebnisse zwischen III und IV hatten, wurden sie stutzig und hegten bald den Verdacht, dass die Erkrankungsursache vielleicht am Arbeitsplatz zu suchen sei. Also ließen sie die Büroräume von mobilen Giftexperten untersuchen, und tatsächlich waren fast alle Räume mit Formaldehyd belastet. Die Giftquelle, in diesem Fall die Büroeinrichtung, konnte entfernt werden, und einige der betroffenen Frauen unterzogen sich naturheilkundlichen Therapien. Inzwischen sind alle wieder gesund.

Eine Grundregel besagt, dass die Krankheit erst dann heilbar ist, wenn die Ursache erkannt und behoben wurde. Neben Umwelteinflüssen, die sich nicht immer so leicht erkennen und beseitigen lassen, können viele weitere Faktoren an der Krankheitsentstehung beteiligt sein: Häufige Antibiotika-Gaben, Antibabypille, mangelnde oder auch übertriebene Genitalhygiene, ungeschützter Verkehr mit wechselnden Sexualpartnern und sogar Tampons können die Schleimhautabwehr außer Kraft setzen. In fortgeschrittenen Stadien muss man daher manchmal alle Register ziehen, um der Krankheit ihren Nährboden zu entreißen. Bevor man aber alle Lebensgewohnheiten über Bord wirft, sollte man sich der weisen Worte des Asklepios von Thessalien erinnern, der gesagt hat: »Zuerst das Wort, dann die Pflanze, zuletzt das Messer!«

Einer eingehenden Beratung, eventuell durch Giftexperten und Umweltmediziner, sollte also eine Behandlung mit Heilpflanzen folgen – und dazu ist in den meisten Fällen genug Zeit. Selbst bei Pap IV kann man immer noch bis zu drei Monate lang versuchen, auf natürlichem Wege Heilung herbeizuführen (siehe Seite 201).

Nach einer Konisation entlassen viele Ärzte ihre Patientin, und die Frauen sind meist froh, dass sie nun ein Problem weniger haben. Doch aus ganzheitlicher Sicht ist es falsch, einfach nur zu verdrängen, dass der Körper an einer Stelle vielleicht einen Krebs entstehen lassen wollte. Gerade wenn der Krankheitsherd beseitigt ist, sind Kräuterkuren angebracht. Mit ihnen beugt man nicht nur einem Rückfall vor, sondern auch einer Verlagerung des Geschehens. Ein Pap III oder auch IV, egal, ob eine Konisation durchgeführt wurde oder auch nicht, ist aus ganzheitlicher Sicht immer ein Hinweis darauf, dass der Körper und auch die Seele Hilfe benötigen.

Ein Schutzmantel für den Unterleib

Nun wird sich so manche Leserin fragen: Was können so sanfte Heilpflanzen wie die Alchemilla noch leisten, wenn der Arzt bereits Krebsverdacht äußert und vielleicht schon eine Krankenhauseinweisung empfiehlt? Mit Heilpflanzen lässt sich viel erreichen – vor allem, wenn man nicht gleich den Kopf in den Sand steckt und sich von der Angst regieren lässt, weil eine bedrohlich klingende Diagnose gestellt wurde.

Bei dem, was viele für Krebs oder dessen Vorstufe halten, handelt es sich – wie bereits gesagt – oft um die Folge einer Virusinfektion. Genitale Infektionen mit Herpes- oder Papilloma-Viren zählen mit zu den häufigsten Ursachen für Zellveränderungen (Pap III bis IV). Viren dringen nämlich in die Zelle ein und verursachen Schäden am Zellkern. Werden diese Zellschäden nicht repariert, dann häufen sich immer mehr schadhafte Zellen, und es entsteht, meist über Jahre hinweg, Krebs.

Bei chronischen Frauenleiden hüllt der Frauenmantel die Seele ein und liefert dem Körper das krebsfeindliche Agrimoniin. (© Margret Madejsky)

Nun besitzen aber Pflanzen die Fähigkeit, sich selbst vor Virusinfektionen zu schützen oder die von Pflanzenviren verursachten Zellschäden selbst zu reparieren. Wie schon im vorangehenden Kapitel erwähnt, bilden Pflanzen hierzu Schutzstoffe.

Die Alchemilla bildet z.B. Gerbstoffe, um sich vor Infektionen durch Fäulnisbakterien, Pflanzenviren oder Schimmelpilzen zu wappnen. Wissenschaftliche Untersuchungen konnten längst die antivirale und tumorhemmende Wirkung bestimmter Gerbstoffe bestätigen (siehe Seite 87). Speziell die im Frauenmantelkraut vorkommenden Gerbstoffe (Ellagitannine) verhindern, dass Viren in die Zellen eindringen, sich dort vermehren und die Zellkerne schädigen. Darüber hinaus zeigten die Ellagitannine der Alchemilla in Versuchen einen immunstimulierenden Effekt. Es gilt als erwiesen, dass Ellagitannine (speziell Agrimoniin) die Bildung von Interleukin I stimulieren. Interleukin I ruft dann Abwehrzellen aufs Tapet (B- und T-Lymphozyten) und trägt über eine Kettenreaktion zum Abbau von Krebszellen bei (vgl. Seite 87).

In einer Studie wurden einmal 178 Heilpflanzen auf ihre antivirale Aktivität untersucht. Dabei zeigten alle Pflanzen einen mehr oder weniger starken antiviralen Effekt! Gerbstoffe erwiesen sich jedoch als besonders wirksam, und speziell ein Extrakt aus Alchemilla konnte sogar hoch infektiöse Pockenviren inaktivieren. In Frankreich nutzt man die viruziden Eigenschaften des Frauenmantels längst heilkundlich. Dort ist eine Zubereitung aus Frauenmantelkraut sogar als Warzenmittel patentiert, und an der Entstehung von Warzen sind wiederum Viren beteiligt (Papilloma-Viren). Die Alchemilla sollte daher zur Vorbeugung, Behandlung und Nachsorge innerlich und lokal rege gebraucht werden.

Vom heilsamen Grün des Lebens

Der Frauenmantel bildet weitere antivirale und somit krebsfeindliche Stoffe; z. B. gelten seine Carotinoide als Antioxidantien (Radikalfänger), und auch Flavonoide wie das Quercetin wirken nachgewiesenermaßen herpesfeindlich. Nicht zuletzt vermutet man lange schon, dass sogar Blattgrün (Chlorophyll) der Krebsentstehung entgegenwirkt – Grün ist eben die Farbe der Regeneration.

Außer der Alchemilla gibt es natürlich noch zahlreiche weitere Pflanzen mit ähnlichen Kräften. Die große Familie der Lippenblütler, zu der bekannte Heil- und Gewürzkräuter wie Majoran, Melisse und Taubnessel gehören, bildet ebenfalls Gerbstoffe (Labiatengerbstoffe), mit denen sich Viren bekämpfen lassen. Insbesondere Melissenextrakte bewährten sich in der Lokaltherapie von Herpes-Lippenbläschen

(z. B. in Form von Lomaherpan-Creme von Lomapharm) und sollten daher auch bei Herpes genitalis versucht werden.

Vor »schlechten« Pap-Tests muss frau sich also keineswegs fürchten, denn das Pflanzenreich bietet so viele Möglichkeiten, verdächtigen Zellveränderungen vorzubeugen oder entgegenzuwirken.

Am sinnvollsten ist es, antivirale und regenerierende Heilpflanzen miteinander zu kombinieren und die Extrakte beispielsweise in Vaginalzäpfchen einzuarbeiten (siehe Rezept, Seite 197), damit die Inhaltsstoffe eben dort ihre Wirkung entfalten, wo sie benötigt werden.

Die Pflanzenheilstoffe lassen sich jedoch auch mit Frauenduschen, in Joghurt, Portioschwämmchen, Salben oder Tamponaden an den Ort des Geschehens bringen. Zellveränderungen am Muttermund sind einer pflanzlichen Behandlung gut zugänglich, und die Gebärmutter dankt diese Vorgehensweise, indem sie sich meist rasch wieder regeneriert.

Da erstaunt nur immer wieder, dass die Gynäkologie die Lokalbehandlung mit Heilpflanzenzubereitungen fast ganz vergessen hat. Das liegt aber nicht daran, dass die Kräuterheilkunde veraltet wäre, denn laufend erreichen uns neue Erfolgsmeldungen aus der Pflanzenforschung. Das Wissen über die Kräfte der Heilpflanzen gehört nur leider nicht mehr zum medizinischen Grundrepertoire. So höre ich des öfteren von Frauen, die bei ihren Unterleibsproblemen gerne alternative Heilwege beschritten hätten, dass die behandelnden Ärzte ihnen kurzerhand sagten, es gäbe keine Alternativen – was natürlich so nicht stimmt. Pflanzen, egal, ob essbar, heilsam oder anderweitig nützlich, begleiten die Menschheit seit Anbeginn, sie haben sich über Jahrtausende hinweg bewährt. Und heute geht es nur darum, das Urvertrauen in die Heilkräfte der Pflanzen wieder zu finden und bewährte Pflanzen wie die Alchemilla wieder in die moderne Gynäkologie zu integrieren.

Der Tipp: angstfrei in die Arztpraxis

Angst vor einer möglichen Krebsdiagnose hält viele Frauen von den notwendigen gynäkologischen Kontrolluntersuchungen fern – und Angst ist bekanntlich der schlechteste Ratgeber! Frauen, die Panikattacken haben, wenn sie zum Arzt gehen sollen, können psy-stabil N. spag., Tropfen von Pekana helfen. Die spagirische Heilmittelfirma Pekana hat mit psy-stabil eine wunderbare Naturarznei gegen Angstzustände geschaffen. Allein der Beipackzettel macht Mut: »Die Inhaltsstoffe der Spezialität sind so abgestimmt, dass eine heitere Gelassenheit bei klarem Gedankenfluss auftritt, welche ermöglicht, den Tagesanforderungen uneingeschränkt gewachsen zu sein« (Beyersdorff). Egal, ob Angst vor dem Arzt oder Zahnarzt, Schock nach Diagnose, Nervenüberlastung während Scheidungen oder Versagensangst – in der richtigen Dosis spenden psy-stabil-Tropfen Gelassenheit.

In Ausnahmesituationen kann das Mittel vorübergehend hoch dosiert eingenommen werden: Erfahrungsgemäß ersetzen 1 bis 3 Teelöffel psy-stabil bei akuten Angstzuständen sogar eine Valium.

Regenerierende Vaginalzäpfchen

Dieses Rezept wurde für verdächtige Abstriche (Pap III) erdacht. Die Zäpfchen sollen Viren bekämpfen und die Schleimhaut am Muttermund regenerieren. Im Mittelpunkt der Rezeptur steht wieder die Alchemilla, die durch antivirale und entzündungswidrige Heilmittel wie kolloidales Silber, Sanikel, ätherisches Rosen- und Geranienöl ergänzt wird. Regenerierende Wirkung geht von Retinolpalmitat, Ringelblume und Taubnessel aus.

Alchemilla Urtinktur (Frauenmantel)
Argentum colloidale Dil. D5 (kolloidales Silber)
Calendula Urtinktur (Ringelblume)
Lamium album Urtinktur (Taubnessel)
Sanicula europaea Urtinktur (Sanikel) aa ad. 3,0
Retinolpalmitat gtt. II
Oleum aeth. Rosae verum (äther. Rosenöl) gtt. VI
Oleum aeth. Geranii (äther. Geranienöl) gtt. III
Adeps solidus (Hartfett = Zäpfchenmasse) ad. 30,0
M.f.vag.-supp. à 1 g Nr. XXX

Je 10 ml der Urtinkturen mit 10 ml der Dilution über die Apotheke von Spagyra mischen lassen. Zur Herstellung von Vaginalzäpfchen à 1 g werden 27 g Zäpfchenmasse im Wasserbad aufgelöst. Dann 3 ml der Spagyra-Mischung einarbeiten und das Retinolpalmitat sowie die ätherischen Öle kräftig unterrühren. Die gerade noch flüssige Masse in Zäpfchenhüllen gießen oder mit sauberen Händen Kugeln daraus formen.
2 Wochen lang täglich über Nacht ein Zäpfchen einführen, danach mit 2 bis 3 Zäpfchen pro Woche fortfahren. Kurdauer: 4 bis 8 Wochen.
Den Rest der Mischung kann man zur Vaginalspülung gebrauchen.

Wichtig: Zäpfchen und Spülung sind nicht für Schwangere geeignet.

Wissenswertes über den Pap-Test

Der griechische Arzt Papanicolaou (1883–1962) entwickelte eine Färbemethode für Zellabstriche, kurz »Pap-Test« genannt, die darauf basiert, dass sich entzündete oder entartete Zellen anders als gesunde Zellen einfärben. Bis heute dient der Pap-Test der Früherkennung von Karzinomen. Hierzu entnehmen Gynäkologen mit einem Watteträger Zellproben vom Muttermund und vom Gebärmutterhals. Die Proben werden auf ein Glasplättchen ausgestrichen und fixiert. Viele leiten die Abstriche nun an Labore weiter (MTA/ZTA). Dort werden die Proben eingefärbt und untersucht. Im Mikroskop erkennt man am Aussehen der Zellen und am Färbeverhalten ihrer Kerne den Zustand der genitalen Schleimhäute: Manchmal finden sich Pilzfäden im Ausstrich, oder die Zellen sind entzündlich vergrößert, Viren hinterlassen sichtbare Zellkernveränderungen, und die Kerne von Krebszellen zeigen noch stärkere Struktur- und Farbveränderungen. Nach eingehender mikroskopischer Beurteilung sendet das Labor den mit entsprechenden Anmerkungen versehenen Befund zurück. Ein schlechtes Pap-Testergebnis ist aber noch lange keine Krebsdiagnose. Der Pap-Test dient vielmehr der Früherkennung und sollte regelmäßig durchgeführt werden, damit es eben nicht zur Krebsentstehung kommt.

Wie kommt es überhaupt zu Krebs?

Der Muttermund ist eine natürliche Grenze zwischen Scheide und Gebärmutter, an der sich zwei Zellgruppen treffen: Scheidenhaut und Gebärmutterschleimhaut. Dort grenzt auch die saure und keimbesiedelte Scheide an die alkalische und keimfreie Gebärmutter. An der Übergangszone kommt es zu Auseinandersetzungen, die Zellveränderungen zur Folge haben können. Die Schleimhautabwehr sinkt beispielsweise durch Stress, Antibiotika, Östrogenmangel, chemische oder mechanische Reize (z. B. Tampons). Mangelnde Hygiene des Mannes oder Virusinfektionen (Herpes- oder Papilloma-Viren), meist durch ungeschützten Verkehr mit wechselnden Partnern übertragen, können ebenfalls zu Zellveränderungen führen. Die innere Einstellung kann auch eine Krebsentstehung begünstigen. Der Psychologe Wilhelm Reich erkannte, dass Enthaltsamkeit oder unerfüllte Sexualität Zellentartungen fördern. Ein Lehrspruch der Zytologen lautet: Muttermundkrebs ist der Krebs der sexuell freizügigen – Gebärmutterhalskrebs ist der Krebs der Nonnen.

Die Schleimhaut ist jedoch sehr regenerationsfreudig, und weil die Zellveränderungen meist lange oberflächlich bleiben, lassen sie sich im Allgemeinen gut durch lokale Maßnahmen behandeln (siehe Seite 201).

Papanicolaou teilte die Zellbefunde 1943 in fünf Gruppen ein, die inzwischen noch klarer differenziert werden:

- *Gruppe I:* Bei Pap I liegt ein einwandfreies Zellbild vor. Dieses Ergebnis ist aber relativ selten und kommt fast nur bei jungen Frauen vor, die noch keinen Geschlechtsverkehr hatten und z.B. auch keine Tampons benutzen.
- *Gruppe II:* Hier ordnet man alle Abstriche zu, die zwar unverdächtig sind, aber eine leichte, meist entzündliche Zellveränderung zeigen. Pap II ist ein häufiges Ergebnis und wird oft nur mit »Alles in Ordnung« kommentiert. Manchmal wird auch empfohlen, die Entzündung zu behandeln. Pap IIw (w = Wiederholung) bedeutet mitunter, dass der Abstrich vielleicht unklar war, sodass er noch einmal wiederholt werden muss, um eine genaue Zuordnung treffen zu können.
- *Gruppe III:* Die Zuordnung zu Pap III bedeutet, dass der Abstrich ein verdächtiges Zellbild ergab. Entweder sind die Zellveränderungen entzündlicher Natur, oder es besteht Verdacht auf eine Krebsvorstufe. Solche Zellveränderungen bilden sich zuweilen spontan zurück. Wenn sie durch Viren verursacht wurden, sprechen sie vielleicht auf eine antivirale Behandlung an. Bei Pap IIId finden sich ebenfalls leichte bis mäßige Zellkernveränderungen, die

oft auf Virusinfektionen zurückgehen. Ab Pap III sollte gezielt auf Herpes- und Papilloma-Viren untersucht werden. Außerdem sind eine naturheilkundliche Schleimhautsanierung sowie antivirale Lokalmaßnahmen und regelmäßige Kontrolluntersuchungen angebracht.

- *Gruppe IV:* Bei Pap IV finden sich Zellkernveränderungen (z. B. stärker eingefärbte Zellkerne), die als krebsverdächtig eingestuft werden. Weil es sich um eine fortgeschrittene Krebsvorstufe handelt, wird ab Pap IV zur Konisation geraten; d. h., zur endgültigen Abklärung wird eine Gewebeprobe entnommen. Nicht selten lässt sich aber auch dieser Befund innerhalb weniger Wochen durch eine gezielte naturheilkundliche Behandlung günstig beeinflussen und sollte dann wiederum regelmäßig kontrolliert werden.
- *Gruppe V:* Bei Pap V wurden Zellveränderungen gefunden, die für ein Karzinom sprechen. Eine Konisation gibt nun Aufschluss darüber, wie tief das Geschehen vorgedrungen ist. Viele Karzinome bleiben jedoch an der Oberfläche und lassen sich leicht durch eine Ausschabung entfernen. Nach operativen Eingriffen (Abrasio, Kürettage) empfiehlt sich eine antivirale Lokalbehandlung (z. B. Alchemilla-Fluidextrakt mit Joghurt eingeführt), eine Immunmodulation (z. B. Wobenzym N Dragees von Mucos und Misteltherapie und eine Lymphentgiftung (z. B. mit Itires spagirischen Tropfen von Pekana), um Rückfälle zu vermeiden.

Vitamine statt Konisation

Vor einigen Jahren machte der Starnberger Professor Dittmar eine – auch für die Frauenheilkunde – wichtige Entdeckung: Bei einer klinischen Studie an Patienten mit Kehlkopfkrebs zeigte sich das tägliche Bepinseln der Karzinome mit A-Mulsin forte (Mucos) als heilsam. Keiner der Patienten – die alle kurz vor der Operation standen – musste operiert werden! Weil diese Vitamin-A-Zubereitung die Schleimhaut rasch regenerierte, begann man A-Mulsin auch bei Zellveränderungen am Muttermund in Portioschwämmchen vor die Gebärmutter zu geben. Ergebnis: in vielen Fällen konnten die Frauen damit vor operativen Eingriffen (Konisation) bewahrt werden.

Weil Vitamin A (Retinol) zu Hypervitaminosen führen kann, wenn man es überdosiert, wurde A-Mulsin von Mucos vor einigen Jahren unter Rezeptpflicht gestellt und schließlich ganz vom Markt genommen. Doch dieses Vitaminpräparat lässt sich heute durch flüssiges Retinolpalmitat ersetzen, welches zur Regeneration der Schleimhaut tropfenweise in Zäpfchen eingearbeitet werden kann (siehe Rezept Seite 197). Außerdem gibt es Vitamin A für kosmetische Zwecke (z. B. Vitamin-A-Fluid – Emulsion aus Vitamin-A-Acetat; Bezugsquelle: Kräutergarten) und dieses lässt sich mit Bio-Joghurt vermengt einführen. Wichtig ist es jedoch, in der Schwangerschaft auf Vitamin A zu verzichten, da es die Leibesfrucht schädigt! Außerdem sollte man eine Überdosierung vermeiden (führt u. a. zu Schleimhautblutungen) und nach der Vitamin-Kur besonders sorgfältige Abstriche durchführen lassen, da die Regeneration an der Oberfläche schneller als in tiefen Gewebeschichten stattfindet.

Eine Alternative zu Vitamin A ist auch Vitamin C (Ascorbinsäure), das als Antioxidans lange schon in der alternativen Krebstherapie gebraucht wird (z. B. Infusionsbehandlung). Vitamin C regeneriert ebenfalls virusbedingte Zellschäden. Inzwischen empfehlen einige Frauenärzte z. B. bei durch Papillomaviren verursachten Zellveränderungen am Muttermund eine Lokaltherapie mit Vagi-C Vaginaltabletten (Taurus Pharma).

Was frau sonst noch tun kann

- Bei allen verdächtigen Abstrichen sollte nach Herpes- und Papilloma-Viren gefahndet werden, speziell nach den kanzerogen Typen 16 und 18.
- Frauen mit verdächtigem Abstrich (Pap III bis IV) sollten während der Regel lose Baumwollwatte statt Tampons benutzen (siehe Seite 168).
- Sinnvoll ist die Genitalhygiene vor dem Geschlechtsverkehr, da die Bakterien unter der Vorhaut des Mannes (Smegma) chronische Entzündungen begünstigen und vermutlich krebserregend sind.
- Allein wer Stress reduziert, verbessert die Chance auf Heilung, weil Ruhephasen und Regeneration in der Natur das Immunsystem kräftigen.

Behandlungskonzept bei genitalen Virusinfektionen

Bei verdächtigen Abstrichen (Pap III bis IV) sollte man auf keinen Fall allein an sich rumdoktern! Es sollte stets ein Virusnachweis erbracht werden. Sofern Herpes- oder Papilloma-Viren gefunden wurden, ist eine gezielte Begleitung durch erfahrene Gynäkologen angezeigt. Viren verbleiben nämlich in den Zellen und führen langfristig zur Zellentartung, die schließlich operative Eingriffe erfordern können.

Eine tief greifende Behandlung könnte auf drei Pfeilern aufbauen:

1. *Enzymtherapie:* Bei Virusleiden aller Art (z. B. bei Papillomaviren oder bei Epstein-Barr-Virus) empfiehlt sich eine Behandlung mit Enzymen. Enzyme verflüssigen das Blut, verbessern den Stoffwechsel, entlasten das Immunsystem und helfen Entzündungen sowie Krebszellen abzubauen. In Frage kommen z. B. Kuren mit Wobenzym N Dragees von Mucos oder mit Wobemugos Tabletten von Mucos (Import aus den Niederlanden).

Diese Therapie ist jedoch teuer (ab 200 Euro pro Monat), und eine Verordnung durch Kassenärzte ist kaum möglich. Oft genügt aber schon eine 2- bis 3-monatige Kur, um Besserung zu erreichen.

2. *Schleimhautsanierung:* Begleitend zur Enzym-Kur bietet sich eine Reinigung der Genitalschleimhäute mit einer Teemischung an, die sich zusammensetzt aus Benediktenkraut 20 g, Frauenmantelkraut 50 g, Gänseblümchenblüten 20 g, Gundelrebe 60 g, Löffelkraut 20 g, Ringelblumenblüten 20 g, Sanikel 20 g, Schafgarbenblüten 40 g, Stiefmütterchenkraut 50 g und Taubnesselblüten 20 g. Pro Tasse (ca. 200 ml) zwei Teelöffel der Kräuter heiß überbrühen, 8 bis 10 Minuten ziehen lassen, abseihen und ungesüßt trinken, etwa einen Liter täglich.

3. *Lokaltherapie:* Die rascheste Zellregeneration ist zu erwarten, wenn man Heilkräuteranwendungen mit Vitamin-Präparaten kombiniert, indem man zum Beispiel Vagi-C Vaginaltabletten von Taurus-Pharma im Wechsel mit den regenerierenden Vaginalzäpfchen (siehe Seite 197) anwendet. Eine ideale Kombination ergeben auch tägliche Vaginalspülungen mit einem Tee aus Frauenmantelkraut, Ringelblumenblüten, Sanikel, Taubnesselkraut und Walnussblättern und das anschließende Einführen von Vagi C Vaginaltabletten.

Wichtig: Bei genitalen Virusinfektionen sollte eine Selbstbehandlung immer in Absprache mit einem Gynäkologen erfolgen, damit der Heilerfolg regelmäßig durch Abstriche kontrolliert wird. Das aufgeführte Behandlungskonzept sollte mindestens 2 bis 3 Monate lang durchgeführt werden. Wenn die Abstriche auch nach Absetzen der Pflanzenarzneien unbedenklich bleiben, kann man trotzdem noch 1- bis 2-mal jährlich eine etwa 4-wöchige vorbeugende Schleimhautkur durchführen; z. B. mit der Teemischung und mit den regenerierenden Vaginalzäpfchen.

Frauenkräuter für die Mondblutung

»Alchemilla steht für die Bejahung
der weiblichen Rhythmen und des Frauseins.«

Roger Kalbermatten

Wie der Mond, so kehrt auch die Menstruationsblutung bei den meisten Frauen etwa alle vier Wochen wieder. Einst richtete sich die Blutung nicht nur nach dem Mondrhythmus, sondern fand sogar im Einklang mit den Mondphasen statt. Der Mond bewegt bekanntlich die Weltenmeere, er bewirkt Ebbe und Flut. Uns gibt er gleichermaßen seinen Rhythmus vor. Vermutlich feierten die Frauen in der Antike ihre Fruchtbarkeitsfeste zu Ehren der Aphrodite aus diesem Grund noch bei Vollmond. Heute nimmt man an, dass der Vollmond damals der Zeitpunkt des Eisprungs war, wohingegen die Frauen zu Neumond bluteten.

Den Einfluss des Mondes spüren viele Frauen immer noch deutlich – trotz Digitaluhren, Kunstlicht oder Schichtarbeit, die dem kosmischen Rhythmus entgegenwirken. Dies erinnert mich an eine Frau-

enkräutergruppe, mit der ich die Nächte rund um den Vollmond in der Natur verbrachte. Der Mond war in jenem Jahr so intensiv, dass fast alle Frauen spontan menstruierten. Unsere Vollmondwanderungen hatten bei einigen die Regel völlig durcheinander gebracht – oder korrekter ausgedrückt: In Wirklichkeit hatte der Kontakt mit dem Mondlicht den Zyklus neu geordnet, was für naturverbundene Frauen nichts Ungewöhnliches ist. Starke Monde, z. B. ein Vollmond im Skorpion, beeinflussen gerne den Zyklus. Daher wirkt der regelmäßige Kontakt mit der Urkraft des Mondes manchmal besser als ein Tablett voller Pillen. Oft genügen schon regelmäßige Spaziergänge im Mondlicht, um uns wieder im Mondrhythmus schwingen zu lassen.

Davon abgesehen sind wir eben keine Maschinen, die immer punktgenau funktionieren müssen! Dennoch beunruhigt es manche Frauen zutiefst, wenn sich die Blutung einmal verzögert, zu früh kommt, zu kurz ist oder sich zu lange hinzieht. Dabei sind Zyklusschwankungen oder Blutungsstörungen oft genug nur funktioneller Natur, d. h. ohne erkennbare organische Ursache. Doch gerade bei Blutungen hält die Angst vor möglichen Diagnosen wie Myom, Zysten oder gar Krebs – von Medien und unsensiblen Ärzten erfolgreich geschürt – unzählige Frauen von den notwendigen gynäkologischen Untersuchungen fern. So werden Arzttermine auf den Sankt-Nimmerleins-Tag verschoben, obwohl erst eine genaue Abklärung der Ursachen eine gezielte Behandlung ermöglicht (siehe »Der Tipp: angstfrei in die Arztpraxis«, Seite 196).

Alchemilla reguliert die Mondblutung

Unsere kleine Alchimistin erweist sich auch auf diesem Gebiet als ein »Stein der Weisen«, der Krankheit in Gesundheit zu wandeln vermag. »Von der Berg-Sinnaw getruncken, stellet allerley bluten«, liest man schon bei dem spätmittelalterlichen Kräuterkundigen Matthiolus. Es heißt, die germanischen Frauen hätten das Kraut einst bei abnehmendem Mond zu Heilzwecken gebraucht. Der abnehmende Mond war, wie gesagt, die Zeit der Reinigung, und viele Frauen bluten heute noch gegen Neumond. Obwohl schriftliche Überlieferungen aus dieser Zeit fehlen, lässt sich daraus schließen, dass der Frauenmantel bereits vor mehr als tausend Jahren von Kräuterweibern zum Blutstillen gebraucht wurde.

Inzwischen haben klinische Untersuchungen über die Wirksamkeit der Alchemilla gezeigt, dass sie die Kraft hat, Blutungen zu regulieren (siehe Seite 92). Die meisten Studien stammen aus Rumänien, wo der Frauenmantel bereits viel in der gynäkologischen Therapie verwendet wird. Rumänische Wissenschaftler fanden heraus, dass die hoch dosierte Einnahme eines Alchemilla-vulgaris-Fluidextrakts (3- bis 4-mal täglich 40 Tropfen) nicht nur Blutungen aller Art positiv beeinflusst, sondern sogar die Blutgerinnungszeit (als objektiven Parameter) deutlich verkürzt. Daher empfehlen sie den Extrakt sowohl bei funktionellen Blutungen als auch zur Vorbeugung von Blutverlusten vor Operationen.

Aschenanalysen zeigten, dass der Frauenmantel viele Mineralstoffe liefert (siehe Seite 90): Die Asche enthält z. B. Kalzium, das die Blutgerinnung günstig beeinflusst. Auch Kalium sowie der hohe Gehalt an Kieselsäure tragen zur Regulierung der Blutungsstärke bei. In der Asche finden sich zudem noch Eisen und krampflösendes Magnesium.

Zu starke oder zu lange Blutungen sind also ein Hauptanwendungsgebiet des Frauenmantels. Der Frauenmantel hemmt aber die Blutung nicht wirklich, was auch nicht immer erwünscht ist. Die Menstruation ist eine wichtige Selbstreinigung der Gebärmutter, um die uns die Männer beneiden können. Man könnte sie auch als eine Art Ventil bezeichnen. In manchen Fällen kann eine starke Regel sogar ein Versuch des Körpers sein, sich selbst zu heilen. So habe ich von betroffenen Frauen wie auch von Gynäkologen schon gehört, dass Zysten (funktionelle Zysten) nach einer einmalig starken Blutung einfach wieder verschwunden seien.

Es wäre in jedem Fall falsch, eine Blutung nur aus kosmetischen Gründen zu unterdrücken. Dies tut die Alchemilla auch nicht, sie reguliert vielmehr die Blutgerinnung und trägt auf hormonellem Weg zur Heilung so mancher Grunderkrankung bei, die mit Blutungen einhergeht.

Alchemilla heilt die Grunderkrankung

Eine Frau berichtete mir einmal, dass sie ihr 4 Zentimeter großes Myom allein mit selbst gemachten Frauenmanteltropfen heilen konnte. Sie griff einfach jedes Mal, wenn sie daran dachte, zu den Kräutertropfen und nahm also fast täglich 1 Teelöffel voll davon ein. In ihrem Fall dauerte es nur wenige Monate, bis das Myom verschwunden war, und mit dem Myom natürlich auch die Blutungsstörungen.

Eine Patientin erzählte mir von einer ähnlichen Wunderheilung: Bei ihrer Mutter hatte man vor vielen Jahren ein großes Myom festgestellt und ihr deswegen zur Operation geraten. Doch sie weigerte sich, führte von da an täglich Zinnkraut-Sitzbäder durch, und das Myom verschwand.

Die Erfahrungsberichte sollen natürlich keine falschen Hoffnungen wecken: Die Entstehung eines Myoms kann viele Ursachen haben, die sich nicht immer allein durch die Alchemilla beseitigen lassen. Besonders bei sehr großen oder schnell wachsenden Myomen können beispielsweise Umweltöstrogene mit verantwortlich sein; dies herauszufinden ist die Aufgabe von Umweltmedizinern. Solange nämlich die Östrogenquelle nicht beseitigt wird, wächst das Myom weiter. Außerdem gehen Myome oft mit Schilddrüsenleiden einher und las-

Myom-Teemischung

In der Volksmedizin schätzt man die Heilkraft der Sitzbäder seit langem und gebraucht für diese gern Frauenmantelkraut und Zinnkraut im Wechsel. Das Münchener Kräuterparadies Lindig bietet zur innerlichen Begleitung der Sitzbäder z.B. einen Myomtee an (Originalrezept vom Kräuterparadies Lindig):

Je 1 Teil Frauenmantel, Silbermantel, Schafgarbe, Edelgamander, Liebstöckelkraut und Basilikum sowie einen halben Teil Liebstöckelwurzel und bei starken Blutungen zusätzlich 1 Teil Hirtentäschel (siehe Bezugsquellen, Seite 331).

sen sich folglich auch nur dann heilen, wenn die Schilddrüse eingestellt wird. Dennoch sollten alle Frauen einen Versuch mit der Alchemilla wagen, die kleine, langsam wachsende oder beschwerdefreie Myome haben.

Die Einnahme von Alchemillaextrakten führt meist zu einer klareren Regel, die sich nicht mehr mit Schmierblutungen über viele Tage hinzieht. Und wenn sich der Frauenmantel als zu mild erweisen soll-

Schafgarbe ist Bestandteil blutflusshemmender Frauenteemischungen. (© Margret Madejsky)

Neben der Alchemilla gilt Hirtentäschelkraut als wichtigste Blutstillerin der Volksmedizin. (© Margret Madejsky)

te, dann ergänzen wir ihn einfach durch andere bluthemmende Kräuter wie z. B. Hirtentäschel und Schafgarbe (siehe Seite 220).

Doch keine Angst, auch schwach blutenden Frauen tut die Alchemilla gut. Sie verkörpert schließlich das ausgleichende Prinzip und reguliert die zu starke und zu häufige Blutung wie auch die zu schwache und zu seltene Blutung. Noch nie habe ich von Frauen gehört, dass ihre Blutung durch dieses sanftmütige Rosengewächs versiegt wäre, was beispielsweise durch Mönchspfefferextrakte durchaus schon der Fall war.

Monatsbeschwerden müssen nicht sein

Bei einem weiteren, recht häufigen Frauenproblem kann unsere Alchemilla ebenfalls Linderung oder Heilung bewirken: nämlich bei der Neigung zu Regelkrämpfen. Betroffene Frauen bangen wegen der krampfartigen Beschwerden von Monat zu Monat ihrer Menstruation entgegen. Bei vielen fangen die Beschwerden schon mit der ersten Blutung an (Menarche). In solchen Fällen hört man vielleicht, dass bereits die Mutter unter Monatsbeschwerden litt oder ein hormonelles Leiden hatte. Leider wird nicht nur die Neigung zu Menstruationsstörungen von der Mutter zur Tochter weitergegeben, sondern auch die Einstellung zum Frausein. Eine Frau, die ihr Leben lang Unterleibsbeschwerden hatte, hat mir einmal geschildert, wie ihre Mutter ihre erste Menstruation nur lieblos kommentierte: »Jetzt hast du das also auch schon!« Ist es denn ein Wunder, wenn ein Mädchen von da an beschließt, dass die Blutung nur eine Krankheit sein kann?

In allen alten Kulturen wurde das erste Mondblut mit Freude begrüßt und als Fest gefeiert, stellt es doch den Eintritt in die fruchtbare Lebensphase der Frau dar. Der heilsame Einfluss der einstigen Einweihungsrituale ist uns heute leider verloren gegangen. Eben weil die moderne Medizin entzaubert ist, kennt sie bei Monatsbeschwerden auch nur noch Hormone oder Schmerzmittel. Diese heilen aber nicht, sondern unterdrücken allenfalls die Symptome des meist tiefer sitzenden Leidens.

In dem auf über 3000 Jahre geschätzten Papyrus Ebers findet man hierzu die weisen Worte: »Wirksam ist der Zauber zusammen mit dem Heilmittel, wirksam ist das Heilmittel zusammen mit dem Zauber.« Nicht dass die Alchemilla einen Zauber nötig hätte, sie wird nämlich selbst von wissenschaftsorientierten Phytotherapeuten oft als erstes Mittel gegen Krampfneigung genannt, und manche der für die krampflösende Wirkung verantwortlichen Inhaltsstoffe sind identifiziert (Leukocyanidine, Flavonoide und Quercetin). Auch berichten Frauen, dass die prophylaktische Einnahme von Alchemilla-Urtinktur ihnen Schmerzmittel ersparen konnte. Aber ein Zauber oder ein Ritual kann die Wirkung beschleunigen, verstärken und vertiefen. Schon das Sammeln des blühenden Krauts kann ein Heilritual sein, durch das wir uns mit dem wohlwollenden Pflanzengeist der Alchemilla verbünden – heil sein heißt ja auch ganz sein oder eins sein mit der Natur. Auch die tägliche Zubereitung einer Tasse Frauenmanteltee kann man als Ritual auffassen – oder neutraler formuliert: Es kann ein symbolischer Akt sein, mit dem wir uns zum Frausein bekennen und aktiv zum Heilsein beitragen.

Inzwischen bin ich in der Praxis dazu übergegangen, die Alchemilla und andere Frauenkräuter fast nur noch mit einer positiven Affirmation zu verknüpfen. Wenn die Frauen ihre Heilpflanze einnehmen, dann denken oder sprechen sie einfach ein großes JA dazu aus, das bedeuten soll: Ja, ich will Frau sein. Ja, ich will heil sein. Die Heilerfolge, die man auf diese Weise erzielt, sind beachtlich und übertreffen die alleinige Gabe irgendwelcher Pillen um ein Vielfaches.

Venuskraft für die Gebärmutter

Neben dem Frauenmantel gibt es viele weitere Möglichkeiten, Monatsbeschwerden vorzubeugen. Alle krampflösenden Heilpflanzen und homöopathischen Arzneien haben eins gemein: Sie sind astrologisch der Venus unterstellt. Beispielsweise hieß der Frauenmantel bei den Römern noch »Venusmantel«.

Dabei stellt man sich die Liebesgöttin Venus am besten als gelassene, genussfreudige und lebensfrohe Göttin vor. Pflanzen, die Venuskräfte übertragen, machen dementsprechend gelassen, sie entspannen und harmonisieren. Zu den venusischen Heilpflanzen zählen auch andere Rosengewächse, z.B. das Gänsefingerkraut, das »Krampfkraut« des Pfarrers Kneipp, das sich besonders bei den Krämpfen der jungen Frauen und der Kinder bewährt hat und in Teemischungen die Alchemilla ergänzt (siehe Seite 221). Interessant ist, dass Gänsefingerkraut in der Wurzel Bodenkupfer speichert – und Kupfer haben wir bereits bei Blasenleiden als Metall der Venus kennengelernt (siehe

Gänsefingerkraut wurde schon vor vielen Jahrhunderten als krampflösende Heilpflanze gebraucht. Die Germanen bereiteten das Kraut hierfür noch in Milch zu. (© Margret Madejsky)

Seite 178). Die Anthroposophen nennen es das »Krampfmetall« und gebrauchen das Kupfer auf vielfältige Weise: Cuprum aceticum D4 wirkt krampflindernd und löst Bronchialspasmen bei Asthma, mit Kupfer gedüngte Melisse erwärmt bei Krämpfen den Unterleib (Melissa Cupro culta von Weleda), Kupfersulfat (Chalkosin D4–D6) reguliert die Schilddrüse und unterstützt die Darmreinigung bei Neigung zu Bauchkrämpfen …

Kupfer ist ein großes Heilmittel, besonders aber ein bedeutendes Frauenheilmittel, und es bildet bei Frauenleiden eine ideale Ergänzung zum »Venusmantel«. In homöopathischen Dosen (Cuprum metallicum D6–D12) hilft es vor allem den Frauen, die ihre Regel nachts, unter starken Krämpfen bekommen und manchmal Darmbeschwerden und Stuhldrang haben; zusätzlich hilft vielleicht auch leichte Kost am Tag vor der Regel.

Zwei weitere Frauenmittel der Homöopathie speichern ebenfalls Kupfer und spenden vor allem in Tiefpotenzen (D4–D8) venusische Gelassenheit: Ignatia (Ignatiusbohne) und Nux vomica (Brechnuss).

Beide zählen zu den Pfeilgiftgewächsen, die von den Urwaldindianern zu Curare verarbeitet wurden. Wird ein Tier von einem mit diesem Gift präparierten Pfeil getroffen, dann brauchen die Jäger nur noch in die Hände zu klatschen, denn Curare erhöht die Reflexerregbarkeit so stark, dass jedes Geräusch zu Krämpfen führt. In homöopathischer Form lindern beide Pfeilgiftgewächse die Krampfneigung. Dabei kommt Ignatia mehr für Frauen infrage, deren Menstruationsbeschwerden sich nach Ärger oder Streit verschlimmern, denn Ignatia ist ein homöopathisches Hauptmittel bei »bösen Folgen von Sorgen oder Kummer«. Ignatia-Frauen seufzen viel und verkrampfen sich auch seelisch gern. Dagegen hilft Nux vomica oft noch bei heftigen Krämpfen von Frauen, die Tag für Tag ihren Mann stehen müssen. Man könnte auch sagen, solche Frauen leiden unter dem »Managerinnen-Syndrom«. Der männerregierte Berufsalltag zwingt uns leider oft, reibungslos zu funktionieren. Um den Anforderungen gerecht zu werden, neigen Nux-vomica-Frauen dazu, sich mit viel Kaffee aufzuputschen, brauchen dann wiederum Aspirin oder alkalische Magenpülverchen als Gegenmittel, und während der Regel meldet sich das Frausein mit viel Krämpfen und Leid zurück.

Beide Mittel wirken in tiefen Potenzen (D4–D6) und häufigen Gaben spürbar krampflösend und bilden daher eine ideale Ergänzung zur entspannenden Wirkung des Frauenmantels (z. B. Tee oder Urtinktur).

Das einhüllende Wesen der Alchemilla ist zwar zusammen mit anderen Venusarzneien ein erster heilsamer Schritt hin zum weiblichen Wohlbefinden. Trotzdem sollten wir uns während der Regel etwas mehr Ruhe gönnen und nicht darauf warten, bis Schmerzen uns lahm legen. Besser ist es, uns über die Mondblutung als reinigende Phase zu freuen und diese mit der Einnahme von Frauenteemischungen vorzubereiten.

Frauenteemischung von Kräuterpfarrer Weidinger

»Unpässlichen Frauen rate ich zu folgender Teemischung, da sie wahres Wohlbehagen verleiht: Frauenmantel 3 Teile, Schafgarbe 2 Teile, Faulbaumrinde 1 Teil, Brennnessel 3 Teile, Kamille 2 Teile, Pfefferminze 3 Teile.«

Anmerkung: Diese Teemischung macht Sinn, da sich Krämpfe meist bessern, sobald das Blut richtig fließt. Die im Beginn stockende Regel wird von der Faulbaumrinde angestoßen, die mild abführend wirkt und daher Reizzustände im Bauchraum lindert. Als krampflösende Elemente treten Kamille, Frauenmantel und Schafgarbe hinzu, wobei die letzteren beiden auch die Gelbkörperhormone regulieren. Daneben gleicht die eisenhaltige und Blut bildende Brennnessel die Blutverluste aus. Die Pfefferminze verbessert den Geschmack der Teemischung und wirkt ebenfalls krampflösend auf den Bauch.

Die Sprache des Mondblutes

- *Ausbleibende Blutung:* Wenn die Regel ausbleibt, sollte zuerst eine Schwangerschaft ausgeschlossen werden! Ansonsten ist nach hormonellen Ursachen zu fahnden (z. B. Hyperprolaktinämie, Hypophysen- oder Schilddrüsenfehlfunktion). Auch Stress (z. B. Leistungssport, Magersucht) oder Übergewicht lassen eine Blutung versiegen. Wenn die Ursache erkannt ist, wird gezielt behandelt. Oft bringt eine Teekur mit Beifuß (siehe Seite 216) das Blut wieder ins Fließen. Hilfreich sind auch Rosmarinextrakte und Pulsatilla D4.
- *Dauerblutung:* Wenn die Regel nicht mehr aufhören will, dann sollten ebenfalls organische oder hormonelle Ursachen ausgeschlossen werden. Oft ist wieder Stress verantwortlich. Spätestens, wenn sich die Blutung nicht mehr durch blutflusshemmende Kräuter beeinflussen lässt, sollte eine gynäkologische Untersuchung erfolgen.
- *Kontaktblutung:* Schmierblutungen, blutiger oder brauner Ausfluss nach Geschlechtsverkehr deuten auf eine Entzündung (z. B. Chlamydien), auf Polypen oder auf Geschwüre am Muttermund hin. Hier sind eine gründliche Untersuchung (Pap-Test, siehe dazu Seite 198) und eine gezielte Behandlung ratsam.
- *Mittelblutung:* Um den Eisprung herum fühlen manche Frauen ein Ziehen in den Eierstöcken (Mittelschmerz), und einige haben Blutbeimengungen im Ausfluss. Mittelblutung oder -schmerz sind oft Ausdruck einer Hormonschwäche, die sich vielleicht mit Frauenmanteltee und Ovaria comp. von Wala (siehe Seite 259) regulieren lässt.
- *Myomblutung:* Bei Myomen sind starke bis sehr starke, verlängerte und hellrote Blutungen typisch. Oft helfen blutflusshemmende Kräuter (siehe Seite 220). Myome bilden sich, wenn der Östrogenspiegel sinkt, ab dem Wechsel von alleine zurück. Bei großen Myomen, starken Blutungen oder Druckbeschwerden wird eine umfassende Behandlung erforderlich, sofern man eine Operation

verhindern möchte; Naturheilärzte empfehlen: Darmsanierung, Spritzkuren mit Berberis/Uterus comp. Amp. von Wala und Schilddrüsenregulation.

- *Schmierblutung:* Schmierblutungen außerhalb der Regel sollten wiederum gynäkologisch abgeklärt werden (Pap-Test). Wenn es sich nur um ein kosmetisches Problem handelt, wie es bei der zu langsam ausklingenden Regel der Fall ist, hilft der Frauenmantel. Falls die Schmierblutung einige Tage vor der Regel beginnt, ist auch an eine Gelbkörperschwäche zu denken (siehe Seite 239).

Kräuter für die Mondblutung

Angelikawurz (Angelica archangelica)

Hilft bei stressbedingten Regelkrämpfen und bei Monatsbeschwerden, die von Reizzuständen im Bauchraum begleitet sind (z. B. Balsamischer Melissengeist von Weleda). Gynäkologen empfehlen die Engelwurz zur Auflösung von Zysten (z. B. Adomilon Tropfen von Cesra). Leitsymptome für Angelika sind ausbleibender Eisprung, mangelnde Lebenswärme und Verdauungsschwäche. Wegen der photosensibilisierenden Inhaltsstoffe ist Angelika eher für Dunkelhäutige geeignet.

Beifuß (Artemisia vulgaris)

»Artemisia ist das Beste bei der Menstruation« (Paracelsus). Indianerfrauen räuchern während der Regel in Schwitzhütten Beifuß. Das menstruationsfördernde und mild krampflösende Kraut bringt das Blut ins Fließen. Teekuren eignen sich für Frauen mit Neigung zu schwacher oder ausbleibender Regel, z. B. nach Antibabypille und bei Hypophysenschwäche (siehe Seite 237).

Bilsenkraut (Hyoscyamus niger)

Enthält krampflösende und halluzinogene Alkaloide (Hyoscyamin und Scopolamin); war Bestandteil von Hexensalben. Innerlich verschreibungspflichtig bis einschließlich D3. Bei Regelkrämpfen bewährt sich die Baucheinreibung mit Bilsenöl (Oleum Hyoscyami von Caelo; rezeptfrei).

Brechnuss (Nux vomica)
Stark krampflösende Arzneipflanze der Homöopathie. Tiefpotenzen lindern Regelkrämpfe, die mit Darmreizung und Erbrechen einhergehen; z. B. stündlich 10 Tropfen Nux vomica D6.

Brennnessel (Urtica dioica)
Brennnesseltee regt die Blutbildung an, füllt den Eisenspiegel auf und ergänzt die Alchemilla daher bei Neigung zu starken Blutungen. Bei Eisenmangelanämie empfiehlt sich eine Kur mit »Urtica dioica Ferro culta dil. D2« (von Weleda).

Damiana (Turnera aphrodisiaca)
Heilpflanze der Maya; ersetzt bei Regelkrämpfen den krampflösenden Hanf. Bei Krämpfen, die sich bessern, sobald das Blut richtig fließt, kann eine Teemischung aus Beifußkraut und Damianablättern helfen. Damiana dient auch als Frauentonikum zur Anregung von Eisprung, Libido und Menstruation.

Gänsefingerkraut (Potentilla anserina)
»Krampfkraut« des Pfarrer Kneipp; löst Krämpfe der glatten Muskulatur (siehe Seite 211) und wirkt mild blutflusshemmend.

Hirtentäschel (Capsella bursa-pastoris)
Hieß im 13. Jahrhundert in England »armer Leute Apotheke« und diente den Hebammen als Mutterkorn-Ersatz (Secale) zum Stillen von Geburtsblutungen. Das »Blutkraut« hemmt Blutungen aller Art, z. B. bei Myom, Spirale und im Klimakterium; liefert auch Eisen und Kalium. Hirtentäschel ist z. B. in Menodoron Tropfen (von Weleda) und in Styptik (von Soluna) enthalten.

Kamille (Matricaria chamomilla)
»Die Kraft, das Weh' im Leib zu stillen, verlieh der Schöpfer den Kamillen« (Karl Heinrich Waggerl). Im ätherischen Öl kommt krampflösendes Bisabolol vor. Kamille ist Bestandteil vieler krampflösender Arzneien (z. B. Spascupreel Tabletten von Heel), und auch der Blütenaufguss wirkt mild krampflindernd.

Klatschmohn (Papaver rhoeas)
Trägt die Farbe des Blutes. Wegen der mild beruhigenden und krampflösenden Wirkung eignen sich die Blüten als Schmuckdroge für Menstruationstees.

Liebstöckel (Levisticum officinale)
Die Wurzel des »Maggikrauts« entwässert und fördert die Blutung. Schon Hildegard von Bingen empfahl Liebstöckelsaft in der Suppe gegen »die Verhocktheit der Frau« (= schwache Blutung und träge Verdauung). Bei ausbleibender Regel empfehlen anthroposophische Ärzte Spritzkuren mit Levisticum e Rad. D4 Amp. (von Wala).

Mönchspfeffer (Vitex agnus castus)
Agnus castus ist angezeigt bei Zyklusstörungen infolge von Gelbkörperschwäche (z. B. Melissa/Phosphorus comp. Mischung von Weleda) oder bei Hyperprolaktinämie (z. B. Agnolyt von Madaus). Wegen der gestagenartigen Wirkung kann Agnus castus die Regel um einige Tage verzögern (siehe Seite 239).

Melisse (Melissa officinalis)
Mild entkrampfendes und entspannendes »Mutterkraut«, das Frauentees einen lieblichen Geschmack verleiht. Melissengeist lindert leichtere Krämpfe und Kreislaufbeschwerden bei der Regel.
Bei Neigung zu Bauchkrämpfen und zum Erwärmen des Unterleibs bewährt sich auch Melissa cupro culta (von Weleda).

Rosmarin (Rosmarinus officinalis)

Der »Tau des Meeres« erfrischt die Sinne, belebt den Kreislauf, wirkt mild aphrodisierend, fördert Eisprung und Blutung. Tee oder Extrakte fördern die überfällige Menstruation; z. B. 3-mal täglich 20–30 Tropfen Rosmarintinktur zusammen einnehmen mit 3-mal täglich 10 Tropfen Pulsatilla D4.

Schafgarbe (Achillea millefolium)

Das »Tausendblättrige Soldatenkraut« stillt vor allem hellrote Gebärmutterblutungen (z. B. in Form von Menodoron Tropfen von Weleda) und wirkt ähnlich krampflösend wie die Kamille (siehe Rezept, Seite 221).

Stechapfel (Datura stramonium)

War einst Bestandteil von Hexensalben; heute verschreibungspflichtig bis einschließlich D3. Enthält stark krampflösende und halluzinogene Nachtschatten-Alkaloide (v. a. Scopolamin). Das krampflösende N-Butylscopolaminiumbromid von »Buscopan plus« wird aus Stechapfelextrakt gewonnen.

Tollkirsche (Atropa belladonna)

War einst Bestandteil von Hexensalben; heute verschreibungspflichtig bis einschließlich D3. Enthält stark krampflösende und halluzinogene Nachtschatten-Alkaloide (z. B. Atropin). Atropinum sulfuricum D4 oder Belladonna D4 bewähren sich als Ergänzung zu krampflösenden Frauentees.

Behandlungskonzept für zu lange oder zu starke Blutung

Die Basis des Konzepts bildet ein blutungsregulierender Kräutertee; bewährt hat sich folgende Mischung:

Brennnesselblätter (liefern Eisen und regen die Blutbildung an)
Frauenmantelkraut (Blutstillerin und Hormonregulans)
Hirtentäschelkraut (Kardinalpflanze bei Gebärmutterblutungen)
Schafgarbenkraut (Hauptheilpflanze bei hellroten Blutungen)

1 Esslöffel der Mischung mit ca. 200 ml kochendem Wasser überbrühen, 8 bis 10 Minuten ziehen lassen, mit ein wenig Honig süßen, ab der Zyklusmitte 1 bis 3 Tassen täglich.

Nach lang dauernden oder starken Blutungen ist es auch wichtig, den Bluteisenspiegel wieder aufzufüllen; hierzu eignet sich z. B.:

Hämatit Trituration D4 (Blutstein = Eisen-III-oxid; von Weleda)

2-mal täglich 1 Messerspitze im Mund zergehen lassen.

Der Tipp: In vielen Fällen lassen sich Blutungen mit Menodoron Tropfen (Weleda) regulieren, vor allem wenn die Kräutertropfen vorbeugend in Frauenmanteltee eingenommen werden. Menodoron leistet besonders dann gute Dienste, wenn es sich um Blutungen ohne organische Ursache handelt (funktionelle Blutungen) oder bei Blutungen durch Spirale. Das Präparat sollte dann während der Blutung eingenommen werden.

Wie stark dürfen oder sollen Frauen bluten?

Laut Lehrbuch verlieren Frauen während der Regel 60 bis 80 ml Blut, also nicht einmal ein Glas voll. Viele Frauen werden nun sagen: Aber ich blute doch mehr! Das stimmt nicht ganz, da der größte Teil nur aus Schleim besteht. Hier eine Faustregel: Eine ideale Menstruation dauert 3 bis 5 Tage, wobei das Blut 1 bis 2 Tage etwas stärker fließt und dann einige Tage ausklingt. Es sollte nicht so viel Blut fließen, dass frau ganz blass wird oder der Kreislauf zusammenbricht, und es sollten auch nicht nur Tröpfchen erscheinen. Ob zu viel oder zu wenig geblutet wird, signalisiert aber in erster Linie das eigene Wohlbefinden!

Behandlungskonzept bei Regelkrämpfen

Die Basis des Konzepts bildet ein krampflindernder Menstruationstee, der leichtere Beschwerden auch im Alleingang lindern kann:

2 Teile Frauenmantelkraut (Hormonregulans)
2 Teile Gänsefingerkraut (Kardinalpflanze bei Krampfleiden)
1 Teil Klatschmohnblüten (krampflösende Schmuckdroge)
1 Teil Schafgarbenblüten (krampflösendes Mutterkraut)

1 Esslöffel der Mischung mit ca. 200 ml kochendem Wasser überbrühen, 8 bis 10 Minuten ziehen lassen, mit ein wenig Honig süßen; bei Bedarf 1 bis 3 Tassen täglich – am besten schon vorbeugend ab der Zyklusmitte.

Um die Neigung zu Unterleibskrämpfen zu nehmen, ist oft eine homöopathische Ergänzung erforderlich, die sich am besten aus gestagenregulierenden und krampflösenden Mitteln zusammensetzt:

Je 20 ml Alchemilla Urtinktur (Frauenmantel), Corpus luteum Dil. D6 (Gelbkörper), Cuprum metallicum Dil. D6 (Kupfer), Magnesium phosphoricum Dil. D6 (Magnesiumphosphat) und Strychnos Nux vomica Dil. D4 (Brechnuss) über die Apotheke von Spagyra mischen lassen. 2- bis 3-mal täglich 20 bis 30 Tropfen.

Diese Mischung kann man einige Wochen lang einnehmen. Danach fährt man mit der Einnahme 2 bis 3 Monate in der 2. Zyklushälfte fort, sofern eine Linderung eingetreten ist.

Der Tipp: Leichtere Regelbeschwerden und Unterleibskrämpfe lassen sich manchmal alleine mit Spascupreel Tabletten (Heel) zusammen mit Frauenmanteltee lindern; Spascupreel hilft besonders bei nervösen Krämpfen mit Unruhe und Kreislaufstörungen.

Noch ein Tipp: Zuletzt noch ein Tipp aus der Schüßler-Therapie. Bei Schmerzen oder Krämpfen aller Art kann man die »Heiße 7« versuchen: Lösen Sie 7 Tabletten Magnesium phosphoricum D6 in einem Glas mit heißem Wasser auf und trinken Sie den Inhalt schluckweise innerhalb von einer halben bis ganzen Stunde. Eine solche Stoßtherapie kann bei akuten Unterleibskrämpfen wahre Wunder wirken. Viele Apotheken halten die Schüßlersalze vorrätig.

Menstruationsbeschwerden

Was frau bei Neigung zu schwacher, seltener oder schmerzhafter Regel noch tun kann

- *Ursache abklären:* Die Ursachen für eine zu schwache oder zu seltene Regel sind vielfältig; oft handelt es sich um eine hormonelle Schwäche, die gerne auch von Gewichtsproblemen begleitet ist (z. B. Eierstock-, Hypophysen- oder Schilddrüsenschwäche). Auch Unterleibskrämpfe haben viele Ursachen (z. B. Endometriosezysten, Gelbkörpermangel oder Myome), die man abklären und stets gezielt behandeln sollte.
- *Auf Tampons verzichten:* Krämpfe sowie die zu schwache Blutung bessern sich oft, wenn das Blut ungehindert fließen kann. Tampons hemmen den Blutfluss und begünstigen das Wachstum von Bakterien.
- *Ein Entspannungsbad nehmen:* Die meisten Krämpfe lassen nach, sobald das Blut richtig fließt. Ein heißes Bad mit Lavendelbademilch (Weleda) fördert den Blutfluss und entspannt angenehm.

- *Kaffee reduzieren:* Übermäßiger Kaffeekonsum hemmt die Hormonproduktion in den Eierstöcken und verschlimmert die Krampfneigung.
- *Viel trinken:* Während der Regel sollten Frauen mindestens 1 Liter zusätzlich trinken; dafür bietet sich beispielsweise ein Menstruationstee mit Beifuß-, Frauenmantelkraut und Damianablättern an. Nur wenn der Körper genug Flüssigkeit hat, gibt er auch etwas her.

Was frau bei Neigung zu starker und häufiger Regel noch tun kann

- *Ursache abklären:* Die Neigung zu starker oder häufiger Blutung ist oft Ausdruck einer hormonellen Störung (z. B. Schilddrüsenfehlfunktion) oder einer organischen Erkrankung (z. B. Myome), die gezielt behandelt wird.
- *Schilddrüse untersuchen lassen:* Starke oder lang dauernde Blutungen, vor allem Myomblutungen, gehen oft auf eine Schilddrüsenfehlfunktion zurück und lassen sich nur auf hormonellem Weg beeinflussen.
- *Magen-Darm checken lassen:* Die Verwertung von Nahrungseisen beginnt bereits im Magen, sodass bei chronisch erniedrigtem Eisenspiegel auch an eine Verdauungsschwäche zu denken ist. Auch gehen Myome nicht selten mit Verdauungsbeschwerden einher.
- *Nahrungseisen zuführen:* Rote Traubensäfte, Kräuterblut oder auch rote Bete füllen den Bluteisenspiegel auf. Volksmediziner empfehlen, bei Eisenmangel einen Apfel mit Eisennägeln zu spicken; die Säure löst das Eisen, das dann mit dem Apfel aufgenommen wird. Regelmäßig ein kleines Gläschen Rotwein zum Essen fördert ebenfalls die Blutbildung.
- *Auf heiße Bäder verzichten:* Bei starken Blutungen sind während der Regel heiße Bäder oder Kräuterauflagen kontraindiziert, weil lokale Wärme die Blutgefäße öffnet und die Blutung verstärken kann.

Ein Schutzmantel für die Tage vor den Tagen

»Alchemilla hilft den Frauen, sich besser abzugrenzen.«

Astrid Blank

Prämenstruelles Syndrom (PMS)?!? Während sich der eine Frauentyp nun fragt, was das denn ist, wird die davon geplagte Frau unbedingt wissen wollen, was hilft, wenn sie in den Tagen vor den Tagen seelisch und körperlich aus dem Gleichgewicht gerät.

Alle möglichen Beschwerden, die sich vor der Regel verschlimmern, zählen zum so genannten prämenstruellen Syndrom (lateinisch *prae* = vor, *menstruus* = monatlich), das keine Frau haben will und auch von Männern gefürchtet ist: Immerhin ist fast jede dritte Frau im Laufe ihres Lebens davon betroffen, und nicht selten leidet das ganze soziale Umfeld mit. Häufig äußert sich das PMS schon ab der Zyklusmitte, z. B. durch nervliche Überreiztheit. Entweder reagiert frau garstig und keifig, sodass man(n) wie auf rohen Eiern gehen muss, um keinen Gefühlsausbruch zu provozieren. Jedes Haar in der Suppe kann nämlich Weltuntergangsstimmung erzeugen oder zu ernsten Partnerschaftskrisen eskalieren. Oder frau ist prämenstruell besonders sensibel, reagiert schon auf Kleinigkeiten mit viel Tränen, und man(n) kann ihr ebenfalls nichts mehr recht machen.

Die Palette der psychischen Symptome reicht von Depressionen über Nervosität, Reizbarkeit und Stimmungsschwankungen bis hin zu tiefer Unzufriedenheit oder auch Verzweiflung über sich selbst oder über die Umwelt. Aber auch die körperlichen Beschwerden machen vielen zu schaffen. Der morgendliche Blick in den Spiegel zeigt dann vielleicht ein aufgedunsenes Gesicht, und häufig ist noch dazu die Brust geschwollen und schmerzt. Der Bauch ist meist auch

La Melancolie, von Jean Massard (um 1785).

aufgetrieben, als ob man schwanger wäre, weil auch die Lust auf Süßes vor der Regel zunimmt, und nicht wenige Frauen leiden regelmäßig unter Kopfschmerzattacken oder gar Migräne.

Wenn das Ei nicht richtig springt

Das PMS ist vermutlich auch für die hohen Scheidungsraten mit verantwortlich – achten Sie einmal darauf, ob der Haussegen nicht zufällig alle vier Wochen schief hängt!

Weil das PMS die Betroffenen körperlich wie seelisch belasten kann, leidet die Lebensfreude zuweilen enorm darunter. Wie gut, dass auch gegen dieses Leid Kräuter gewachsen sind. Doch bevor wir die infrage kommenden Heilpflanzen näher anschauen, wollen wir wissen, wie es überhaupt zum PMS kommt.

In der ersten Zyklushälfte reift im Eierstock unter Hormoneinfluss eine Eizelle heran. Eine hormonelle Kettenreaktion führt um den 12. bis 14. Zyklustag (vom ersten Tag der letzten Blutung an gerechnet) dazu, dass das Ei »springt«; d. h., die weibliche Keimzelle verlässt ihre Hülle und wandert in den Eileiter, um dort vielleicht männlichen Keimzellen zu begegnen. Währenddessen wandelt sich die im Eierstock verbliebene Eihülle in eine Hormondrüse um, die Gelbkörperhormone bildet. In einem normalen Zyklus – und falls keine Befruchtung erfolgt ist – erschöpft sich die Gelbkörperproduktion nach 12 bis 14 Tagen, und in der Folge tritt die nächste Blutung ein.

Bei Gelbkörperschwäche (Gestageninsuffizienz) werden nun aber zu wenig Gelbkörperhormone gebildet, sodass der Einfluss der Östrogene überwiegt (relativer Östrogenüberschuss). Die Östrogene führen zu vermehrter Wassereinlagerung. Die Folgen sind z. B. Brustschwellung, Gesichtsödeme sowie allgemeine Gewichtszunahme. Wie bereits gesagt, wirkt sich das hormonelle Ungleichgewicht aber auch auf das seelische Befinden, auf das Hautbild oder auf die Verdauung aus, und überhaupt kann es ab der Zyklusmitte oder auch nur in den letzten Tagen vor der Regel vielfältigste Beschwerden hervorrufen und auch östrogenabhängige Erkrankungen fördern (z. B. Brustknoten, Myome).

Die Hormone wecken

Eigentlich sollte erst die Frau ab Mitte/Ende Dreißig von der Gelbkörperschwäche ereilt werden, weil dann die Eierstocksfunktion allmählich nachlässt und sich die Zyklen ohne Eisprung häufen. In Wahrheit leiden heute immer mehr junge Frauen unter prämenstruellen Beschwerden. Dies lässt sich in vielen Fällen mit der Antibabypille erklären, die besonders bei hormonell labilen Frauen oder nach langjähriger Einnahme die körpereigene Hormonregulation lahm legen kann. Die Einnahme der Pille wird von den Herstellern ohnehin nur solchen Frauen empfohlen, die ein intaktes Hormonsystem haben. Aber an diese Verordnungsrichtlinie halten sich leider nur wenige. So wird die Antibabypille allzu oft schon sehr jungen Mädchen verordnet, deren Hormonsystem sich noch im Reifeprozess befindet; dabei bieten Präservative einen sehr hohen Schutz vor Schwangerschaft und vor Infektionen! Weil auch Zyklusschwankungen und andere hormonelle Störungen mit der Pille behandelt werden, gibt es immer mehr Frauen, die unter den Folgen der Antibabypille, dem Post-Pill-Syndrom, leiden.

Bei den Betroffenen bleiben dann nach Absetzen der Pille vielleicht die Eisprünge aus. Es kann aber auch zu Unterleibsentzündungen sowie zum PMS kommen, oder die Regelkrämpfe können wiederkehren.

Die von außen zugeführten Hormone haben das Hormonsystem schlichtweg in eine Art Tiefschlaf versetzt, aus dem es nun erst wieder erwachen muss. Dieser Prozess lässt sich jedoch durch Teekuren mit hormonell aktivierenden Heilpflanzen wie Beifuß beschleunigen. Beifuß öffnet nämlich nicht nur die körpereigenen Entgiftungswege. Das Kraut regt auch die gesamte hormonelle Achse an (Hypophyse/Eierstöcke) und ist daher, neben der Alchemilla, eine der wichtigsten Heilpflanzen für das Post-Pill-Syndrom (siehe Seite 238).

Bei hormonellen Störungen, insbesondere beim PMS und beim Post-Pill-Syndrom, ist es darüber hinaus sinnvoll, ein bis drei Monate lang in zwei Phasen vorzugehen: In der ersten Zyklushälfte, also vom Ausklingen der Menstruationsblutung bis zum Eisprung, empfiehlt es sich, die Östrogene anzuregen und den Eisprung zu fördern; z. B. mit Beifußtee und Ovaria comp. Globuli (Wala). In der zweiten Zyklushälfte, also vom Eisprung bis zur folgenden Menstruationsblutung, regt man dagegen die Gelbkörperhormone an und bereitet sich auf die Blutung vor; z. B. mit Frauenmanteltee und mit Melissa/Phosphorus comp. Mischung (Weleda). Eine solche zyklusgerechte Vorgehensweise steigert nicht nur die Fruchtbarkeit, sondern sie hilft, rascher wieder zu einem natürlichen Rhythmus zu finden (siehe »Was tun bei Pillenschäden?«, Seite 237).

Den eigenen Rhythmus wieder finden

Neben der Antibabypille sorgen aber auch Schichtarbeit oder Dauerstress für hormonelles Chaos. Stress ist Gift für das Hormonsystem, denn er führt unter Umständen zur vermehrten Ausschüttung des Stresshormons Prolaktin. Ein erhöhter Prolaktinspiegel im Blut kann alle möglichen Zyklusstörungen bewirken und langfristig sogar zum knotigen Umbau der Brustdrüse führen. Im Gegensatz zu den durch Gelbkörperschwäche bedingten Beschwerden enden die prolaktinbedingten Symptome aber nicht unbedingt mit dem Eintreten der Menstruationsblutung. Schmerzen oder Verhärtungen der Brust bleiben dann vielleicht monatelang bestehen und verstärken sich eben in der Zeit vor der Regel.

Viele Frauen bekommen nun Mönchspfefferpräparate verordnet, weil der Mönchspfeffer (Vitex agnus castus) nachweislich die Gelbkörperhormone reguliert und den Prolaktinspiegel senkt. Zwar berichten immer wieder Frauen, dass Agnus castus, zum Teil schon nach kurzfristiger Einnahme, die schmerzhafte Brustschwellung lindern konnte. Andere klagen nach der Einnahme solcher Präparate dagegen über depressive Verstimmung, sexuelle Unlust, Hautjucken oder über eine schwächere Regelblutung. Bei Frauen mit sehr schwacher Blutung brachte der Mönchspfeffer die Blutung sogar schon vorübergehend zum Versiegen. Erfahrungsberichte sowie Untersuchungen, die von

»Der Same genützt/leget die Unkeuschheit« (Lonicerus, Kreuterbuch 1679).

In der modernen Kräuterheilkunde nutzt man den Mönchspfeffer bei Gelbkörpermangel. (© Margret Madejsky)

Gerhard Madaus in den 20er und 30er Jahren durchgeführt wurden, untermauern meine Ansicht, dass der Mönchspfeffer nur in wenigen Fällen wirklich angezeigt ist und nicht rundweg allen Frauen mit prämenstruellen Beschwerden verordnet werden sollte (siehe Seite 239).

Alchemilla reguliert die Gelbkörperphase

Viel sanfter als der Mönchspfeffer, aber ebenso heilkräftig ist dagegen der Frauenmantel. Sein einhüllendes Wesen macht an den kritischen Tagen vor der Regel viel gelassener (z. B. in Form von Alchemilla Urtinktur von Alcea). Es ist dann, als ob man sich einen Schutzmantel umgelegt hätte, der einen vor Außeneinflüssen abschirmt. Alchemilla wirkt sich einfach harmonisierend auf das hormonelle Gleichgewicht aus. Weil die Pharmakonzerne den Frauenmantel hierfür noch nicht entdeckt und daher keine Studien in Auftrag gegeben haben, kann ich leider auch keine Forschungsergebnisse anführen. Erfahrungsberichte von betroffenen Frauen, denen die Alchemilla helfen konnte, zeigen jedoch, dass der Frauenmantel die Gelbkörperphase zu regulieren vermag.

Für Kräuterheilkundige ist der Frauenmantel aber lange schon eine Kardinalheilpflanze für prämenstruelle Beschwerden sowie für durch Gelbkörpermangel bedingte Leiden wie Fruchtbarkeitsstörungen.

Schon der englische Kräuterheilkundige Nicholas Culpeper (1616–1654) hat den Frauenmantel als gelbkörperregulierende Arzneipflanze empfohlen (siehe »Ein Taubecher für die Fruchtbarkeit«, Seite 252). Der französische Arzt Yves Requena führte ihn neben der Schafgarbe als bewährte Heilpflanze zur Anregung der Gelbkörpersekretion auf.

Um tief greifende Veränderungen herbeizuführen, sollte die sanfte Alchemilla jedoch über Monate hinweg kurmäßig eingenommen werden, z. B. als Tee oder als Urtinktur. Die Zubereitungen aus der frischen, blühenden Pflanze zeigen wiederum die besten Wirkungen.

Während die Pflanzenwelt zahlreiche östrogenartig wirkende Heilmittel liefert (siehe Seite 309), gibt es neben dem Frauenmantel nur sehr wenige pflanzliche Gelbkörperregulantien. Daher muss man manchmal auf die Homöopathie ausweichen, um die Wirkung der Alchemilla zu ergänzen, zu vertiefen und um die Heilerfolge zu stabilisieren.

Homöopathie ergänzt die Alchemilla

Eine der wichtigsten homöopathischen Arzneipflanzen für das PMS ist z. B. die Küchenschelle (Pulsatilla), die wir bereits als Heilmittel für Blasenbeschwerden kennen gelernt haben. Pulsatilla zählt in der Homöopathie zu den Polychresten; das sind homöopathische Arz-

Die homöopathische Küchenschelle (Pulsatilla) ergänzt den Frauenmantel und bewährt sich bei allerlei Beschwerden vor der Regel. (© Margret Madejsky)

neien mit sehr breit gefächerter Wirkung. Wie die Alchemilla ist also auch die Pulsatilla eine Vielheilerin.

Ihr konnte sogar ein gestagenartiger Effekt nachgewiesen werden. Ein Forscherteam verglich in den 70er Jahren die Wirkungen von Pulsatilla (C30 und C200) und Lutocyclin, einem Gelbkörperhormonpräparat. Ergebnis: Pulsatilla zeigte auf Eierstöcke und Gebärmutter den gleichen Effekt wie das Hormonpräparat!

Bei der Selbstbehandlung sind jedoch nicht immer die Hochpotenzen angebracht. Diese sollten sehr sorgfältig gewählt werden. Hochpotenzen können zu Erstverschlimmerungen führen und sollten daher wirklich nur von erfahrenen Therapeuten eingesetzt werden. Abgesehen davon helfen tiefe Potenzen (Pulsatilla D6) oder mittlere Potenzen (Pulsatilla D12) ebenfalls bei vielen prämenstruellen Beschwerden.

Für wen kommt nun Pulsatilla infrage? Hier helfen uns, abgesehen von den homöopathischen Arzneimittelbildern, wieder die Signaturen auf die Sprünge. Die Küchenschelle zeigt durch ihre dichte Behaarung, die an ein weiches Fell erinnert, dass sie sich eher für die zart besaiteten und leicht frierenden Frauen eignet. Ihre Blütenfarben haben ebenfalls Aussagekraft: Violett, die düsterste Farbe, symbolisiert in der Malerei das Heimweh nach den himmlischen Kräften. Violett blühende Pflanzen wie Küchenschelle oder Veilchen lindern daher die religiöse Melancholie. Das strahlende Gelb in der Blüte deutet auf die stimmungsaufhellende Kraft hin. Kaum eine Pflanze vertreibt die Trübnis besser als Pulsatilla. So wie sich die Blüte stets leicht nach unten neigt, lässt die Frau, für die Pulsatilla in Frage kommt, den Kopf hängen. Die Stimmung der Frauen schwankt wie das Wetter zur Blütezeit: Lachen und Weinen wechseln so rasch wie Sonnenschein und Regen an einem Apriltag.

Bei Stimmungsschwankungen und Aufgeschwemmtsein vor der Regel habe ich mit Pulsatilla D12 stets gute Erfahrungen gemacht. Zusammen mit einer Frauenmantel-Teekur lassen sich auch die Seelenwogen glätten und die Hormone wieder ins Gleichgewicht bringen. Bei Neigung zu schwacher Blutung, Bauchauftreibung und Steingefühl im Unterbauch regen dagegen eher die Tiefpotenzen Hormone und Blutung wieder an.

Während Pulsatilla mehr für die sanftmütigen und weinerlichen Frauen geeignet ist, bietet die Homöopathie für die gereizten Temperamente andere Heilmittel. Brustschmerzen, Stimmungsschwankungen und Gereiztheit vor der Regel können auch auf Sepia (Tintenbeutel des Tintenfischs) hindeuten. Sepia ist ein Beispiel dafür, dass sich die Signaturenlehre auch auf das Tierreich anwenden lässt: Wenn sich ein Tintenfisch bedroht fühlt, dann wechselt er in Sekundenschnelle die Farbe (= Launenhaftigkeit) und »spuckt« schließlich Tinte (= Angriffslust). Bei Sepia-Frauen äußert sich das PMS daher gerne durch Keifen und Mosern. Doch auch dieses Mittel kann heftigste Erstverschlimmerungen hervorrufen, da es zu den so genannten Reaktionsmitteln der Psyche zählt. Eine tiefgründige Unzufriedenheit wird durch Sepia (D12–D30) vielleicht an die Oberfläche geholt. Daher ist wiederum eine therapeutische Begleitung, z. B. durch Heilpraktiker, ratsam.

Kommen wir nun zurück zur gelbkörperregulierenden Wirkung der Alchemilla, denn diese ist keineswegs nur bei prämenstruellen Beschwerden hilfreich. Gelbkörperhormone schützen uns nämlich auch vor Brustkrebs. Mit dem Absinken der Gelbkörperproduktion ab dem vierten Lebensjahrzehnt steigt die Erkrankungsrate drastisch an. In Europa steht der Brustkrebs als häufigster bösartiger Tumor der Frauen immerhin an der ersten Stelle der Statistiken – mit steigender Tendenz.

Eine japanische Forschergruppe fand jedoch heraus, dass ein im Frauenmantel vorkommender Wirkstoff namens Agrimoniin speziell der Entstehung von Brustkrebs entgegenwirkt (siehe Seite 87 und 89). Ein Großteil des tumorhemmenden Wirkstoffes geht allerdings beim Trocknen verloren. Wie immer kommt also den Zubereitungen aus der frischen Pflanze die beste Schutzwirkung zu; das selbst gesammelte und frisch zubereitete Teekraut, die selbst gemachten Kräutertropfen und die homöopathische Urtinktur eignen sich daher am besten zur Prophylaxe.

Natürlich sollte sich eine Therapie mit pflanzlichen Hormonregulantien oder auch eine Brustkrebsprophylaxe nicht allein auf den Frauenmantel stützen. Meist ist es gerade das Zusammenwirken sich ergänzender Arzneien oder Methoden, was zum gewünschten Heilerfolg verhilft. Es wäre in jedem Fall falsch, hier nur eine einzige Pflanze als Wunderarznei anzupreisen. Wissenschaftler haben inzwischen viele krebsfeindliche Pflanzenwirkstoffe gefunden. Beispielsweise hemmen bestimmte Gerbstoffe im grünen Bio-Tee Brustkrebszellen (siehe Seite 87), und Eiben dünsten ihre krebsfeindlichen Stoffe sogar aus, sodass allein das Sitzen unter Eiben wohl tun kann.

Am wichtigsten ist es aber, die Erkrankungsursachen auszuschalten. Bevor gefährdete Frauen zu allerlei Pillen und Vitaminen greifen, soll-

Moderne Kräuterhexen haben eine alte Eibe in Schortens mit Bändern geschmückt. An warmen Tagen dünstet der Lebensbaum Eibe krebsfeindliche Stoffe aus, sodass es heilsam ist, ein wenig darunter zu verweilen. (© Margret Madejsky)

ten sie vielleicht ihre Deodorants verbannen. Manche der Duftstoffe, die den eigenen Körpergeruch so genial übertünchen, sind krebserregend (z. B. Moschusxylole) – und von der Achsel bis zur Brustdrüse ist der Weg nicht weit! Auch fettreiche Nahrung steht lange schon im Verdacht, Brustkrebs zu fördern. Daher lautet ein Rat: Fleisch und tierische Fette reduzieren! Erst wenn Risikofaktoren wie etwa fettreiche Nahrung, Dauerstress oder Rauchen ausgeschaltet sind, kann eine Behandlung mit krebsfeindlichen Pflanzen ihre Wirkung voll entfalten.

Nicht den Kopf in den Sand stecken!

Nicht selten erlebe ich Frauen, die, weil sie vielleicht familiär mit Brustkrebs vorbelastet sind, nur den Kopf in den Sand stecken und recht fatalistisch den Ausbruch der Erkrankung abwarten. Dabei entsteht das, was man heute als »Krebs« bezeichnet, meist über Jahrzehnte hinweg. Die ersten Anzeichen, dass die Brustdrüse der körpereigene Schwachpunkt ist, können berührungsempfindliche Brüste oder chronische Brustdrüsenverhärtungen sein. Doch viele verdrängen leider die ersten Warnrufe des Körpers, statt gezielt dagegen vorzugehen.

Wenn die Brust ständig schmerzt und sich allmählich verhärtet, dann ist dies ein Hilferuf des Körpers, dem wir mit täglichen Brusteinreibungen begegnen können. Der Frauenmantel wurde schließlich schon vor Jahrhunderten zur Brustauflage gebraucht. Zusammen mit anderen krebsfeindlichen Heilpflanzen kann die Alchemilla hierzu in Salben eingemischt werden. Neben Frauenmantelextrakten kommt für Brustsalben in erster Linie noch der Gefleckte Schierling in Frage (Conium maculatum). Dieses Gewächs kennen viele von dem berühmt-berüchtigten Schierlingsbecher, mit dem einst Sokrates getötet wurde. Natürlich will ich hier niemanden vergiften! Aber in der richtigen Konzentration und äußerlich angewandt, kann der Schierling Brustknoten, -verhärtungen oder -zysten wieder auflösen (siehe Behandlungskonzept, Seite 241).

Richtig angewendet wirkt der Schierling sogar leicht betäubend und schmerzlindernd. Sein Saft war nämlich in unseren Breiten eines der ersten lokalen Betäubungsmittel. In Form von Salben nutzt man den Schierling bis heute zur Linderung von Krebsschmerzen. Die anthroposophische Heilmittelfirma Weleda hat z. B. eine »Conium maculatum Salbe 5%« im Handel, die bei chronischer Brustverhärtung (Mastopathie) sowie bei Tumoren Schmerzen lindert.

Die Brust dankt uns jedenfalls die täglichen Liebkosungen mit solchen Heilsalben, indem sie meist rasch wieder weich und schmerzfrei wird. Mit Hilfe der Alchemilla sowie mit einer sorgfältigen Lymphentgiftung und einer gezielten Immunregulation lässt sich das vermeintliche Schicksal nämlich oft noch zum Guten wenden.

Bei Brustverhärtungen oder -knoten wirken Einreibungen mit homöopathisch zubereitetem Schierling (Conium) heilsam. (© Margret Madejsky)

Was tun bei Pillenschäden?

Nach Absetzen der Antibabypille kann es aufgrund des hormonellen Ungleichgewichts zu zahlreichen Beschwerden kommen, die unter dem Fachbegriff »Post-Pill-Syndrom« zusammengefasst werden, z. B. ausbleibender Eisprung, zu seltene, zu schwache oder schmerzhafte Regel sowie prämenstruelle Beschwerden. Vor allem Frauen mit labilem Hormonsystem, denen die Pille vielleicht wegen Akne, Regelschmerzen oder Zyklusschwankungen früh verordnet wurde, sind prädisponiert für Folgeschäden. Auch wer die Pille absetzt, um schwanger zu werden, sollte dem Hormonsystem sanft auf die Sprünge helfen. Bevor man alle Pferde scheu macht, sollte frau erst einmal vier Wochen abwarten, um zu sehen, wie der Körper reagiert, und dann gezielt eingreifen.

- *Beifuß weckt das Hormonsystem:* Eine Teekur regt die gesamte hormonelle Achse an, sodass sich der Zyklus schneller einpendelt und es rascher wieder zu Eisprüngen kommt. Beifuß eignet sich vor allem bei Neigung zu ausbleibender oder zu schwacher Regel.
- *Mariendistel regeneriert die Leber:* Weil die Leber körpereigene wie auch synthetische Hormone abbaut, ist nach der Pille eine regenerierende Leberkur mit Mariendistelsamen angebracht (z. B. 3 Monate lang 2-mal täglich 2 Mariendistel-Kapseln (z. B. Carduus marianus Kapseln von Weleda). Die »Frauendistel« fördert zudem noch die Blutung und die Verdauung.
- *Mastodynon regt den Gelbkörper an:* Das homöopathische Komplexmittel von Bionorica bewährt sich bei ausgeprägtem PMS mit Brustschwellung und Neigung zu Menstruationskopfschmerz.
- *Melissa/Phosphorus comp. fördert die Empfängnis:* Das Weleda-Mittel wirkt gelbkörperregulierend und hilft auch bei Unfruchtbarkeit nach Antibabypille.
- *Oestro/Gesta.-Comb. reguliert die Hormone:* Staufen-Pharma hat dieses homöopathische Mittel der Pille nachgebildet; es handelt sich dabei um eine Kombination aus Östrogenen und Gestagenen pflanz-

Herkunft. Oestro/Gesta.-Comb. zählt zu den Hauptmitteln bei Pillenschäden und greift ab den mittleren Potenzen (D12–D30) regulierend in den pillengeschädigten Hormonhaushalt ein.

- *Ovaria comp. fördert den Eisprung:* Diese Silberarznei der anthroposophischen Heilmittelfirma Wala reguliert Zyklusschwankungen und fördert den Eisprung auch nach der Pille (siehe Seite 257).
- *Pulsatilla hilft beim »Dampfnudelsyndrom«:* Die Küchenschelle ist ein homöopathisches Hauptmittel bei Aufgedunsensein, Brustschwellungen und Zyklusschwankungen nach Einnahme der Pille. Tiefpotenzen (D4) fördern die Blutung, mittlere regulieren die Hormone (D12).
- *Sulfur reinigt Haut und Schleimhaut:* Nach Absetzen der Pille kommt es häufig zu Scheideninfektionen (z. B. Candida). Begleitend zu Lokalanwendungen (siehe Seite 130) kann jetzt homöopathischer Schwefel hilfreich sein; z. B. 3- bis 5-mal täglich 10 Tropfen Sulfur D6. Leitsymptome sind: Jucken, Brennen und Rötung von Schamlippen, Vagina oder After.

Homöopathische Mischung bei Gelbkörpermangel

Viele Frauen mit prämenstruellen Beschwerden oder Kinderwunsch bekommen Agnus-castus-Präparate verordnet. Der Mönchspfeffer (Vitex agnus castus) hat vor allem als Anaphrodisiakum eine lange Tradition. In der Antike bereiteten sich die Priesterinnen der Demeter vor ihren Kultfesten ein Lager aus den betäubend duftenden Blättern, um sich die Enthaltsamkeit zu erleichtern. Im Mittelalter dienten die Früchte den Mönchen als triebdämpfender Pfefferersatz: »Ist vielleicht deß Strohes/darauf die Barfüsser Münch liegen. Dieser Beerlin eins Quintlins schwer mit Wein getruncken löschet die Begierde der Ehelichen Wercke aus« (Lonicerus).

Als Symbol der Keuschheit wurden in Italien bis ins 20. Jahrhundert hinein beim Einzug der Novizen die Klosterwege mit Mönchspfefferblüten bestreut. Agnus castus dämpft nicht nur den Geschlechtstrieb von Frau und Mann, sodass er bei Kinderwunsch auch hinderlich sein kann (nicht ab D2!).

Laut neuesten Erkenntnissen wirkt Mönchspfeffer auch gestagenartig, lindert also prämenstruelle Beschwerden, und meist zögert er die Regelblutung etwas hinaus. Hoch dosiert werden die Extrakte zur Senkung des Prolaktinspiegels gebraucht, der meistens durch Stress erhöht ist und den Zyklus vollkommen durcheinander bringen kann.

Damit diese wirkungsvolle Pflanze gezielt eingesetzt wird, hier die Symptome, bei denen die Einnahme von Agnus-castus-Extrakten angezeigt ist: normaler bis erhöhter Geschlechtstrieb, Neigung zu starker und häufiger Blutung (z. B. 24-Tage-Zyklen), Beschwerden vor der Regel (z. B. Brustschwellung), Gelbkörpermangel (Temperaturkurve: treppenförmiger Temperaturanstieg nach Eisprung), Hyperprolaktinämie.

Alternativ zur alleinigen Gabe von Agnus castus soll hier eine Rezeptur aufgeführt werden, die bei Kinderwunsch oder PMS die Gelbkörperhormone reguliert; in der ersten Zyklushälfte kann man die Mischung beispielsweise mit 2-mal täglich 20 Globuli Ovaria comp. (Wala) ergänzen.

Je 20 ml Alchemilla Urtinktur (Frauenmantel), Calcium carbonicum Dil. D8 (Austernschale), Vitex agnus-castus Dil. D2 sowie je 10 ml Corpus luteum Dil. D6 (Gelbkörper), Cuprum metallicum Dil. D8 (Kupfer), Geranium robertianum Urtinktur (Storchschnabel) und Pulsatilla Dil. D8 (Küchenschelle) über die Apotheke von Spagyra mischen lassen.

2- bis 3-mal täglich 20 bis 30 Tropfen im Mund zergehen lassen.

Behandlungskonzept bei Brustschwellung (Mastodynie)

Die Basis des Konzepts bildet eine Teemischung mit gestagenartigen und nervenstärkenden Heilpflanzen:

2 Teile Brennnesselblätter (Universalentgifter)
3 Teile Frauenmantelkraut (Hormonregulans)
2 Teile Johanniskraut (Stimmungsaufheller)
1 Teil Melissenblätter (Nervenstärkung)
1 Teil Rosenblüten (Seelenbalsam)

3 bis 4 Esslöffel mit einem halben Liter Wasser heiß überbrühen, 5 bis 10 Minuten ziehen lassen, abseihen und über den Tag verteilt trinken.

Bei länger währender prämenstrueller Brustschwellung ergänzt man den Tee mit einem gestagenregulierenden Präparat, z. B. mit Mastodynon N Tropfen (Bionorica). 2-mal täglich 20 bis 30 Tropfen im Mund zergehen lassen.

Behandlungskonzept bei Brustverhärtung (Mastopathie)

Die Basis des Therapiekonzepts bildet die abendliche Einreibung der Brüste, und eventuell der Achseln, mit einer Heilsalbe.

Je 10 ml Alchemilla Ø (Frauenmantel) und Conium dil. D4 (Schierling) sowie je 3 bis 5 Tropfen ätherisches Lavendelöl und Rosenöl (10%ig) in 100 g Salbengrundlage einarbeiten.

Jeden Abend eine etwa kirschgroße Menge der Salbe sanft in beide Brüste einmassieren.

Die auflösende und erweichende Wirkung der Salben wird von innen heraus durch eine Lymphentgiftung unterstützt; bewährt haben sich Itires spagirische Tropfen (Pekana); 2-mal täglich 30 Tropfen im Mund zergehen lassen.

Der hormonell ausgleichende Frauenmantel rundet das Konzept ab: Alchemilla Ø (Alcea); 2-mal täglich 5 Tropfen im Mund zergehen lassen.

Wichtig: Bei Brustknoten oder Verhärtungen ist in jedem Fall ärztlicher Rat einzuholen! Durch die Behandlung sollte schon nach einem Monat spürbare Besserung eintreten. Die Behandlung sollte dann noch ein bis drei Zyklen länger durchgeführt werden, um den Erfolg zu stabilisieren.
Das Behandlungskonzept eignet sich zusammen mit einer Misteltherapie (z. B. Iscador von Weleda) und einer Enzymtherapie mit Wobenzym N Dragees (Mucos) auch zur Rezidivprophylaxe von Brustkrebs.

Brustbeschwerden

Was gefährdete Frauen noch tun können

- *Risikofaktoren ausschalten:* Hierzu zählen vor allem Rauchen, fettreiche Nahrung und Östrogenpräparate.
- *Ernährung umstellen:* In erster Linie sind Fleisch und tierische Fette zu reduzieren. Sinnvoll ist dagegen der Genuss ballaststoff-, enzym- und vitaminreicher Pflanzennahrung – also viel Obst und Gemüse! In Fachkreisen diskutiert man auch über die krebsfeindlichen Kräfte von Soja-Phytoöstrogenen, die leicht mit sojareicher Ernährung zugeführt werden können (siehe Seite 294).
- *Deo wechseln:* Es empfehlen sich reizfreie Deos ohne synthetische Duftstoffe (z. B. Weleda Citrus-Deodorant).
- *Umweltgiftstoffe beseitigen:* Die Brüste danken es, wenn die Kleidung unbelastet ist, d. h. chemische Reinigung meiden und zu Naturfasern wechseln. Bei Verdacht auf Giftstoffe in der Wohnung oder am Arbeitsplatz sollte eine Untersuchung durch Giftexperten veranlasst werden.
- *Auf Bügel-BHs verzichten:* Diese erhöhen das Brustkrebsrisiko um Faktor 36!
- *Nicht vergessen:* Was Lebensfreude spendet, stärkt die Abwehrkraft!

Ein Taubecher für die Fruchtbarkeit

»Welche andere Pflanze könnte die Wesensart des weiblichen Geburtsschoßes besser verkörpern als der Frauenmantel!«

Roger Kalbermatten

Im Zeitalter der Reproduktionsmedizin, wo »Kinderfabriken« wie Pilze aus dem Boden schießen, in denen Frauen mit Hormontherapien und künstlicher Befruchtung mehr wie defekte Gebärmaschinen denn als Menschen behandelt werden, mutet es vielleicht altmodisch an, wenn man von der Kraft der Frauenkräuter predigt. Aber immer mehr Frauen suchen nach Wegen zu einer natürlichen Empfängnis, und das zu Recht, denn Hormongaben sind keineswegs immer gefahrlos.

Abgesehen von der Frustration, die kommt, wenn die moderne Medizin ihr süßes Versprechen wieder einmal nicht halten konnte, ist der Preis solcher Therapien für manche Frauen sehr hoch. So ließ sich z. B. einmal eine Frau, die ein relativ kleines Myom hatte, auf eine Hormontherapie ein. Der behandelnde Arzt versprach ihr, dass das Myom nicht stören würde, und verabreichte ihr ein den Eisprung auslösendes Medikament. Kurze Zeit später war das Myom unter dem Hormoneinfluss beachtlich gewachsen, und ihre Menstruationsblutung ließ sich nun weder durch schulmedizinische noch durch naturheilkundliche Maßnahmen stoppen. Nur einige Wochen später musste ihr das mittlerweile 1,7 kg (!) schwere Myom entfernt werden, wobei es an ein Wunder grenzt, dass ihr dabei ein Teil der Gebärmutter erhalten blieb.

Dies ist wieder einmal eine Geschichte, die für viele steht und zu denken geben sollte: Das Schicksal lässt sich eben ungern zwingen!

Doch nun zu unserer Alchemilla. An jenem Tag, als die Idee zu diesem Buch in jenem bezaubernden Lärchenwald am Rande der Dolomiten geboren wurde, sammelte ich mit den Südtirolerinnen blühendes Frauenmantelkraut. Aus dem Sammelgut bereiteten wir Kräutertropfen. Die liebliche Lärchenlandschaft und die harmonische Ausstrahlung der Alchemilla hatten die Frauen derart verzückt, dass sie sich am Ende um die Frauenmanteltinktur herum versammelten, um diese zu besingen und zu bejodeln. Ich fühlte, dass der Freudengesang die Alchemilla-Tropfen magisch aufgeladen hatte, und schenkte diese nach meiner Rückkehr einer Freundin, die sich sehnlichst ein Kind wünschte. Es ist wohl nicht schwer zu erraten, dass sie schon wenige Wochen später schwanger war. Unserer Meinung nach waren allerdings drei Dinge für ihre Empfängnis von Bedeutung: Zum einen tat ihr die reinigende Kräuterkur wirklich gut, denn das betonte sie oft. Zum anderen war natürlich der »richtige« Mann maßgeblich beteiligt; Liebe, Lust und Spermien stimmten einfach. Und schließlich war sie zum Zeitpunkt der Empfängnis akut erkrankt, weshalb sie ihren Kinderwunsch einen entscheidenden Augenblick lang loslassen konnte; sie dachte nämlich, dass sie in ihrem Zustand ohnehin nicht schwanger wird.

Von der Großen Mutter lernen

In meiner Frauenpraxis lerne ich immer wieder Frauen kennen, die an der so genannten psychischen Sterilität leiden. Der fixe Kinderwunsch kann wie ein Knoten wirken, der die Gebärmutter zuschnürt. Kaum etwas steht einer natürlichen Empfängnis mehr im Weg als ein zwanghafter Kinderwunsch, ein verlorenes Selbstwertgefühl und der termingerechte Pflichtgeschlechtsverkehr. So viele Paare quälen sich, und

»I found him beneath a tree« von William Blake (1757–1827). Nach germanischer Vorstellung wurden die ersten Menschen aus Bäumen geboren. (© The Fitzwilliam Museum, Cambridge)

die Ehen zerrütten allmählich, weil sich alle Gedanken nur noch um das Kinderkriegen drehen und weil nicht mehr die Lust, sondern computergesteuerte Thermometer anzeigen, ob die Liebesampel gerade auf Grün oder auf Rot steht!

Eigentlich sollte man all diese Paare gleich an Mutter Natur überweisen, damit sie von ihr das Empfangen und das Lebenschenken lernen. An heiligen Quellen sollten sie sich reinigen, um, auf weichen Moospolstern gebettet, den heiligen Akt zu vollziehen. Allzu oft geht es nur darum, der Kopflastigkeit entgegenzuwirken, die Menschen wieder zu erden und sie mit der Natur in Kontakt zu bringen, damit sie ihre Lebenskraft und Liebeslust wieder finden.

Fruchtbarkeitsrutsche bei Platz am Sonnenberg (Vinschgau).
Der Heilstein soll bei Kinderwunsch helfen, und in den umliegenden
Wiesen findet man auch die Alchemilla. (© Margret Madejsky)

Doch viele Frauen haben bereits einen langen Leidensweg mit Eileiterdurchblasung und Hormontherapien hinter sich, wenn sie in die Naturheilpraxis kommen, und staunen nur, wenn sie nun zu uralten, steinernen Fruchtbarkeitsrutschen geschickt werden oder den Rat erhalten, von heilsamen Marienquellen zu trinken und ihre Kräuter selbst zu sammeln. Aber die Natur ist die beste Heilerin (!) – Bewegung, frische Luft und Quellwasser helfen meist mehr als ein Tablett voller Pillen.

Bei Goldrain im Vinschgau (Südtirol) erzählte man mir vor Jahren schon vom Fruchtbarkeit spendenden Schüsseliwasser – ein wirklich lohnendes Urlaubsziel! Schon zu Großmutters Zeiten suchten kinderlose Paare diese Fruchtbarkeitsquelle am Sonnenberg auf, um von ihr zu trinken. Das Schüsseliwasser soll sogar in scheinbar aussichtslosen Fällen Kindersegen bewirkt haben. Kein Wunder, denn der Sonnenberg ist steil, und nach einer ein- bis zweiwöchigen Schwitz- und Trinkkur fühlt man sich einfach wie neugeboren.

Der Weg zum Gipfel führt an der Fruchtbarkeitsrutsche von Castelruth vorbei, einem von unzähligen Rutschpartien blank gewetzten Heilstein, der ebenfalls Kindersegen bringen soll. Kürzlich erfuhr ich, dass nun schon die dritte Frau, die mit uns diese Fruchtbarkeitsrutsche besucht hatte, einen Sohn geboren hat. Damals haben wir gelacht, weil sie sich zunächst weigern wollte, die Rutsche hinunterzugleiten – unser Drängen war jedenfalls folgenschwer.

Nicht zuletzt findet man auf den Almwiesen auch den Frauenmantel, der schon bei allen Arten von Fruchtbarkeitsstörungen hilfreich war. Mit der Tauperle im Blattschoß versinnbildlicht die Alchemilla doch geradezu das urmütterliche Prinzip: Ihr Blatt ist wie ein Schoß, der den befruchtenden Tau empfängt – von ihm können wir einiges lernen.

Erst einmal entgiften

Wenn aber ein jahrelanger Kinderwunsch zum Zwang geworden ist, dann hilft manchmal nur noch ein Wortzauber, um den Bann zu brechen: »In den nächsten drei Monaten dürfen Sie nicht schwanger werden, weil wir jetzt erst einmal eine gründliche Entgiftung durchführen müssen!«, lautet dann vielleicht die Zauberformel.

Manche Frauen sind im Handumdrehen schwanger geworden, weil sie auf diese Weise vielleicht zum ersten Mal seit Jahren Abstand zu ihrem Kinderwunsch gewinnen konnten. Davon abgesehen können künstliche Hormone die körpereigene Hormonregulation derart durcheinander bringen, dass es zu einer Reaktionsstarre kommt. Bevor man nicht ausgeleitet hat, wirkt in solchen Fällen kaum ein Mittel mehr (siehe »Wie man das Nest säubert«, Seite 256).

Neben der inneren Verkrampfung ist die Umweltbelastung ebenfalls an der zunehmenden Kinderlosigkeit beteiligt. Schon die Römer kannten das Problem mit der Unfruchtbarkeit. Im alten Rom bestanden die Wasserleitungen noch aus Bleirohren, durch die das Trinkwasser belastet war. Im Gegensatz zur Oberschicht, die den Knoblauchgeruch verpönte und Fortpflanzungsprobleme hatte, schätzte das gemeine Volk allerdings viele mit Knoblauch gewürzte Speisen und blieb daher auch gesund und fruchtbar. Das Geheimnis des Bauerntheriaks ist längst gelüftet: Knoblauch ist nachweislich in der Lage, einer Bleivergiftung entgegenzuwirken. Schon der Verzehr von ein bis drei Zehen täglich kann bleibedingte Blutbildveränderungen (z. B. Tüpfelerythrozyten) innerhalb weniger Wochen zurückbilden. Inzwischen gilt als erwiesen, dass die Schwefelverbindungen im Knoblauch sogar Cadmium und Quecksilber ausleiten.

Leider schreckt der Knoblauchgeruch viele vor solchen einfachen, aber durchschlagenden Entgiftungskuren ab. Zum Glück gibt es auch hier wieder viele Wege nach Rom: Eine meiner allerersten Patientinnen hatte zwei Jahre lang erfolglos versucht, schwanger zu werden. Weil sie sichtbare Metalleinlagerungen im Zahnfleisch hatte (Bleisaum), verordnete ich ihr damals 3-mal täglich je 10 Tropfen Allium sativum dil. D3 (Knoblauch) und Sulfur dil. D4 (Schwefel) sowie eine begleitende Teemischung aus Frauenmantel, Schafgarbe, Storchschnabel und Taubnessel. Damit wollte ich sie zunächst vom Quecksilber reinigen, denn pflanzlicher wie auch homöopathischer Schwefel mobilisieren Metalle aus den Depots und der Frauenmantel fängt dann einen Teil davon im Darm auf. Schon diese einfache Kur zeigte enorme Wirkung, denn die Frau war nach vier Wochen schwanger.

Heute würde ich einer entgiftenden Teemischung in jedem Fall noch Goldrute und Gundelrebenkraut beimengen. Denn die Goldrute fördert die Ausscheidung von Giftstoffen über die Niere und stärkt auf sanfte Weise auch die Nierenenergie. Und die Gundelrebe heißt

»Das (Gundelreben-)Wasser getruncken/verzehrt den Schleim in der Blasen/Magen/Lebern oder Lungen/und macht den Menschen gesund« (Lonicerus, Kreuterbuch 1679).

schon im Volksmund »Herr des Eiters«. Einst gehörte sie zu den germanischen Gundkräutern; mit *gund* bezeichnete man Eiter und andere giftige Körpersekrete. Seit Jahrhunderten entgiften sich Maler, die durch bleihaltige Farben belastet sind, mit diesem Kraut.

Kürzlich bestätigte mir Dr. Blank von der Frauenklinik Heidelberg die Metall ausleitende Wirkung. Sie hatte bei einer nachgewiesenen Bleivergiftung Gundelrebentee als alleiniges Mittel verordnet. Die Umweltmedizinerin war hellauf begeistert, denn die Bleiwerte im Blut normalisierten sich schon nach wenigen Wochen, und zwar ganz ohne Nebenwirkungen!

Die Liste der volksmedizinischen Blutreiniger ist jedoch lang, und der Frauenmantel gehört natürlich auch dazu. Wie wir schon erfahren haben, bindet das Kraut aufgrund der enthaltenen Gerbstoffe im Magen und Darm befindliche Metalle (vgl. Seite 83).

Die Gelbkörperhormone anregen

Bei der Fruchtbarkeitssteigerung vermag unsere Alchemilla allerdings noch weit mehr zu leisten. Neben der psychischen oder umweltbedingten Sterilität gibt es noch weitere Faktoren, die eine Empfängnis erschweren. Zu den häufigsten Ursachen für ungewollte Kinderlosigkeit zählt z.B. der Gelbkörpermangel, für den die Alchemilla wiederum eine wichtige Heilpflanze ist.

Nach dem Eisprung verbleibt die Eihülle im Eierstock und bildet sich zu einer Hormondrüse um, die schwangerschaftserhaltende Gestagene produziert (vom lateinischen *gestare* = tragen, trächtig sein).

Bei Gelbkörperinsuffizienz gerät dieser Prozess ins Stocken, und das »Nest«, die Gebärmutterschleimhaut, wird nicht richtig vorbereitet, sodass sich eine befruchtete Eizelle eben nicht so leicht einnisten kann. Die Temperatur steigt dann nach dem Eisprung meist über mehrere Tage hinweg und nur treppchenförmig statt sprunghaft an und die relativ hohen Temperaturen in der zweiten Zyklushälfte (um 37 °C) sinken meist schon nach acht oder zehn Tagen wieder ab, woraufhin die von Frauen mit Kinderwunsch gefürchtete Menstruationsblutung eintritt.

Einem Gelbkörpermangel kommt man natürlich auch ohne aufwendige Blutuntersuchungen oder Temperaturmessungen leicht auf die Spur. Frauen, die darunter leiden, kennen sich in den Tagen vor den Tagen meist selbst nicht wieder. Der morgendliche Blick in den Spiegel zeigt ein aufgedunsenes Gesicht, und der Bauch ist meist auch aufgetrieben. Der Busen schwillt an und schmerzt zuweilen schon bei geringer Erschütterung. Vor allem sinkt aber die Stimmung ins Bodenlose, und frau reagiert entweder gereizt oder überempfindlich und mit viel Tränen. Neben der Alchemilla, die jetzt einhüllend und sanft hormonregulierend wirkt, gibt es noch weitere Arzneipflanzen, die in solchen Fällen helfen können.

Die Pulsatilla-Kur für die Fruchtbarkeit

Wenn Frauen unter prämenstruellen Beschwerden leiden und mit tränenverschwommenen Augen von ihrem Kinderwunsch erzählen, dann kommt in erster Linie wieder die homöopathische Küchenschelle (Pulsatilla D6–D30) infrage. Pulsatilla, unser Tränchen im Knopfloch, hat schon viele Frauen fruchtbar gemacht. Sie bildet die ideale Ergänzung zum Frauenmantel. Ihr Angriffspunkt ist das obere Hormonzentrum (Hypophyse), über das sie regulierend in den gesamten Hormonhaushalt eingreift und somit das Gleichgewicht zwischen Östrogenen und Gestagenen wieder herstellt.

Der Anthroposoph Jaap Huibers empfiehlt in seinem Buch *Frau sein ... Frau bleiben* eine Pulsatilla-Kur, die bei Fruchtbarkeitsstörungen und unregelmäßiger Periode – besonders nach der Antibabypille – schon vielen geholfen haben soll: »Man bestelle in der Apotheke 25 g Pulsatilla D12 Globuli und Pulsatilla D200 (Normalpackung). Bei den oben angeführten Beschwerden nehme man am ersten Tag der Menstruation auf nüchternen Magen 5 Körnchen Pulsatilla D200. Während der nächsten 14 Tage nehme man keines der beiden Mittel. Vom 14. bis zum 21. Tag ab Beginn der Periode nehme man täglich nüchtern 5 Körnchen Pulsatilla D12. Dann setzt man mit dem Einnehmen wieder vollkommen aus bis zum ersten Tag der nächsten Periode und beginnt dann – wie oben beschrieben – von vorn.«

Wenn Gelbkörpermangel wirklich das einzige Hindernis darstellt, genügt oft eine mehrmonatige Pulsatilla-Kur zusammen mit Frauenmanteltee. In erster Linie kommt eine solche Konstitutionstherapie jedoch nur für »echte« Pulsatillafrauen in Frage, die meist blond, blauäugig, immer sanftmütig sind und stets nah am Wasser gebaut haben.

Gelbkörpermangel ist ein Hauptanwendungsgebiet des Frauenmantels. Schon der englische Kräuterkundige Nicholas Culpeper hat den Frauenmantel hierfür empfohlen: »The distilled water drank for twenty days together, helps conception, and to retain the birth, if the women do sometimes sit in a bath made of the decoction of the herb.« (Das destillierte Wasser, über zwanzig Tage hinweg eingenommen, fördert die Empfängnis und erhält die Schwangerschaft, wenn die Frau ab und zu ein Sitzbad mit einer Frauenmantelabkochung durchführt.) Statt der Frauenmantel-Destillate (siehe Seite 48 und 328) bedient man sich heute meist der Frischpflanzenauszüge (z. B. Alchemilla Urtinktur von Alcea), um die Gelbkörperhormone zu regulieren. Mit der Einnahme sollte frau jedoch ein symbolisches »Ja zum Frausein« verknüpfen und sich vorstellen, wie der »Taubecher« den befruchtenden Tau empfängt und diesen wie eine Perle im Blattschoß bewahrt. Dies ergänzt die heilsame Wirkung der Tropfen auf der seelischen Ebene.

Der Frauenmantel steigert die Fruchtbarkeit auf vielfältige Weise und wurde keineswegs nur bei Unfruchtbarkeit durch Gelbkörpermangel gebraucht. Die Alchemilla reinigt von innen heraus das gesamte Schleimhautorgan, lindert auch unerkannte Entzündungen und reguliert die Menstruation, sodass das Nest nach einer Kur gesäubert ist.

Schließlich blickt das Kraut auch als Genitaltonikum auf eine lange Heiltradition zurück. Im Kräuterbuch des Tabernaemontanus findet man beispielsweise folgenden Hinweis: »So einem Weibe der Hals der Mutter zu schlipfferig/erlöchert und zu weit offen stünde/also daß sie nicht empfangen könne/und der Saamen wieder von ihr liefe/der soll Sinnaukraut zu Pulver stossen/und zwantzig Tag lang alle Morgen I Löfflein voll desselbigen mit Wein/oder aber mit einer Brühen warm trincken/das wird sie wieder zu recht bringen.«

Was der spätmittelalterliche Kräuterkundige da beschreibt, ist die Gebärmutterverlagerung. Sie ist zwar kein zwingender Hinderungsgrund, aber die Spermien haben es in der Tat etwas schwerer, in eine verlagerte Gebärmutter zu gelangen. Manche Gynäkologen empfehlen in solchen Fällen, beim Geschlechtsverkehr andere Stellungen einzunehmen, z. B. »es von hinten zu tun«. Manche machen deswegen nach dem Geschlechtsverkehr sogar Kopfstand, damit das Sperma besser in die Gebärmutter laufen kann. Lust an der Liebe genügt aber auch! Denn sexuelles Wohlbefinden regt die Gebärmutter an, sich nach der Liebe zu entspannen. Inzwischen weiß man, dass sich der Uterus nach einem Orgasmus kurz senkt, um in das Ejakulat einzutauchen.

»Er liebt mich …«. Zeichnung von Ludwig Richter (1803–1884).

Natürlich tonisieren Sitzbäder mit Frauenmantelkraut die Gebärmutter, und Kuren mit dem Tee oder mit den Frischpflanzenauszügen gleichen die Hormone aus – nicht umsonst schwören Volksmediziner auf den »Taubecher« als Pflanze für die Fruchtbarkeit.

Die Liebeslust sollte aber unbedingt ebenfalls gesteigert werden. Viele Paare haben gar keine Lust aufeinander – und bekommen vielleicht auch deswegen kein Kind. Viel zu viele Frauen haben aufgegeben, sich überhaupt sexuelle Befriedigung zu wünschen, und viel zu viele Männer haben aufgegeben, ihre Frau wirklich befriedigen zu wollen. Dabei sollten Mann und Frau einander erst wieder finden, bevor sie ein Kind in ihre Mitte aufnehmen.

Nehmen wir nur einmal an, die Seele des Ungeborenen würde uns beobachten, bevor es sich für einem Bauch entscheidet. Dann fällt es

»Weiß Lilien«, aus Lonicerus, Kreuterbuch (1679).
Der Madonnenlilie entströmt ein betörender Liebesduft.

auch leicht, sich vorzustellen, dass das Kind viel lieber in eine Familie hineingeboren werden würde, in der Frau und Mann einen freudvollen, liebevollen und respektvollen Umgang miteinander pflegen.

Liebe und Lust wieder zu finden erfordert zwar Geduld sowie wahrhaftes Interesse aneinander und immer wieder auch gegenseitige Rücksichtnahme. Vor allem sind aber offene Gespräche und ein liebevolles aufeinander Zugehen nötig.

Nicht zuletzt hilft uns die Natur sogar hier ein wenig auf die Sprünge, indem sie uns die Pflanzen der Liebe schenkt (siehe Seite 261).

Die Perle – Symbol und Amulettschmuck für die Fruchtbarkeit

Eine ähnliche Signatur wie im »Taubecher« findet sich in der Perle: Wenn ein Fremdkörper in eine Muschel gelangt, dann wird dieser von Perlmutt überzogen. Darin sahen die Naturvölker eine Fruchtbarkeitssymbolik. In Polynesien heißt es, die Perle sei aus der Vermählung von Vollmond und Meer entstanden. Perlschmuck gilt weltweit als Fruchtbarkeitsamulett. Auch bei uns ist es üblich, der Braut zur Hochzeit Perlschmuck zu schenken. In den Perlen, die auch »Tränen des Mondes« heißen, wirkt die Fruchtbarkeit spendende Kraft des Mondes.

Neben dem Tragen von Perlschmuck kann die Einnahme von verwandten Arzneien die Empfängnis fördern. Zwar gibt es Perlen nicht in Arzneiform, dafür gibt es jedoch aus Austernschalen gewonnenes Calciumcarbonat, das die fruchtbarkeitssteigernde Wirkung von Frauenmantel und Pulsatilla ergänzt (z. B. 2-mal täglich 1 Messerspitze Conchae Trituration D6 von Weleda). Conchae reguliert die Mondblutung und wirkt Allergien entgegen. Empfängnisfördernd wirkt auch die rote Koralle (Corallium rubrum), die beispielsweise in Matrigen I und II enthalten ist.

Wie man das Nest säubert

Vor einer gezielten Fruchtbarkeitssteigerung empfiehlt sich zunächst eine 1- bis 3-monatige Entgiftung und Schleimhautreinigung. Ist der Körper erst einmal von Bakterientoxinen und von Schwermetallen befreit, dann wirken in der Regel alle folgenden Arzneien besser. Oft werden Frauen bereits während der »Nestsäuberung« schwanger – auch gut! Frauen mit Kinderwunsch bekommen ohnehin nur sanft entgiftende Kräuter, die in der Frühschwangerschaft bestens vertragen werden. Falls eine Schwangerschaft eintritt, wird die Ausleitung einfach durch schwangerschaftserhaltende Maßnahmen ersetzt (siehe Seite 273).

Reinigende Teekur

2 Teile Brennnesselblätter
2 Teile Goldrutenkraut
3 Teile Gundelrebenkraut
3 Teile Frauenmantelkraut
2 Teile Schafgarbenblüten
1 Teil Stiefmütterchenkraut
2 Teile Storchschnabelkraut
3 Teile Taubnesselkraut mit Blüten

1 Esslöffel mit 200 ml Wasser heiß überbrühen, 8 bis 10 Minuten ziehen lassen, täglich 3 Tassen trinken.

Ausleitung mit Homöopathie: Zur unspezifischen Entgiftung bewähren sich 3-mal täglich 20 Tropfen Toxex spag., Tropfen (Pekana) und 3-mal täglich 10 Globuli Sulfur D6. Der homöopathische Schwefel wie auch Toxex lösen vor allem Schwermetalle und Pestizide.

Schleimhautsanierung: Weil schon leichteste Entzündungen das Überleben der Spermien erschweren, empfiehlt sich ein antimikrobielles und regenerierendes Vaginalgel; vom 6. bis 12. Zyklustag könnte frau

Links oben: Die reizlindernden Taubnesselblüten ergänzen den Frauenmantel in Sitzbädern oder Vaginalspülungen. (© Margret Madejsky)
Rechts oben: Die Kamille ist ein altes Frauenkraut mit antibiotischen Kräften. (© Olaf Rippe)
Links unten: Samenkapseln des Bilsenkrauts. Die Hexenpflanze wirkt geräuchert oder in Form von Einreibungen krampflösend auf den Unterleib. (© Margret Madejsky)
Rechts unten: Einst diente der Mönchspfeffer den Mönchen als triebdämpfendes Mittel, heute wird er wegen seiner hormonellen Wirkung bei Menstruationsstörungen gebraucht. (© Margret Madejsky)

Links oben: Der schweißähnliche Duft der Muskatellersalbeiblüten fördert in aphrodisierenden Tees, Bädern, Massageölen oder Räucherungen die Sinnlichkeit. (© Margret Madejsky)
Rechts oben: Im Volksmund heißt der stinkende Storchschnabel »Kindsmacher«, weil er die Fruchtbarkeit von Tier und Mensch steigert. (© Margret Madejsky)
Links unten: Das Gänseblümchen heißt in der Homöopathie »Arnika der Gebärmutter« und bewährt sich zusammen mit Frauenmanteltee zur Förderung der Rückbildung. (© Margret Madejsky)
Rechts unten: Einreibungen mit Johanniskrautöl gelten in der Volksmedizin als die beste Dammpflege.

Oben: Tanz einer Elfenblume in der Frühlingswiese. In der Homöopathie zählt die Küchenschelle (Pulsatilla) zu den großen Frauenheilmitteln und ergänzt den Frauenmantel bei Kinderwunsch, Regelstörungen oder Stimmungsschwankungen. (© Margret Madejsky)
Links unten: Die östrogenartig wirkende Silberkerze ergänzt in den Wechseljahren den hormonell ausgleichenden Frauenmantel. (© Olaf Rippe)
Rechts unten: Überwinternder Schachtelhalm. Der Schachtelhalm (Equisetum arvense) spendet Strukturkraft und wird z. B. zur Osteoporose-Prophylaxe gebraucht. (© Margret Madejsky)

»Proserpina« von Dante Gabriel Rossetti (1874): Der Granatapfel ist ein Attribut der Fruchtbarkeitsgöttin. Seine Samen enthalten pflanzliche Östrogene.

hierzu jeden Abend Majorana Vaginalgel (von Wala) in die Scheide einführen.

Da Pestizide sowie Schwermetalle wie Blei oder Quecksilber die Spermienbildung hemmen, ist es ratsam, auch den Mann zu entgiften. Die Entgiftung des Mannes kann ebenfalls mit Toxex und Sulfur D6 durchgeführt und mit einem kräftig ausleitenden Tee ergänzt werden.

Reinigende Teekur für den Mann

Angelikawurzel, Berberitzenwurzel, Bibernellwurzel, Eberwurz, Goldrute, Gundelrebenkraut, Meisterwurz und Wegwartenwurzel zu gleichen Teilen mischen.

1 Esslöffel mit 200 ml Wasser heiß überbrühen, 10 bis 15 Minuten ziehen lassen; 4 bis 6 Wochen lang täglich drei Tassen trinken.

Zuletzt noch ein Küchentipp: Viele Nahrungspflanzen haben die Kraft, den Körper von Stoffwechselschlacken oder Metallen zu befreien, z. B. Bärlauch (frische Blätter auf Brot, in Suppen und als Pesto), Kapuzinerkresse (Blüten und junge Blätter im Salat), Knoblauch (in jeder Form), Korianderkraut (als Suppe) oder Meerrettich.

Silber – Metall der Fruchtbarkeit

»Silber ist das Weiblein und hat weibliche Kraft und Eigenschaft an sich.«

Paracelsus

Es kam einmal eine Frau in die Praxis, die sich ein Kind wünschte und mir erzählte, dass ihr Eisprung seit ihrer Hochzeit ausgeblieben sei. Wir rätselten lange weshalb, und da ihr sonst nichts fehlte, entschied ich mich, ihr neben einer Teekur mit Frauenmantel eine Silbersalbe zur Baucheinreibung zu verordnen, und beschrieb ihr die Kraft des Silbers.

Silberschmuck wie auch silberne Bauchketten sind uralte Fruchtbarkeitsamulette – man denke nur an die orientalischen Bauchtänzerinnen. Ursprünglich war der Bauchtanz ein Fruchtbarkeitstanz, und die silberne Bauchkette diente keineswegs nur der Zierde. Im Grunde genommen handelt es sich um eine Urform der Reflexzonentherapie, denn unter der Silberkette liegen die Eierstöcke, und winzige, durch den Hautschweiß gelöste Metallpartikel genügen, um die Hormone anzuregen. Was für arabische Frauen die silberne Bauchkette, war für germanische Frauen einst der Brauch des Gürtens mit Beifuß oder Eisenkraut, deren Kräfte durch das Tragen auf nackter Haut in das Becken übergehen sollten.
Nach alter Vorstellung verkörpert sich im Silber die reine Mondkraft, die im Menschen in erster Linie für Zellaufbau und Fortpflanzung (Eierstöcke, Gebärmutter, Hoden) steht. Silber regiert laut Paracelsus aber auch die erste, vom Wachstum beherrschte Lebensphase, die im Mutterbauch beginnt und mit dem siebten Lebensjahr endet. So ist es heute noch Brauch, Neugeborenen Silberbecher oder -löffel zu schenken, damit sie besser gedeihen. In der Tat fördert Silber die Nahrungsaufnahme im Darm. Während das Mondmetall die Fruchtbarkeit junger Frauen steigert, zeichnet das Sonnenmetall Gold eher die Mütter aus.
Als ich so erzählte, fiel der Frau ein, dass sie zur Hochzeit ein modernes Besteckset geschenkt bekommen und deshalb ihr altes Silberbesteck weggeräumt hatte. Noch am selben Tag holte sie das Tafelsilber wieder hervor, und es dauerte nicht lange, bis auch ihr Eisprung wiederkehrte.

Silberarzneien für die Fruchtbarkeit

- Argentum metallicum praeparatum D5 Salbe (Weleda): Silbersalbe zur Anregung des Eisprungs; bewährt ist die abendliche Einreibung von Bauch und Becken vor allem in der ersten Zyklushälfte.

- Ovaria comp. Globuli (Wala): Regt die Keimdrüsen an; bei ausbleibendem Eisprung, Zyklusschwankungen und in den Wechseljahren 2- bis 3-mal täglich 15 bis 20 Globuli im Mund zergehen lassen. Eine tiefgreifendere Wirkung lässt sich durch Injektionskuren erzielen; z. B. 2- bis 3-mal wöchentlich 1 Ampulle Ovaria comp. subcutan auf der Linie zwischen Nabel und Schamhaar injizieren. Wichtig: Ovaria comp. sollte nicht bei Myomen oder Zysten angewendet werden!
- Testes comp. Globuli (Wala): regt die Keimdrüsen des Mannes an; zur Steigerung der Spermienbildung 2- bis 3-mal täglich 10 bis 15 Globuli.

Kinderwunsch

Was frau noch tun kann

- *Den richtigen Zeitpunkt wählen:* Paare mit Kinderwunsch warten für den Geschlechtsverkehr oft den Eisprung bzw. den 14. Zyklustag ab. Sexuelle Erfüllung, aber auch Stress (!), kann einen vorzeitigen Eisprung auslösen, und dann ist der 14. Tag vielleicht zu spät. Laut neuesten Erkenntnissen überleben gesunde Spermien bis zu sieben Tage in der Gebärmutter – falls keine Entzündung vorliegt –, daher sind einige Frauen während der Menstruationsblutung schwanger geworden. Während der Blutung herrscht in der Scheide ein alkalisches Milieu, in dem sich Spermien wohl fühlen, und auf dem »roten Teppich« gelangen sie leicht in die Gebärmutter; daher kann der erste Versuch bei ausklingender Blutung erfolgen. Eine günstige Zeit sind die drei Tage vor dem Eisprung – wenn es sein soll, dann warten die Spermien in der Gebärmutter auf die Eizelle. Letztendlich zeigt die eigene Lust, wann die richtige Zeit ist!
- *Den Partner zur Spermienkontrolle schicken:* Mindestens ein Drittel aller Fruchtbarkeitsstörungen gehen vom Mann aus. Die zunehmende Umweltbelastung und vor allem Zahngifte sowie Stress lassen die Spermienzahl und -qualität selbst bei jungen Männern sinken.

- *Nicht vergessen:* Geteiltes Leid ist halbes Leid! Daher sollten auch scheinbar kerngesunde Partner an der Fruchtbarkeitssteigerung aktiv mitwirken. Beckenmassagen mit wohlriechenden Ölen steigern z. B. die Fruchtbarkeit und die Lust aufeinander. Mit Entgiftungskuren kann man(n) sich von Umweltgiften reinigen, und mit Naturheilmitteln lässt sich die Spermienqualität verbessern (z. B. mit Testes comp., Wala).
- *Sich durchchecken lassen:* Ein großes Blutbild gibt z. B. Aufschluss über Eisenmangel, der eine Empfängnis erschwert. Über 20 % der Fruchtbarkeitsstörungen sind hormonell bedingt, weshalb ein Hormonstatus erhoben werden sollte (vor allem Östrogene, Gestagene, LH, FSH, Prolaktin, Schilddrüsenhormone und TSH). Bei einer Ultraschalluntersuchung kann man auf Myome oder Zysten stoßen, und ein Abstrich zeigt, ob entzündliche Prozesse die Empfängnis verhindern.
- *Einen Post-coital-Test durchführen:* Bei einem Post-coital-Test entnehmen Gynäkologen kurz nach dem Geschlechtsverkehr Vaginalsekret und beurteilen dieses mikroskopisch. Sind schon nach drei bis vier Stunden keine Spermien mehr beweglich oder gar keine mehr vorhanden, so liegt eine Störung beim Mann, ein zu saures Scheidenmilieu oder eine Sperma-Allergie vor, was man gezielt behandeln kann.
- *Alkohol, Kaffee, Nikotin und Stress reduzieren:* Im Normalfall bürdet sich nur ein ausgeruhter Körper den Stress einer Schwangerschaft auf! Genussgifte wie Nikotin sowie Stress hemmen die Sexualhormone, den Eisprung und die Spermienproduktion.

Im Garten der Aphrodite

Basilikum (Ocimum basilicum)

Wurde bereits von Paracelsus zur Fruchtbarkeitssteigerung empfohlen. »Das Kraut bewegt zu ehelichen Werken« (Tabernaemontanus) und wurde daher in Lustgärten angebaut. Basilicum Urtinktur wirkt krampflösend und fördert den Eisprung. Die frischen Blätter helfen in Liebesspeisen (z. B. Caprese) gegen die Kopflastigkeit.

Damiana (Turnera aphrodisiaca)

Heilpflanze der Maya; heißt auch »Asthmabesen«, weil die Blätter geraucht oder als Tee getrunken die Lungen- sowie die Sexualkraft beider Geschlechter stärken. Damianablättertee fördert Eisprung und Libido, wirkt entspannend und zugleich kraftspendend. Die Blätter eignen sich ebenso für sinnliche Räuchermischungen.

Madonnenlilie (Lilium candidum)

»Wer 3-mal an einer Lilie riecht, wird schwanger« (griechisches Sprichwort). Der betörende Duft lässt sich in sinnliche Massageöle einarbeiten; er wird durch Einlegen der Blüten in Öl gewonnen.

Muskatellersalbei (Salvia sclarea)

Alte Liebeszauberpflanze mit betörendem Schweißgeruch und östrogenisierender Wirkung. »Muskatellersalbei weckt die sinnliche Frau« (Valerie Ann Worwood). Das ätherische Öl verleiht Frauenduschen oder Liebesbädern eine sinnlich-erotische Note. Einfach unwiderstehlich ist die Kombination mit den echten Essenzen von Rose, Jasmin und Tuberrose, z. B. in Massageölen.

Rose (Rosa centifolia)

Ein unvergesslicher Sinnengenuss ist eine auf frischen Rosenblüten gebettete Liebesnacht! Die frischen Blüten erhält man als Streublumen für Hochzeiten in manchen Gärtnereien. Für 1001 Nacht empfiehlt sich Weleda-Wildrosenöl, das Frauen die Duftaura einer Königin verleiht und im Mann den Prinzen weckt (siehe Seite 24).

Rosmarin (Rosmarinus officinalis)

Hochzeitsschmuck und Symbolpflanze der ewigen Treue. Aus der Pflanze der Aphrodite bereitet man einen Liebeswein, der sogar müde Tiger wieder munter macht: hierzu 1 Handvoll frische Blätter in 0,7 Liter Weißwein einlegen und 7 Tage an der Sonne ziehen lassen, abseihen – fertig! Schon 1 bis 2 Schnapsgläschen Rosmarinwein erfrischen die Sinne, regen den Kreislauf an und fördern den Eisprung.

Yohimbé (Corynanthe yohimbé)

Die Rinde des »Liebesbaumes« ist Bestandteil afrikanischer Hochzeitstränke und ist das wirksamste rezeptfreie Aphrodisiakum. Yohimbé steigert die Beckendurchblutung und die Reflexerregbarkeit im Sakralmark. Bei Männern stärkt es die Erektion. Bei Frauen steigert es die Empfindungsfähigkeit. Beim Liebesakt wird oft ein Verschmelzen empfunden. Hierzu etwa 1 Stunde vorher ½ (bis 2) Teelöffel der Rinde cirka 10 Minuten lang in 200 ml Wasser kochen. Im Beginn treten oft Harndrang, Kreislaufstörungen und Übelkeit auf, weshalb zunächst die geringste Dosis zu wählen ist. Die Beschwerden lassen sich meist durch Melissengeist, Rosmarin und Vitamin C lindern. Wichtig: Alkohol, Ananas, Bananen, Käse, Medikamente und Schokolade für ein paar Stunden meiden – Yohimbé zählt zu den MAO-Hemmern und hemmt den Abbau von Fremdeiweißen und ist daher auch nur Gesunden zu empfehlen.

Mutterkräuter für die Schwangerschaft

»Alchemilla ist die Pflanze der gesunden Geburt, der raschen Wundheilung nach der Geburt, der Blutstillung in diesem Gebiete.«
Wilhelm Pelikan

Der Frauenmantel, Sinnbild des weiblichen Geburtsschoßes, begleitet uns nun auch durch die gesamte Schwangerschaft hindurch und bis in die Stillzeit hinein. Keiner weiß, wie lange das geheimnisvolle Rosengewächs schon als schützendes Mutterkraut in Gebrauch ist. Die heilkundliche Verwendung rund um die Schwangerschaft geht vermutlich auch auf uralte Erfahrungen in der Tiermedizin zurück. Neben dem Frauenmantel fanden viele Kräuter Eingang in die Heilkunde, weil sie sich zuerst am Tier bewährt hatten. So erwiesen sich beispielsweise Brennnesselsamen als ausgezeichnetes Kraftfutter für Pferde, da die vitaminreichen Samen für ein glänzendes Fell und ein vollblütiges Gebaren sorgen. Ebenso wurde der Storchschnabel jenen Tieren zugefüttert, die nicht trächtig werden wollten. Weil er die Fruchtbarkeit der Tiere steigerte, versuchte man schließlich auch die Fruchtbarkeit des Menschen damit zu beeinflussen.

Kraftfutter für Muttertiere

Zum Frauenmantel hatten die Bauern von jeher ein gespaltenes Verhältnis. Einerseits schätzten sie ihn als heilkräftiges und nahrhaftes Futterkraut für Milchvieh und Pferde. Frauenmantelwiesen liefern bekanntlich ein besonders hochwertiges Heu, das die Tiere gut gedeihen und schneller trächtig werden lässt. So mancher Bauer flößt

Geburtsszene aus »Der Swangeren Frawen und Hebammen Rosegarten« von Eucharius Roeßlin, Worms 1513.

seinen weiblichen Haustieren sogar Frauenmanteltee ein, damit die Muttertiere nach dem Werfen schneller wieder auf die Beine kommen und ihre Jungen besser mit Milch versorgen. Weil der Sinnau aber zu den Heudieben zählt, war er nicht immer nur gern gesehen. Der Heueintrag fällt auf solchen Wiesen stets geringer aus als bei normalem Grasbewuchs. Ein üppiger Frauenmantelbewuchs kann die Ernte um bis zu 30 % mindern.

Trotzdem nutzen Bäuerinnen die außergewöhnlichen Kräfte dieser häufigen Wiesenbewohnerin, und die heilkundliche Verwendung in der Schwangerschaft, vor, wie auch nach der Geburt, ist immer noch tief in der alpenländischen Volksmedizin verwurzelt.

Wenn es darum geht, die Schwangerschaft zu erleichtern, die Leibesfrucht zu schützen, eine reibungslose Geburt vorzubereiten oder die Geburtswunden zu schließen, dann ist der Frauenmantel bis heute das beliebteste Volksheilmittel geblieben.

Allerorts loben Kräuterkundige seine umfassende Wirkung, und auch der Schweizer Kräuterpfarrer Künzle berichtete wahrhaft Erstaunliches über sein »Aller Frauen Heil«: »Das Frauenmänteli stärkt die Muskeln der Frau in geradezu auffallender Weise. Einer Frau im Glarnerland, welche schon 10 Geburten durchgemacht hatte, wobei die letzten drei sie zwischen Leben und Tod brachten, prophezeiten die Ärzte, die 11. Geburt werde ihr den sicheren Tod bringen. Die 11. Geburt kam wirklich, brachte jedoch keineswegs den Tod, war auch keine Fehlgeburt, sondern die leichteste und beste von allen elfen, und das Kind war das schönste und stärkste von allen; wie war dies nun gekommen. Die gute Frau hatte auf den Rat eines Kräutermannes vom dritten Monat an täglich eine Tasse Frauenmänteli getrunken.«

Alchemilla verhütet Fehlgeburten

Zur Erhaltung der Schwangerschaft und zur Verhütung von Fehlgeburten kann man die sanftmütige Alchemilla wirklich nicht genug empfehlen. In der traditionellen abendländischen Kräuterheilkunde ist dies auch eines ihrer Hauptanwendungsgebiete.

Hierfür empfahl schon der englische Phytotherapeut Nicholas Culpeper den Frauenmantel in seinem Kräuterbuch »The Herbal«. Im Gegensatz zur modernen Frauenheilkunde und Geburtshilfe, in der lokale Kräuteranwendungen in der Schwangerschaft in Vergessenheit geraten sind, riet Culpeper den Frauen noch zur Einnahme eines Frauenmanteldestillats sowie zu Sitzbädern mit den Abkochungen aus Frauenmantelkraut (siehe Seite 252).

Sofern es sich nicht gerade um eine Problemschwangerschaft handelt, die mit unstillbarem Erbrechen oder Blutungen einhergeht, steigern wohltemperierte Sitzbäder das Wohlbefinden der Schwangeren und kräftigen zudem die Gebärmutter. Das Kind sitzt im Mutterbauch ohnehin so sicher wie in einem Safe, und der Muttermund ist durch einen Schleimpfropf fest verschlossen, sodass ein Sitzbad nicht schaden kann. Nur von Vaginalspülungen sollten Schwangere absehen, denn diese können dem schützenden Schleimpropf vor dem Muttermund schaden.

Heute sind Frauenmantel-Destillate nicht mehr sehr gebräuchlich und kommen nur noch in der Spagirik zum Einsatz (siehe Seite 48 und 328). Aber auch ein Frauenmanteltee und vor allem die Alchemilla-Urtinktur zeigen immer wieder einen stabilisierenden Einfluss auf die Schwangerschaft.

Eine besonders erfreuliche Erfahrung durfte ich machen, als wieder einmal eine Frau mit Kinderwunsch zu mir kam. Die 37-Jährige hatte dreieinhalb Jahre zuvor die Pille abgesetzt, weil sie schwanger werden wollte. Daraufhin kam es in kurzer Folge dreimal hintereinander zum Abgang. Ein Gynäkologe riet ihr, sich künstlich befruchten zu lassen – welch ein Unsinn, wenn man bedenkt, dass sie ja leicht empfangen hatte und dass eine künstliche Befruchtung keineswegs eine Absicherung vor Fehlgeburten darstellt! In ihrem Fall lag die Ursache in einer Schilddrüsenunterfunktion in Kombination mit Gelbkörpermangel, wie er nach Absetzen der Antibabypille eben vorkommen kann.

Zuallererst ließ sie sich also Jodtabletten verordnen. Dann regten wir den Eisprung an (siehe Seite 258), und mit Hilfe der Alchemilla-Urtinktur regulierten wir schließlich noch die Gelbkörperhormone. Der Behandlungserfolg schlug sich sofort in den Temperaturkurven nieder, die bereits im zweiten Einnahmezyklus einen geradezu vorbildlichen Verlauf zeigten. Die Frau wurde schon im dritten Behandlungsmonat schwanger. Natürlich hatte sie zunächst noch große Angst vor

In der Volksmedizin gilt der Frauenmantel als wichtigste Heilpflanze zur Verhütung von Fehlgeburten. (© Margret Madejsky)

einem erneuten Abgang. Doch die mit Hilfe der Alchemilla eingeleitete und begleitete Schwangerschaft fühlte sich von Anfang an anders als die vorangegangenen an. Also nahm die Frau konsequent die ganze Schwangerschaft über Jodtabletten sowie kleine Mengen der Alchemilla-Urtinktur ein und ist schließlich glücklich niedergekommen.

Mantelschutz für Mutter und Kind

Der Frauenmantel erweist sich besonders dann als hilfreich, wenn Gelbkörpermangel die Empfängnis erschwert und die Schwangerschaft gefährdet. Die Gelbkörperhormone (Gestagene) sind nämlich die schwangerschaftserhaltenden Hormone. Bei Gelbkörpermangel kann sich eine befruchtete Eizelle nur schwer in der Gebärmutterschleimhaut einnisten. Daher ist der Gestagenmangel insbesondere bei nicht mehr ganz jungen Frauen eine häufige Ursache für eingeschränkte Fruchtbarkeit oder für Abgänge in der Frühschwangerschaft.

In unserer hektischen Zeit treten aber noch weitere Ursachen für Fehlgeburten hinzu, z. B. Stress! Körperliche oder seelische Überbelastung bringen die Hormone gründlich durcheinander und gefährden die Frühschwangerschaft. Erfahrungsgemäß überlasten sich vor allem jene Frauen, die lange Zeit unter ihrem unerfüllten Kinderwunsch gelitten haben. Wenn sie endlich schwanger sind, dann können sie es meist nicht glauben und arbeiten weiter, als ob nichts wäre – oft aus Angst, es könnte noch etwas schief gehen. Dabei ist es so wichtig, dass die werdende Mutter zu ihrer Schwangerschaft steht und ihr Tempo der neuen Lebenssituation anpasst. Die meisten Gynäkologen sind aber in dieser Hinsicht sehr verständnisvoll und bei Schwangeren im Allgemeinen großzügig mit Krankschreibungen.

Auch Fruchtwasseranalysen sind nicht ganz unbedenklich. Da wird eine Frau vielleicht nach vielen Anläufen endlich schwanger und lässt sich zur Fruchtwasserpunktion schicken, weil sie eben nicht mehr so jung ist. Doch die Abgangsrate ist innerhalb der ersten Woche nach Punktion recht hoch, sodass ich meine Patientinnen stets auffordere, sich schon im Voraus gut zu überlegen, ob sie dieses Risiko wirklich eingehen wollen. Inzwischen raten auch Hebammen von der Punktion ab, weil der Nutzen der Fruchtwasseranalyse im Normalfall nicht so groß ist, dass es sich lohnen würde, dafür eine Schwangerschaft aufs Spiel zu setzen.

Die fruchterhaltenden Kräfte der Alchemilla

Nun zurück zur Alchemilla. Erfahrungsgemäß gleichen schon 1 bis 2 Tassen Frauenmanteltee am Tag den Hormonhaushalt der Schwangeren aus, vermindern eine Blutungsneigung und steigern das allgemeine Wohlbefinden. Frauenmantel-Schwangerschaften verlaufen in der Regel viel harmonischer, und die Schwangeren mögen das milde Rosengewächs sehr gerne. Sein einhüllendes Wesen macht den Frauenmantel zur idealen Schutzpflanze für Mutter und Kind.

Am besten ist es, den Tee oder kleine Mengen der Urtinktur über die gesamte Schwangerschaft hinweg einzunehmen. Denn Alchemilla wirkt auf sanfte Weise vielen Schwangerschaftsbeschwerden entgegen. Sie kräftigt z. B. die Venen, liefert Mineralstoffe und gilt seit langem schon als bewährtes Gebärmuttertonikum. Das alte Frauenkraut lindert aber auch Anflüge von Übelkeit in der Frühschwangerschaft. Laut neuesten Erkenntnissen vermag unsere kleine Alchimistin sogar den Blutdruck zu senken, sodass sie durchaus zur Vorbeugung oder zur begleitenden Behandlung einer Gestose, die mit Bluthochdruck sowie mit unstillbarem Erbrechen einhergeht, empfohlen werden sollte.

Zwar wird auch dieses Frauenkraut nicht im Alleingang alle Beschwerden beseitigen, vor allem weil Schwangerschaftsbeschwerden meist vielschichtiger Natur sind. Oftmals werden Übelkeit und Erbrechen durch seelische Konflikte ausgelöst oder verstärkt. Wenn Existenzsorgen die Schwangere belasten oder wenn die Frau vielleicht gar nicht schwanger werden wollte und das Kind in ihrem Bauch unbewusst ablehnt, dann wird selbst die Alchemilla nur Linderung bewirken können.

Dennoch sollte der Frauenmantel auch bei Problemschwangerschaften angewendet werden. Sein hormonell ausgleichender Einfluss ist gerade dann von unschätzbarem Wert, wenn Körper oder Seele in der Schwangerschaft aus dem Gleichgewicht geraten. Überhaupt sollte sich jede werdende Mutter dem Mantelschutz der Alchemilla anvertrauen. Doch gilt hier die alte Regel: Nicht viel hilft viel! Meist genügen schon 1 bis 2 Tassen Frauenmanteltee täglich oder 2-mal täglich 10 Tropfen der Urtinktur, um die fruchterhaltenden Kräfte der Alchemilla zur Entfaltung zu bringen.

Schwangerschaft

Was frau sonst noch tun kann

- *Auf heiße Bäder verzichten:* Besonders in der Frühschwangerschaft oder bei Problemschwangerschaften sollten stark durchblutungssteigernde Lokalmaßnahmen (z. B. Frauendusche) vermieden werden.
- *Keine Medikamente ohne Absprache einnehmen:* Ausnahmslos alle Arzneien – besonders Abführmittel, Schmerztabletten, aber auch Naturheilmittel(!) – sollten in der Schwangerschaft nur nach Absprache mit Gynäkologen, Hebammen oder Heilpraktikern eingenommen werden!
- *Eine Hebamme zu Rate ziehen:* Es empfiehlt sich, bereits in der Frühschwangerschaft eine Hebamme aufzusuchen; die Beratungskosten werden von der Krankenkasse getragen. Schwangere empfinden die sanften Untersuchungsmethoden der Hebamme meist als sehr angenehm; Hebammen untersuchen z. B. viel manuell und weniger mit Ultraschall.
- *Präservative benutzen:* Vor allem bei Problemschwangerschaften oder bei Neigung zu Abort sollte der Mann beim Geschlechtsverkehr ein Präservativ benutzen, da Begleitstoffe im Sperma Wehen erregend sind. Auch sollte frau auf ihren Bauch hören: Oft hat die Schwangere wegen ihrer hormonellen Situation von heute auf morgen gar keine Lust mehr auf Sexualität und sollte sich dann auch nicht dazu zwingen.
- *Genussmittel reduzieren:* Schwangere müssen zwar nicht auf alles verzichten, aber besonders Alkohol und Nikotin können die Zellteilung beeinträchtigen. Die Regel lautet: alles in Maßen!
- *Überanstrengung vermeiden:* Vor allem in der Frühschwangerschaft neigen viele Frauen dazu, ihre Schwangerschaft noch zu verheimlichen und sich zu viel Arbeit aufzubürden. Reden Sie einfach mit Ihrem Chef oder Ihren Kollegen offen über die Schwangerschaft, und passen Sie ihr Tempo in der Arbeit wie auch in der Freizeit der neuen Situation an.

Kräutertee für die Schwangerschaft

Während der Schwangerschaft empfiehlt sich folgende Teemischung. Brennnesselblätter regen die Blutbildung an und füllen den Eisenspiegel auf. Frauenmantel stärkt den Uterus und gleicht hormonell aus. Goldrute verbessert die Nierenfunktion und wirkt Wassereinlagerungen entgegen. Himbeerblätter kräftigen die Beckenorgane. Melisse reguliert den Kreislauf. Schafgarbe beugt Blutungen und Blasenentzündungen vor.

Brennnesselblätter (Eisenlieferant und Stoffwechselheilpflanze)
Frauenmantelkraut (Gebärmuttertonikum und Hormonregulans)
Goldrutenkraut (Nierenheilpflanze)
Himbeerblätter (gewebekräftigendes Mutterkraut)
Melissenblätter (Kreislauf- und Nerventonikum)
Schafgarbe (Blutstillerin und Blutreinigerin)

2 Teelöffel der Mischung mit ca. 200 ml kochendem Wasser heiß überbrühen, etwa 5 bis 8 Minuten ziehen lassen, abseihen und mit ein wenig Honig süßen; 1 bis 3 Tassen täglich trinken.

Brennnessel (© Margret Madejsky)

Kräutertee gegen das Verlieren des Fruchtwassers

(Originalrezept des Münchener Kräuterhauses Lindig)

Sofern Fruchtwasser frühzeitig abgeht, sollte sich die Schwangere in jedem Fall schonen und so bald wie möglich Arzt oder Hebamme aufsuchen. Begleitend zu den schulmedizinischen Maßnahmen können täglich 2 bis 3 Tassen dieser regenerierenden Teemischung getrunken werden. Die Teemischung stärkt die Gebärmutter, wirkt wundschließend und bremst den Abgang von Fruchtwasser.

2 Teile Eichenblätter
½ Teil Eichenrinde
2 Teile Frauenmantel
1 Teil Hirtentäschelkraut
2 Teile Sanikel
½ Teil Schlangenknöterich
2 Teile Silbermantel

1 bis 2 Teelöffel der Mischung mit 200 ml heißem Wasser überbrühen, ca. 5 bis 10 Minuten ziehen lassen; 2 bis 3 Tassen täglich trinken.

Eichenrinde wird von Volksmedizinern unter anderem gegen das Verlieren des Fruchtwassers empfohlen. (© Margret Madejsky)

Mutterkräuter für die Schwangerschaft

1. Trimenon (1. bis 3. Monat)

- *Mit Alchemilla die Schwangerschaft schützen:* 2-mal täglich 1 Tasse Frauenmanteltee oder 2-mal täglich 5 bis 10 Tropfen Alchemilla Ø (Alcea) wirken hormonregulierend, schwangerschaftserhaltend und steigern das allgemeine Wohlbefinden.
- *Eisenspiegel auffüllen:* Schon in der Frühschwangerschaft sollte der erhöhte Eisenbedarf ausgeglichen werden. Hierzu genügen oft schon 1 bis 2 Gläschen rote Traubensäfte. Bei Eisenmangel erweist sich Brennnesseltee als sanft und sehr wirkungsvoll. Bei Bedarf ergänzt man mit täglich 1 bis 2 Messerspitzen Hämatit Trituration D6 von Weleda (= »Blutstein« = Eisen-III-oxid).
- *Vitamine zuführen:* Folsäuremangel ist der häufigste Vitaminmangel in der Schwangerschaft. Meist lässt sich der Folsäurespiegel durch die Zufuhr von Blattgemüse auffüllen; Gynäkologen verordnen gerne Kombi-Präparate mit Magnesium. Der Vitamin-C-Bedarf ist jetzt ebenfalls erhöht. Frisch gepresster Zitronensaft oder Ascorbinsäurepulver stärken die Gefäße und die Abwehrkräfte. Andere Vitamine nur in Absprache mit Therapeuten einnehmen!
- *Die Knochenbildung anregen:* Schwangere können den erhöhten Kalziumbedarf z. B. mit »Aufbaukalk« von Weleda ausgleichen. Die ganze Schwangerschaft hindurch und während der Stillzeit empfiehlt sich morgens 1 Messerspitze Aufbaukalk I und abends 1 Messerspitze Aufbaukalk II, damit das Kind kräftige Knochen und gesunde Zähne bekommt.
- *Der morgendlichen Übelkeit entgegenwirken:* Übelkeit und morgendliches Erbrechen sind meist das erste Zeichen einer Frühschwangerschaft. Hier ein paar Tipps aus der Volksmedizin: Manchmal hilft das Kauen einer Kaffeebohne, sofern eine Kreislaufschwäche vorliegt und der Geschmack vertragen wird. Hildegard von Bingen empfahl einst magenbesänftigende Gewürzplätzchen mit Mutterkümmel, weißem Pfeffer und Bibernellpulver – diese Gewürz-

mischung ist in manchen Reformhäusern erhältlich. Bewährt haben sich auch »Nausyn Tabletten« von Weleda, die ebenso bei Reisekrankheit helfen. Aus der Homöopathie kommt noch Sepia (D12–D30) infrage, falls die Schwangerschaft unbewusst abgelehnt wird; das Mittel sollte aber nur in Absprache mit erfahrenen Homöopathen eingenommen werden. Übelkeit und Erbrechen enden meist am Ende des 3. Monats von alleine.

2. Trimenon (4. bis 6. Monat)

- *Mit Kräutertees die Nieren anregen und die Venen kräftigen:* Zu den häufigen Beschwerden in der Spätschwangerschaft gehören Wassereinlagerungen und Venenschwäche, die sich mit einer Teemischung lindern lassen: siehe Schwangerschaftstee, Seite 271.
- *Vorzeitiger Wehentätigkeit entgegenwirken:* Vereinzelte Wehen dürfen in der gesamten Schwangerschaft auftreten. Wenn es im Bauch zieht, sollte die Schwangere sich in jedem Fall Ruhe gönnen. Abendliche Bauch- und Beckeneinreibungen mit »Kupfer-Salbe, rot« (Wala) wirken krampflösend und verbessern die Nierenfunktion. Anthroposophische Ärzte verordnen bei vor-/frühzeitigen Wehen zusätzlich Keimzumpe (Bryophyllum Trituration 50 % von Weleda).
- *Baucheinreibungen lindern Schwangerschaftsstreifen:* Zur Verhütung von Schwangerschaftsstreifen empfehlen sich nun tägliche Baucheinreibungen mit Ringelblumenöl, die das Gewebe auf sanfte Weise kräftigen und einer Narbenbildung entgegenwirken.

3. Trimenon (7. bis 9. Monat)

- *Die Verdauung erleichtern:* Eine Neigung zu Verstopfung verstärkt sich meist in der Spätschwangerschaft. Oft handelt es sich um ein mechanisches Problem: Das Kind fordert zunehmend Raum. Meist genügt es, viel zu trinken und 1- bis 3-mal täglich 1 Esslöffel unzerquetschte und eingeweichte Leinsamen einzunehmen; wichtig ist es, pro Esslöffel zusätzlich ein Glas Wasser zu trinken.

Hilfreich sind auch Mariendistelkuren (z. B. »Carduus marianus Kaps.« von Weleda), die die Leber stärken und den Stuhl weicher machen.

- *Schon vor der Geburt die Milchbildung anregen:* Hebammen empfehlen, bereits 4 Wochen vor der Geburt einen Milchbildungstee zu trinken. Bewährt sind beispielsweise Brotgewürze wie Anis, Fenchel, Koriander und Kümmel; am besten bereitet man sich täglich eine Tasse aus den frisch zerquetschten Früchten.
- *Einer Übertragung vorbeugen:* Mit der Küchenschelle (Pulsatilla D6) kann man oft eine Übertragung verhindern, indem man das Mittel schon 4 Wochen vor der Geburt einnimmt; z. B. 2-mal täglich 5 bis 10 Globuli. Wenn Erstgebärende das Kind unbewusst nicht loslassen wollen, hilft manchmal Ignatia D30. Die Homöopathie kennt viele Geburtsmittel: Caulophyllum D3–D6 (regt die Wehen an), Cimicifuga D3 (regt die Wehen an und nimmt die Angst), Gelsemium D4 (öffnet den Muttermund) … Homöopathische Mittel sollten aber in jedem Fall mit Arzt oder Hebamme abgesprochen werden, da auch unerwünschte Reaktionen möglich sind.

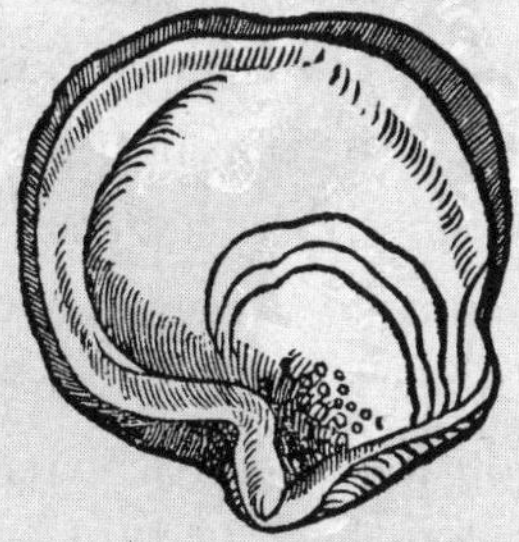

Perlenmutter (Lonicerus, Kreuterbuch 1679).
Das aus der Austernschale gewonnene Kalziumcarbonat begleitet die Frau durch Schwangerschaft und Stillzeit.

Pflanzenkraft für Geburt und Wochenbett

»Jede Kindbetterin sollte 8 bis 10 Tage fleißig recht viel von diesem Kraut (Frauenmantel) trinken. Manche Kinder hätten noch ihre Mutter und mancher geschlagene Witwer seine Frau, wenn sie diese Gottesgabe gekannt hätten.«

Kräuterpfarrer Künzle

Der Frauenmantel, das heilige Kraut der geburtsmächtigen Göttin Frigga, wird seit vielen Jahrhunderten rund um die Geburt gebraucht. Einst zählte es zu den magischen »Schlosskräutern«, die das Becken der Gebärenden öffnen sollten; Arnika, Beifuß und Melisse dienten ebenfalls als »Schlosskräuter«. Während der Geburt bettete man die Frauen auf duftenden Kräuterkissen, und manchmal band man der Gebärenden sogar einen richtigen Schlüssel ans Kniegelenk. Vermutlich stellten sich die Frauen dabei vor, dass ihr Becken ein Schatzkästchen ist, das sich mit Hilfe der »Schlosskräuter« und des Schlüssels eben leichter öffnen lässt. Unter wohltuenden Beifußräucherungen und unter den Zaubergesängen der anderen Frauen flößte man ihr heilsame Mutterkräuter ein, und so nahm die Geburt, die ja der wichtigste Wendepunkt im Leben von Mutter und Kind war und folglich besonderen Schutzes bedurfte, einen leichteren Verlauf.

Längst sind magische Bräuche, »Schlosskräuter« oder Liebfrauenbettstroh (siehe Seite 62) durch desinfizierte Kreißsäle, Wehen erregende Medikamente und Respekt einflößende Ärzte abgelöst. Aber bis heute folgen noch manche Hebammen der Heiltradition, die in der Volkmedizin der Germanen wurzelt, und empfehlen das Frauenmantelkraut – vor wie auch nach der Geburt – zur Kräftigung der Gebärmutter.

In der Geburtsvorbereitung leistet der Frauenmantel zweifelsohne gute Dienste. Er steht z. B. in dem Ruf, das Bindegewebe zu stärken und einen Dammriss zu verhüten. Manche Hebammen schwärmen jedoch auch vom Himbeerblättertee, der ebenfalls auf eine lange Tradition als Gebärkraut zurückblickt. Eine Südtiroler Hebamme verriet mir, dass sie fast allen Frauen, die kurz vor der Geburt stehen, eine Teemischung aus Frauenmantelkraut und Himbeerblättern verordnet. Dies soll den Muttermund weich und dehnbar machen, sodass sie nur noch sehr selten einen Dammschnitt durchführen muss.

Darüber hinaus erwies sich die Einnahme von Frauenmanteltee oder -extrakten als hilfreich zur Verhütung von Geburtsblutungen. In

Pariser Wochenstube im 18. Jahrhundert; Kupferstich von Etienne Huyot.

Hebammen schwören auf Himbeerblättertee zur Verhütung von Dammschnitten. (© Margret Madejsky)

klinischen Untersuchungen konnten rumänische Wissenschaftler feststellen, dass der Frauenmantel die Blutgerinnung günstig beeinflusst (siehe Seite 93). Nimmt man Tee oder Extrakt schon vorbeugend ein, dann steigen im Blut die Thrombozyten an; die Blutplättchen regulieren über die Freisetzung von Gerinnungsfaktoren die Blutgerinnung. Aufgrund der positiven Untersuchungsergebnisse werden Frauenmantelextrakte in Rumänien längst wieder rege in der Geburtshilfe gebraucht. Mit ihnen lassen sich aber nicht nur Geburtsblutungen hemmen. In Rumänien beugt man so auch anderen Operationen vor, die mit größeren Blutverlusten einhergehen können. Natürlich muss man dazu nicht unbedingt die Extrakte einnehmen. In den letzten Wochen vor der Niederkunft genügen meist schon 2 bis 3 Tassen Frauenmanteltee täglich, um die Geburtsblutungen etwas zu mäßigen.

Der Frauenmantel besitzt noch weitere Heileigenschaften, die ihn zum vielleicht wichtigsten Kraut für die Wöchnerin machen: Alchemilla zählt nämlich seit vielen Jahrhunderten zu den bewährten Wundheilpflanzen.

Schon Paracelsus, dessen Geburtsort bei Einsiedeln in der Schweiz inmitten von Frauenmantelwiesen liegt, lobte das heilkräftige Gewächs: »Collatenna (= Tränenhalterin) im Trank verordnet, heilt sowohl äußere als auch innere Wunden.« Paracelsus lernte bereits in seiner Kindheit die Kräfte der Heilkräuter kennen, die er für seinen Vater, der Landarzt war, sammeln musste. In den Werken des Paracelsus finden sich daher mehrere Fieber- und Wundtränke mit Frauenmantelkraut. Bei Wunden empfahl er z. B., eine Abkochung aus Frauenmantel, Sanikel und Tausendgüldenkraut in Wein einzunehmen. Gegen Fieber verabreichte er Frauenmantel, Lärchenharz und Lavendel mit Zucker zubereitet.

Paracelsus, der nach eigener Aussage einen großen Teil seiner Heilkunst von kräuterkundigen Bauern und vom fahrenden Volk gelernt hatte, meinte mit dem »Trank für die inneren Wunden« sicherlich auch den seinerzeit weit verbreiteten Brauch des Kindbettumtrunks. Um das lebensgefährliche Kindbettfieber, eine von der Geburtswunde aufsteigende Infektion, zu verhüten, bereiteten Hebammen der Wöchnerin einst mit heilsamen Frauenkräutern versetzte Tränke.

Zu germanischen Zeiten wurden die Heilpflanzen für das Wochenbett noch in köstlichem Met gesotten. Im Mittelalter lief dann das Bier dem Met den Rang ab, und heute werden Bier wie auch Met meist durch Heilkräutertees ersetzt. Nur die verwendeten Kräuter sind im Grunde dieselben wie noch vor tausend Jahren, denn an deren Heilkraft hat sich nichts geändert: Die wichtigste Pflanze für die Fieber verhütenden und wundheilenden Wochenbetttränke war und bleibt der Frauenmantel. Seine entzündungswidrigen und zusammenziehenden Eigenschaften tragen dazu bei, dass sich die Geburtswunden rascher schließen und dass sich die Gebärmutter rascher wieder zurückbildet.

In einem Kräuterbuch aus dem 16. Jahrhundert wurde die Wirkung des Frauenmantels genau beschrieben: »Vnter die rechten wundkreutter gehört auch der Sinnaw/Vnser Frawenmantel/dann er helfft und heylet nicht allein die wunden/sonder lescht und vertreibt auch die hitze der Schäden/sie seyen offen oder zu/eusserlich oder jnnerlich.« (Mattiolus, *New Kreuterbuch*, Prag 1583).

Mit der »hitze der Schäden« meinte Mattiolus noch Wundinfektion und Wundfieber. Gegen das Wundfieber der Wöchnerin kannten die Kräuterhebammen allerdings noch weitere Frauenheilpflanzen. Bei solchen »inneren Wunden« empfahl Hildegard von Bingen beispielsweise die Schafgarbe, deren antibiotische und blutstillende Kräfte die der Alchemilla sinnvoll ergänzen. In der Volksmedizin nutzt man ihre reinigenden Kräfte schon lange. Aber erst seit wenigen Jahren ist bekannt, dass die ätherischen Öle der Schafgarbe speziell jene Krankheitserreger bekämpfen, die das Kindbettfieber hervorrufen (vor allem Staphylo- und Streptokokken). Damit zeigt sich wieder einmal, dass die moderne Pflanzenforschung die altbekannten Heilindikationen der Frauenkräuter meist nur bestätigt.

Erste Hilfe beim Wochenbett-Blues

Von Volksheilkundigen wird der Frauenmantel oft als alleinige Heilpflanze für Wöchnerinnen gepriesen; jedoch ist der Begriff »Wochenbett« irreführend, da es sich eigentlich um eine mehrwöchige Phase handelt, in der sich alle Veränderungen, die durch Schwangerschaft und Geburt eingetreten sind, zurückbilden.

Jedenfalls kommen die Frauen durch den täglichen Genuss einer Kanne Frauenmanteltee nach der Geburt viel schneller wieder zu Kräften, und auch die Hormone kommen leichter wieder ins Gleichgewicht. Nach einer Geburt sinkt nämlich die Produktion von Östrogenen und Gelbkörperhormonen schlagartig ab. Bei jeder zweiten Frau stellen sich infolge des plötzlichen Hormonentzugs mehr oder weniger ausgeprägte psychische Beschwerden ein. Besonders berüchtigt ist der dritte Tag nach der Niederkunft, an dem die depressive Verstimmung im so genannten »Heultag« oder »Wochenbett-Blues« gipfelt.

Zwar fängt die Alchemilla mit ihrer gestagenartigen Wirkung die hormonelle Talfahrt ein wenig auf und glättet auch die hormonell bedingten Stimmungsschwankungen, ähnlich wie sie es in den Tagen vor der Regel tut. Dennoch ist es sinnvoll, nun zusätzlich auf sanfte Weise die Hormone anzuregen, um der Wochenbettdepression entgegenzuwirken. Stark östrogenisierende Pflanzen wie Hopfen oder Salbei sind im Wochenbett allerdings noch nicht angesagt, da die hormonartige Wirkung die Milchbildung beeinflusst. Eine Teemischung aus Hopfenzapfen, Salbei- und Walnussblättern unterstützt erst viele Monate später das Abstillen, da diese Pflanzen den Milchfluss hemmen.

Die weisen Frauen kannten einst noch viele weitere heilsame Pflanzenbräuche, die die Mutter und das Neugeborene vor allerlei bösen Einflüssen schützen sollten. Vor allem Räucherungen mit Beifuß, der im Mittelalter noch »Teufelsflucht« hieß, sollten die Krankheitsdämonen vertreiben. Mit über Fenstern und Türen aufgehängten Lebenszweigen (z. B. Himmelfahrtsbuschen) sperrten sie einfach alle bösen Geister aus. Die Wiegen, die gern aus Birkenholz angefertigt waren, schützten sie mit Büscheln aus Geister abwehrenden Wiegenkräutern (z. B. Beifuß) und manchmal sogar mit Silberamuletten.

Heute wird man allenfalls belächelt, wenn man vom Schutzzauber durch Räucherungen oder Lebenszweige erzählt. Dabei kann ein wenig Schutzzauber rund um die Geburt wie Seelenbalsam wirken!

Aber es gibt auch zeitgemäßere Möglichkeiten, die Pflanzenkräfte fürs Wochenbett zu nutzen. Mild östrogenartig und somit auch stimmungsaufhellend wirken z.B. Basilikumblätter. Sie beruhigen und stärken die Nerven und regen sogar noch den Milchfluss an. Als erste Hilfe hat sich auch die Einreibung der Ohrläppchen mit einer Mischung aus ätherischem Lavendel- und Rosenöl bewährt. Die adelige Schwester der Alchemilla umhüllt die Wöchnerin mit ihrer königlichen Duftaura, und der Lavendel klärt die Gedanken und hilft, sich besser abzugrenzen. Besonders heilsam und wohlschmeckend ist jetzt aber ein Kräutermet für die Kindbetterin. In der Regel ist die Krise schon nach wenigen Tagen überwunden, und der Körper hat sich der neuen hormonellen Situation angepasst.

»Hopffen genützt/treibet die Melancholey/und schwere deß Geblüts/ auß dem Leib« (Lonicerus, Kreuterbuch 1679).

Kräuterzauber für die Kindbetterin

Vor wenigen Jahrhunderten war eine Geburt noch von allerlei Heil- und Schutzzauber begleitet: Räucherungen mit Beifuß sollten alles Böse von Mutter und Kind fern halten, nach der Geburt wurde die Plazenta unter einem Obstbaum begraben und die Wiege wurde mit Dämonen abwehrenden Amuletten sowie mit duftenden Kräuterbüscheln behangen.

Wenn die Sippe endlich die Mutter beglückwünschen und das Neugeborene bestaunen durfte, so war dies stets Anlass für einen Wochenbettumtrunk, der wie so viele Pflanzenbräuche natürlich der Gesundung diente. Besonders gefürchtet war nämlich das Kindbettfieber, das von der Geburtswunde ausging und an dem wegen der mangelnden Hygiene im Mittelalter noch unzählige Frauen starben. Um dieses Wundfieber zu verhüten, erhielt die Mutter eine kräftigende Weinsuppe und einen heilsamen Kräutermet, der in späteren Zeiten durch das Kindbier abgelöst wurde. Die Kräuter, von denen meist 1 bis 2 Hand voll in Met oder Bier gesotten wurden, sollten in erster Linie Geburtsblutungen drosseln, die Blutverluste ausgleichen, die Geburtswunde schließen und die Gewebe kräftigen.

Ein solcher Kräutermet kann natürlich auch heute noch nach den Geburtsmühen die Regeneration anregen, die Rückbildung der Geburtsorgane fördern und neue Seelenkraft spenden.

Brennnesselblätter (Blutbildner und Eisenlieferant)
Frauenmantelkraut (Blutstillerin, Wundpflanze)
Gänsefingerkraut (Blutstillerin)
Himbeerblätter (gewebekräftigendes Mutterkraut)
Johanniskraut (Stimmungsaufheller)
Melissenblätter (Kreislaufregulans)
Rosenblüten (Stimmungsaufhellerin)
Schafgarbenblüten (antibiotisches Frauenkraut)

Die möglichst frischen Kräuter zu gleichen Teilen mischen und 1 bis 2 Hand voll davon in einem Topf mit 0,7 Liter Honigmet zum Sieden bringen. Wenn es siedet, den Topf vom Herd nehmen und den Met ein wenig abkühlen lassen. Dann wird der Met abgeseiht und kann lauwarm – natürlich auch von Besucherinnen – getrunken werden.
Aus den genannten Kräutern kann man natürlich auch einen Heiltee für die Wöchnerin bereiten, von dem man in der ersten Woche nach der Niederkunft täglich bis zu einem Liter trinkt; später nur noch 2 bis 3 Tassen täglich.

Johanniskraut.
Aus »Kreüterbuch« von Leonhard Fuchs (1543).

Mutterkräuter für Geburt und Stillzeit

Zur Geburtserleichterung

- *Das Kind in die richtige Lage bringen:* Manche Hebammen bringen das Kind durch Moxibustion (= Erhitzen spezieller Akupunkturpunkte mit einer Beifuß-Zigarre) in die richtige Lage. Bewährt haben sich auch Einzelgaben von Pulsatilla D30, doch sollte die Einnahme unbedingt mit der Hebamme abgesprochen werden, da die Kinder dadurch zuweilen auch zu lebhaft werden.
- *Die Wehentätigkeit anregen:* Um die Wehen in Gang zu bringen, empfehlen Hebammen Bewegung, Rosmarinbäder und Geschlechtsverkehr (Begleitstoffe im Sperma regen die Gebärmutter zu Kontraktionen an). Zur Geburtserleichterung bewährt sich auch Eisenkrauttee; das echte Eisenkraut (Verbena officinalis) enthält den Wehen erregenden Bitterstoff Verbenalin.
- *Einem Dammschnitt vorbeugen:* Kräuterkundige Hebammen schwören auf Himbeerblättertee, der den Muttermund weich macht und zur Dammschnittprophylaxe schon einige Wochen vor der Geburt getrunken wird. Auch sollte frau den Damm schon vor der Geburt mit Johanniskraut-Rotöl pflegen. Manche Hebammen bestreichen den Damm während der Geburt mit Kaffee oder legen heisse Kaffeekompressen auf, was die Gewebe stark durchblutet und dehnbarer macht.

Nach der Niederkunft

- *Teemischung für die Kindbetterin:* siehe Rezept, Seite 283.
- *Die Rückbildung der Gebärmutter fördern:* Neben Beckenbodengymnastik bewährt sich zur Förderung der Rückbildung das Gänseblümchen (= »Arnica der Gebärmutter«); z. B. 3-mal täglich 10 Globuli Bellis D3. Nach dem Frühwochenbett straffen tägliche Sitzbäder mit Frauenmantelabkochungen die Gewebe wieder kräftig und unterstützen ebenfalls die Rückbildung der Geburtsorgane.

- *Den Damm pflegen:* Nach Dammriss oder Dammschnitt wirken Einreibungen mit Johanniskraut-Rotöl der Narbenbildung entgegen. Entzündete Narben können auch mit den Tinkturen von Blutwurz, Johanniskraut, Kamille oder Sonnenhut (Echinacea) bepinselt werden. Falls es zur Narbenwucherung kommen sollte, tragen Kompressen mit Johanniskraut-Rotöl und Narbengel (von Wala) zur Narbenauflösung bei.
- *Die Brüste pflegen:* Um die Milchbildung anzuregen, Milchknoten und Brustentzündungen vorzubeugen, empfehlen sich regelmäßige Einreibungen der Brüste mit Milchbildungsöl (Weleda). Bei Entzündungen der Brustdrüse empfehlen sich Umschläge mit je 1 Teelöffel Phytolacca-Urtinktur (Weleda) und Echinacea-Essenz (Wala) in ¼ Liter Wasser. Falls das Stillen schmerzhaft ist, kann auch Phytolacca D12 versucht werden; z. B. 3-mal täglich 5 bis 10 Globuli.
- *Die Qualität der Muttermilch verbessern:* Viele Heilpflanzen haben die Kraft, die Milchbildung zu fördern, z. B. Birke, Fenchel, Frauenmantel, Koriander oder Kümmel. Am besten ist es, Milchbildungstees (z. B. von Weleda) zu gleichen Teilen mit Geißrautenkraut (Herba Galegae officinalis) zu mischen und jeweils eine Stunde vor dem Stillen eine Tasse davon zu trinken. Die Geißraute verbessert die Qualität der Muttermilch, sodass die Kinder rascher zunehmen und ausgeglichener sind.
- *Noch ein Tip zum Abstillen:* Manche Hebammen verordnen zum raschen Abstillen stündlich 10 bis 20 Tropfen Phytolacca Urtinktur und empfehlen begleitend einen milchflusshemmenden Tee aus Hopfenzapfen, Salbei- und Walnussblättern.

Taufrisch in die Wechseljahre

»Alchemilla ist ein Schutzmantel auf dem Weg zur weisen Frau.«
Olaf Rippe

In vielen Kulturen stellte man sich die weiblichen Gottheiten mit drei Gesichtern vor. Bei den Griechen waren es die drei Göttinnen Atropos, Clothos und Lachesis, die die Schicksalsfäden der Menschen bemaßen, hielten und durchtrennten. In der germanischen Mythologie begegnen uns die göttlichen Drei als Nornen, die am Urdsbrunnen, der Quelle der Weisheit, leben und das Schicksal aller Menschen weben. Die jüngste der Schicksalsfrauen heißt Skuld und hält den weißen Faden der Zukunft in ihren Händen. Die zweite, Verdandi, webt mit dem roten Faden der Fruchtbarkeit die Gegenwart. Die älteste und weiseste Norne ist Urd, deren Name sich von der Erdenmutter Erda ableitet. Sie herrscht mit einem schwarzen Schicksalsfaden über die Vergangenheit.

Selbst im Christentum, das nunmehr nur noch von Gottvater, Sohn und Heiligem Geist spricht, lebt der alte Göttinnenkult in den drei Heiligen Barbara, Katharina und Margarete fort. Doch was hat das alles mit den Wechseljahren zu tun?

Die drei Lebensalter der Frau

Jede Frau durchläuft in ihrem Leben ebenjene drei Zeitalter, die sich einst in der Götterwelt widerspiegelten: Die erste Lebensphase dauert von der Geburt bis in die Pubertät. Die zweite beginnt mit der ersten Mondblutung, dem Eintritt in das fruchtbare Lebensalter, und endet mit der letzten Blutung. Den fruchtbaren Jahren folgt schließlich die dritte Lebensphase, in der wir, nach dem Vorbild der Norne Urd, zur weisen Frau werden und den Jüngeren mit Rat und Tat zur Seite stehen können.

Doch im Gegensatz zum Eintritt in die fruchtbare Lebensphase, der oft von Stolz geprägt ist, fällt der Abschied von dieser Phase oft schwer und wird von vielen als unwiederbringlicher Verlust empfunden. Spätestens mit dem Versiegen der Mondblutung wird deutlich, dass wir älter geworden sind, und das Schicksal fordert uns im dritten Lebensalter oft heraus, unser Frausein zu überdenken und neu zu definieren.

In der Praxis erlebt man immer wieder, dass zuweilen alles, worauf das Selbstwertgefühl aufgebaut hat – die Ehe, die Kinder, die weiblichen Reize –, gleichzeitig ins Wanken gerät, und manchmal wird man den Gedanken nicht los, dass die weisen Schicksalsfrauen dabei ihre Hände im Spiel haben. Wenn für einige Frauen in den Wechseljahren auf allen Ebenen gleichzeitig Veränderungen eintreten, dann ist dies aber vielleicht eine Herausforderung des Schicksals, an der wir reifen können.

Würdevoll reifen

Allzu verlockend ist es jetzt, das Altern mit Haarfarbe, Make-up oder durch Liften zu übertünchen und mit Hormonen nach außen hin eine Jugend vorzugaukeln, die längst überschritten ist. Den Frauen, die sich für natürliche Wege entschieden haben und die zu ihrer Reife stehen wollen, wird aber oft Angst vor dem Altern eingeflößt. So drohte einmal ein Apotheker einer Patientin, dass sie eben Hormone nehmen müsse, wenn sie nicht runzelig werden wolle.

Schließlich sind aber nicht nur der Frühling und der Sommer schön, sondern auch der goldene Herbst und selbst der Winter haben ihre unwiderstehlichen Reize. Schönheit hat jedenfalls nichts mit dem

Astarte Syriaca; Ölgemälde von D. G. Rossetti, 1877. (© Manchester City Art Galleries)

zu tun, was uns Kosmetikindustrie und Medien vormachen wollen. Schließlich zeugen die Falten, die das Leben in unser Gesicht gegraben hat, doch von Charakter. Gerade ein von Lach- und Lebefalten durchfurchtes Gesicht kann eine so würdevolle Schönheit ausstrahlen!

Jetzt wird aber auch Angst vor Osteoporose geschürt. Von den Ängsten profitiert in erster Linie die Pharmaindustrie, die mit Hormonpräparaten horrende Umsätze einfährt. Doch sollte klar sein, dass Hormone die wahren Schwierigkeiten des Wechsels meist nicht beheben. Sie kitten weder eine Ehe, die den äußerlichen oder innerlichen Veränderungen nicht standhält, noch bringen Hormone die Kinder wieder ins Haus, und sie füllen auch nicht die innere Leere auf, die entsteht, wenn man Vergangenem anhaftet und sich den Herausforderungen des neuen Lebensabschnitts entzieht.

Mit der Angst vor dem Altern, das doch eigentlich nur ein natürlicher Reifeprozess ist, werden unzählige Frauen in eine oft jahrzehntelange Medikamentenabhängigkeit getrieben. Ich konfrontiere jene Frauen, die Angst vor dem Absetzen der Hormonpräparate haben, daher zuweilen mit dem Begriff »Hormon-Junkies«. Die Furcht vor dem Hormonentzug ist nämlich oft so groß, dass viele Frauen lieber bis ins hohe Alter bluten, Bluthochdruck oder Migräne ertragen und sogar ein erhöhtes Krebsrisiko in Kauf nehmen, als ihrem Hormonsystem die Chance zu geben, sich der neuen Lebenssituation auf natürliche Weise anzupassen. Während sich das Hormonsystem normalerweise laufend an den ständig wechselnden Hormonbedarf anpasst, wird es durch Hormonpflaster oder -pillen in eine Art Korsett gezwängt; eine feine Abstimmung auf die wahren Bedürfnisse kann dann nicht mehr stattfinden. Die vermeintlich einfachste Lösung aller Wechseljahrsprobleme entpuppt sich bei näherem Hinsehen als eines der größten Arzneimittelexperimente der Menschheitsgeschichte, an dem Abertausende von Frauen teilnehmen – die Pharmaindustrie freut sich natürlich über jede neue Dauerkundin!

Nicht alle brauchen Östrogene

Die amerikanische Chirurgin Dr. Susan Love wies in ihrem *Hormonbuch* ebenfalls darauf hin, dass es in der modernen Frauenheilkunde allzu oft nur um finanzielle Interessen geht. In einem Interview in der Zeitschrift *Balance* (02/98) brachte sie es auf den Punkt, als sie bemerkte: »Die Menopause wird auch ›Östrogenmangelkrankheit‹ genannt. Schon die Bezeichnung ›Hormonersatzbehandlung‹ impliziert, dass man etwas ersetzt, das fehlt. Aber das Fehlen des Östrogens in diesem Lebensabschnitt ist normal. Der weibliche Körper ist nicht dafür gedacht, lebenslang hohe Östrogenspiegel zu haben.«

Davon abgesehen sind schulmedizinische Hormongaben keineswegs eine Universalmedizin für alle klimakterischen Beschwerden! Ein Großteil der Wechseljahrssymptomatik geht nämlich auf einen Östrogenüberschuss zurück: Aufgedunsensein, berührungsempfindliche Brüste sowie Brustschwellung, Blutungen oder Hautunreinheiten sind meist durch einen Mangel an Gelbkörperhormonen bedingt (= relativer Östrogenüberschuss, siehe Seite 308). Auf einen Östrogenmangel weisen dagegen Symptome wie Antriebsschwäche, Hitzewallungen und Scheidentrockenheit hin; dem kann man allerdings in vielen Fällen mit hormonartig wirkenden Heil- und Nahrungspflanzen entgegenwirken. Viele Wechseljahrsbeschwerden gehen eher auf hormonelle Schwankungen als auf einen Östrogenmangel zurück, denn das Klimakterium ist eine Art Umkehrung der Pubertät, während deren uns die Hormonschwankungen ebenfalls in ein Wechselbad der Gefühle versetzen. Beschwerden wie Beklemmungsgefühle, Erregungszustände, Nervosität, Schlafstörungen wie auch heftige Hitzewallungen und Schweißneigung können ebenso auf eine Schilddrüsenfehlfunktion hindeuten und lassen sich wiederum nicht durch die alleinige Gabe von Östrogenen beseitigen.

Nicht selten höre ich von Frauen, dass sie nach Alternativen zu den schulmedizinischen Hormonen gefragt haben und die Antwort erhielten, nein, da gäbe es keine Alternative. In Wahrheit schenkt uns das Pflanzenreich unzählige hormonell wirksame Heilpflanzen. Pflanzliche Östrogene und östrogenartige Pflanzenwirkstoffe sind so weit verbreitet, dass ich hier nur einen kleinen Teil aufführen kann (siehe Seite 309).

Eine der reichhaltigsten Quellen pflanzlicher Östrogene ist z. B. der Granatapfel. Seit Urzeiten gilt er wegen seines Samenreichtums als Symbolpflanze der ewigen Jugend und der Wiedergeburt. In arabischen Ländern isst man die Samen seit langem, um jung zu bleiben. Die orientalischen Frauen genießen aber nicht nur das saftige Fruchtfleisch, sondern sie kauen vor allem die Granatapfelkerne gut durch.

Erst vor wenigen Jahrzehnten fanden Pflanzenforscher heraus, dass die Samen reines Östron enthalten. Östron ist ein mild wirksames Östrogen, das mit den in den Eierstöcken gebildeten weiblichen Sexualhormonen völlig identisch ist und sich daher zur sanften Hormonsubstitution in den Wechseljahren eignet. Wie alle Östrogene, so bewirkt auch das Östron vermehrte Wassereinlagerung in die Gewebe und hat somit beispielsweise dem »Runzligwerden« etwas entgegenzusetzen. Östron wirkt auch auf Gebärmutter, Schleimhäute, Libido und hellt sogar die Stimmung auf.

Faszinierend ist dabei, dass der Granatapfel ein Paradebeispiel für die Signaturlehre ist: Schneidet man ihn in der Mitte durch, dann ähnelt der »Apfel der Aphrodite« einem Eierstock mit seinen zahlreichen Keimzellen – diese Pflanze zeigt also, wofür sie gut ist.

Obwohl das alte Wissen über Pflanzensymbolik, Signaturen und traditionelle Verwendung des Granatapfels mit den wissenschaftlichen Erkenntnissen unserer Zeit übereinstimmt, wird der Granatapfel in der modernen Frauenheilkunde leider kaum genutzt. Bislang liegen auch nur wenige Erfahrungsberichte von Frauen vor, die mit selbst gemachten Granatapfel-Tropfen experimentiert haben.

Manche Frauen haben 5 bis 7 frische Granatäpfel entkernt, die Kerne so gut wie möglich vom Fruchtfleisch befreit, diese in einem Mörser zerquetscht und etwa 4 Wochen lang in einem 60%igem Alkohol-Wasser-Gemisch ausgezogen. Inzwischen sind einige Rückmeldungen über die Wirkung dieser Granatapfel-Tropfen bei uns eingelaufen: Alle fühlten sich durch die regelmäßige Einnahme von 1- bis 2-mal täglich 20 Tropfen deutlich wohler und litten weniger unter Hitzewallungen oder Stimmungstiefs als zuvor. Inzwischen gibt es die Granatapfel-Phytoöstrogene als Nahrungsergänzung für die Wechseljahre in Form von Kapseln (delima von Pelzana).

Der Granatapfel ist eine reichhaltige Quelle pflanzlicher Östrogene.
Aus dem »Kreuterbuch« von Lonicerus (1679).

Längst ist erwiesen, dass viele Nahrungspflanzen Pflanzenhormone, so genannte Phytoöstrogene, liefern. Streng genommen handelt es sich um hormonähnliche Pflanzeninhaltsstoffe, die sich im Körper an die Östrogenrezeptoren anbinden und Teilfunktionen der Östrogene übernehmen. Solche Stoffe kommen z. B. im Soja (Genistein) vor. Man fand sie jedoch ebenso in Samen (Leinsamen, Sesam), in Vollkorn (Gerste, Hafer, Weizen, Naturreis), in Beeren (Blaubeeren, Brombeeren, Johannisbeeren, Stachelbeeren) sowie in zahlreichen anderen pflanzlichen Nahrungsmitteln.

Im Grunde genommen würde eine ausgewogene Ernährung mit viel Gemüse, Soja und Vollkorn genügen, um gut durch den Wechsel zu kommen. So weiß man z. B., dass Japanerinnen, die sich traditionell ernähren, praktisch keine Hitzewallungen kennen, und führt dies auf die asiatische Küche zurück, die reichlich Soja verwendet. In diesem Zusammenhang ist es auch interessant, dass Japanerinnen seltener an Brustkrebs erkranken als westliche Frauen. Der Münchener Professor Dr. Altwein bemerkte hierzu in einem Interview in der *Deutschen Apothekerzeitung* (12/97): »85 bis 99 Prozent aller Karzinome des Menschen sind einer amerikanischen Studie zufolge auf exogene Faktoren zurückzuführen und somit theoretisch vermeidbar. Durch Tabakkonsum steigt das Tumorrisiko um durchschnittlich 30 Prozent, durch falsche Ernährung sogar um 35 Prozent.«

Inzwischen liegen zahlreiche Studien vor, die sich vor allem um den Soja-Inhaltsstoff Genistein drehen. Diese Phytoöstrogene hemmen nachgewiesenermaßen das Wachstum von Brustkrebszellen. Das Genistein aus Soja zeigte zudem noch eine aufbauende Wirkung auf die Knochen. Professor Dr. Gisela Degen von der Universität Dortmund fasste die Wirkung der hormonähnlichen Pflanzeninhaltsstoffe in einem Fachartikel zusammen: Nach einer mehrwöchigen Soja-

Der Tee aus dem Heilsalbei wirkt östrogenartig und schweißhemmend.
Aus dem »Kreüterbuch« von Leonhard Fuchs (1543).

diät gingen nicht nur die Hitzewallungen zurück, sondern auch die Knochendichte und der Mineralgehalt der Wirbelsäule stiegen deutlich an.

Seelenkraft für den Wechsel

Doch man braucht eigentlich gar nicht in die Ferne schweifen, denn hormonregulierende Heilpflanzen sind auch in Europa weit verbreitet: Zu den ältesten abendländischen Heilpflanzen mit östrogenartiger und schweißhemmender Wirkung gehört z. B. der Salbei. Die heilsame Gewürzpflanze stand schon bei den Ärzten der berühmten Schule von Salerno in hohem Ansehen. Um 1300 prägten diese den viel zitierten Heilvers: »Warum stirbt der Mensch, dem Salbei wachset im Garten? Antwort: Gegen den Tod wächst kein Kraut in den Gärten.«

Wenn auch das alte Heilkraut den Zahn der Zeit nicht aufhält, so spendet Salbei in den Wechseljahren doch zumindest Seelenfrieden, stärkt die Nerven und lindert die Schweiße. Meist genügen schon ein bis zwei Tassen Salbeitee über den Tag verteilt, um die Schweiße zu reduzieren; wobei der Tee lauwarm oder kalt getrunken werden sollte, wenn die schweißhemmende Wirkung zur vollen Entfaltung kommen soll.

Die Heilmittelfirma Alcea hat den Salbei in dem Naturheilmittel Alchemilla comp. sogar mit dem hormonell ausgleichenden Frauenmantel und mit dem schilddrüsenregulierenden Wolfstrapp kombiniert (siehe Seite 311). Wenn die Schilddrüse ab dem Wechsel für nervöse Unruhe oder Schlafstörungen sorgt, kann diese Heilpflanzenkombination wieder Gelassenheit spenden. Diese Pflanzenarznei linderte allerdings auch schon die Nervosität sowie die Schweißneigung junger Frauen.

Während einem Seminar über Kräuterheilkunde fanden sich einmal sogar zwei männliche Probanden. Die Firma Alcea empfiehlt das Mittel schließlich zur Stärkung des Yin-Pols von Frau und Mann. Während des Unterrichtens fiel mir ein, dass man Alchemilla comp. bei Machos versuchen könnte, um diese etwas sanftmütiger zu machen. Zwei Teilnehmer haben daraufhin einige Tropfen Alchemilla comp. eingenommen und berichteten ganz begeistert, dass sie sich sofort entkrampfter und entspannter gefühlt haben!

Pflanzen für die reife Liebe

Auch Hopfen und Weinraute haben östrogenartige Wirkung und wurden daher in Klöstern viel gebraucht. Seit dem 9. Jahrhundert wird der Hopfen in unseren Breiten angebaut, und mindestens genauso lang ist seine hormonelle Wirkung bekannt. Bei der Hopfenernte bekamen viele Frauen Zwischenblutungen. In Hopfenanbaugebieten kennt man den gegensätzlichen Effekt des Hopfens auf Mann und Frau seit langem: Während die Frauen, durch die östrogene Wirkung des Hopfens aufgeputscht, abends in die umliegenden Dörfer ausströmten, um sich dort zu amüsieren, fielen die männlichen Hopfenpflücker der Schlafsucht anheim und waren einfach zu nichts mehr zu gebrauchen.

Dass Hopfen den Geschlechtstrieb der Männer senkt, spiegelt sich schon in der germanischen Mythologie wider: Einst ritt die Göttin Bertha auf ihrem mit Hopfen gezäumten Hirsch durch den Götterhimmel. Der Hirsch, der die männliche Zeugungskraft verkörpert, wird also durch den Hopfen gezügelt. Von dieser Erkenntnis war es sicher nicht weit bis zum gehopften Bier, das den Mönchen das Zölibat erleichtern sollte.

Im Gegensatz zu den Phytoöstrogenen aus Soja oder Vollkorn, die auch den Männern neue Spannkraft verleihen, wirkt der Hopfen eher auf das weibliche Geschlecht anregend. Ähnliches weiß man von der

Wegen ihrer östrogenartigen Wirkung sind Hopfenzapfen Bestandteil von Wechseljahrs-Teemischungen. (© Margret Madejsky)

Weinraute, über die der kräuterkundige Tabernaemontanus schrieb: »Weinrauten gessen oder getruncken/dämpffet und trucknet aus den natürlichen Saamen/und vertreibet die unmäßige Unkeuschheit/ist eine heilsame un gesunde Arztney vor die Geistlichen ... den Weibern aber mehret es die Lust zur Unkeuschheit derowegen die geistlichen Weibspersonen/Jungfrauen und Wittiben/den Gebrauch der Rauten fliehen sollen ...«

Ebendiese Wirkung auf die weibliche Sexualkraft kann in den Wechseljahren von Nutzen sein; wobei die menstruationsfördernde Weinraute nur dann Frauenteemischungen abrunden sollte, wenn Lust und Menstruationsblutung vorzeitig versiegt sind.

Im Rahmen des natürlichen Alterungsprozesses sinkt mit den Östrogenen bei vielen Frauen das sexuelle Verlangen. Man kann das Rad der Zeit eben nicht aufhalten oder gar zurückdrehen, und schließlich bedeutet Leben stets Wandlung. Wie der Körper, so muss auch die Seele eine Wandlung vollziehen, eine Reifung durchmachen. Vielleicht war die Sexualität in den fruchtbaren Jahren begieriger oder einfach spontaner. Mit den Wechseljahren hat die Sexualität ebenfalls die Chance zu reifen, vielleicht liebevoller und tiefsinniger zu werden.

Oft werde ich gefragt, was nun gegen die Scheidentrockenheit zu tun sei. Dies ist leider nach wie vor ein großes Tabuthema. Abgesehen von der richtigen Ernährung oder von einer gezielten Behandlung eines Östrogenmangels mit entsprechenden Heilpflanzen, bietet das Pflanzenreich selbst hier natürliche Lösungen. Viele Frauen benutzen jetzt eben Jojobaöl oder andere Gleitmittel. Viel gesünder und venusischer kann beispielsweise ein Frauenmantelzäpfchen sein (siehe Seite 163), das man kurz vor dem Verkehr einführt. Das Zäpfchen verflüssigt sich durch die Körperwärme rasch, hüllt die Scheide in edlen Rosenduft und erleichtert nicht nur den Geschlechtsverkehr. Es bringt auch balsamische Pflanzenextrakte an die Scheidenhaut, die somit vor Entzündungen und Reizungen geschützt wird.

Aber nur bei ausgeprägtem Östrogenmangel ist eine Frau aus hormonellen Gründen gar nicht mehr in der Lage, feucht zu werden. Die reife Frau ist eben auch anspruchsvoller geworden und will unbewusst vielleicht keine Kompromisse mehr eingehen. Reife Sexualität kann jedoch ein Hochgenuss sein, wenn der Trieb durch Liebe und Verständnis abgelöst wird. Wenn ein harmonisches Miteinander möglich ist, dann kann auch die reife Frau unbeschwerte Sexualität genießen.

Seelenklarheit für den Wechsel

Wenn Frauen in die kritischen Jahre kommen, dann ist letztendlich Seelenklarheit eine der wichtigsten Voraussetzungen, um die richtige Entscheidung für die eigene Gesundheitsprophylaxe zu treffen. Damit sind wir auch wieder beim »Taubecher« angelangt, der laut Kräuterpfarrer Weidinger die Seelenklarsicht fördert.

Erinnern wir uns, dass die Alchimisten einst das Himmelswasser aus dem »Taubecher« sammelten, um daraus den »Stein der Weisen« herzustellen, der alle Krankheiten in Gesundheit und alle unedlen Metalle in Gold verwandelt. Alchimie ist im Grunde nichts anderes als die Kunst, alles Unedle zu veredeln. Im übertragenen Sinn kann auch das natürliche Altern eine Veredelung sein, vor allem, wenn sich die Erfahrungen, die wir im Laufe eines Lebens gesammelt haben, in einem alchimistischen Seelenprozess zur Weisheit des Alters wandeln. Das Alchimistenkraut steht dabei mehr als andere Pflanzen für die Wandlung. Alchemilla ist eine Helferpflanze, die wandlungsfähiger macht und den Wechsel daher auf der seelischen Ebene unterstützt.

Außerdem wirkt im Frauenmantel die reinigende Kraft des Wassers. Ebendie Reinigung von Altem oder Vergangenem ist auch erforderlich, um unbeschwert in das neue Lebensalter überzutreten. Wieder kann es ein symbolischer Akt sein, wenn man die Alchemilla gebraucht: Das »Ja zum Frausein« (Kalbermatten), für das die Pflanze steht, beschränkt sich schließlich nicht nur auf die fruchtbare Lebensphase. Gerade in den Wechseljahren ist das uneingeschränkte »Ja zum Frausein« wichtiger denn je, und jetzt steht es für die Bejahung eines Lebensabschnitts, welcher der Reinigung, Seelenklarheit und Wandlungsfähigkeit bedarf, um in jene Weisheit zu münden, die nur eine am Leben gereifte Frau besitzt.

Nicht zuletzt trägt die Alchemilla noch das Zeichen der Schutzpflanze: nämlich die mantelförmigen Blätter. Ihr einhüllendes Wesen wirkt wie ein Schutzschild, der vor Außeneinflüssen abgrenzen hilft, damit der Kern im Innern, die Seele, ungestört heranreift und neue Ziele findet.

Eine Frau, die ihrem Wechsel allein mit der regelmäßigen Einnahme der Alchemilla-Urtinktur (von Alcea) begegnete, berichtete mir, dass sie sich völlig ausgeglichen und regelrecht behütet fühlt, seit sie sich dem Mantelschutz der Alchemilla anvertraut hat.

Alchemilla gleicht die Hormone aus

Auf der körperlichen Ebene ist die Alchemilla natürlich ebenfalls von unschätzbarem Wert. Zum einen gleicht sie den Gelbkörpermangel aus, der schätzungsweise für die Hälfte aller Wechseljahrsbeschwerden verantwortlich ist. Bei vielen Frauen kündigt sich der Wechsel bereits Jahre vor der letzten Blutung an, indem sie in der Zeit vor der Regel unter Aufgedunsensein, Brustschwellung oder Stimmungsschwankungen leiden. Die nun immer häufiger ausbleibenden Eisprünge führen dazu, dass immer seltener Gelbkörperhormone gebildet werden. In der Folge kommt es in der zweiten Zyklushälfte zu Wassereinlagerungen.

Der Frauenmantel vermag nun das hormonelle Gleichgewicht wieder herzustellen. Aufgrund seiner gelbkörperregulierenden Eigen-

In den Wechseljahren spendet der Frauenmantel Seelenkraft, gleicht die Hormone aus, reguliert Blutungen und liefert sogar noch wertvolle Mineralstoffe für die Knochen. (© Margret Madejsky)

schaften wirkt das milde Rosengewächs den Wassereinlagerungen entgegen, gleicht die Stimmung aus und bildet auch eine ideale Ergänzung zu einer homöopathischen Gelbkörperregulation, die z. B. mit Pulsatilla D12 erfolgen kann (siehe Seite 310).

Weil der Frauenmantel selber »schwitzt«, wenn er über die winzigen Drüsen am Blattrand Wassertröpfchen ablässt, beeinflusst er natürlich auch das Schwitzen in den Wechseljahren; das Gewächs zeigt durch das Guttationsphänomen seinen ausgleichenden Einfluss auf den Wasserhaushalt. Doch der Frauenmantel hemmt den Schweiß nicht, er reguliert ihn vielmehr und ergänzt daher den schweißhemmenden Salbei sowie andere östrogenartige Heil- oder Nahrungspflanzen. Meist lassen sich Hitzewallungen, Nervosität sowie Schweißneigung durch eine einfache Wechseljahrs-Teemischung lindern (siehe Seite 306).

Zum anderen wurde schon in den vorangegangenen Kapiteln darauf hingewiesen, dass spezielle Inhaltsstoffe der Alchemilla das Wachstum von Brustkrebszellen hemmen (siehe Seite 87 und 233). Immerhin erkrankt heute jede achte Frau, meist jenseits des sechzigsten Lebensjahrs, an Brustkrebs. Weil der Brustkrebs der häufigste bösartige Tumor bei westlichen Frauen ist, sollte rechtzeitig Prophylaxe betrieben werden. Insbesondere familiär belastete Frauen könnten hierzu 2-mal jährlich vorbeugend eine sechswöchige Kur mit Alchemilla Urtinktur und Itires spag. Tropfen (von Pekana) durchführen.

Alchemilla reguliert klimakterische Blutungen

In den Wechseljahren stellen Blutungen ebenfalls ein häufiges Problem dar. Bei manchen Frauen kehrt die Menstruation nun in immer kürzeren Abständen wieder, bei anderen hört das Bluten nicht mehr richtig auf. Natürlich sollten körperliche Ursachen abgeklärt werden. Oft handelt es sich um funktionelle Blutungen oder um einen Gelbkörpermangel, was sich meist mit den entsprechenden Heilpflanzen regulieren lässt.

Nicht wenige Frauen, die zu häufig oder zu lang bluten, werden jenseits der vierzig gefragt, ob sie nicht gleich den ganzen Problemherd, also die Gebärmutter, entfernen lassen wollen. Bevor man aber die

Gebärmutter entfernen lässt, sollte man sich der weisen Worte des Asklepios von Thessalien erinnern, der gesagt hat: »Zuerst das Wort, dann die Pflanze, zuletzt das Messer!« Überträgt man diesen 3000 Jahre alten Rat des weisen Heilkundigen in unsere Zeit, dann lautet er: »Erst eine eingehende heilkundliche Beratung aufsuchen, dann gezielt hormonregulierende und blutflusshemmende Heilpflanzen anwenden, und wenn sich die Blutungen trotzdem nicht beeinflussen lassen – und auch nur, wenn diese stark sind –, kann eine Operation möglicherweise die richtige Maßnahme sein.« Doch selbst dann kann uns der Frauenmantel noch in der naturheilkundlichen Operationsvorbereitung beistehen: Um größeren Blutverlusten bei Operationen vorzubeugen, empfiehlt sich, etwa eine Woche vorher 3-mal täglich 20 Tropfen eines Frauenmantel-Extrakts einzunehmen. Zusätzlich bewährten sich vor und nach der Operation Traumeel Tabletten (Heel) sowie viel Vitamin C.

Die blutstillende Wirkung des Frauenmantels wurde längst in klinischen Studien bewiesen (siehe Seite 92). Allein die Einnahme von Extrakten kann Blutungen regulieren und manchmal sogar eine Operation vermeiden helfen (siehe Seite 206).

Nebenbei beugt man durch die Einnahme des Frauenmantels noch Senkungsbeschwerden vor, die im dritten Lebensalter der Frau ebenfalls zunehmen. Volksmediziner schätzen das Rosengewächs seit langem als Gebärmuttertonikum, wobei sie bei Senkungsbeschwerden gerne auch zusätzlich zum Tee Sitzbäder mit Frauenmantel und Ackerschachtelhalm empfehlen. Beide gehören zu den Bindegewebsheilpflanzen. Weil man den Schachtelhalm früher zum Geschirrpolieren gebraucht hat, trug er den Beinamen »Zinnkraut«. Bis zu 10 % Kieselsäure verleihen dem urzeitlichen Gewächs Härte und Strukturkraft. Innerlich fördert Kieselsäure die Blutgerinnung, steigert die Aktivität der weißen Blutkörperchen (Leukozyten) und kräftigt das Bindegewebe (z. B. auch bei Myomen oder Zysten). Seine klar durchstrukturierte Gestalt zeigt auch gewisse Ähnlichkeit mit der menschlichen Wirbelsäule, für die der Schachtelhalm eine wichtige Heilpflanze ist. Neben Frauenmantel und Beinwell zählt er zu den knochenstärkenden Kieselsäurepflanzen, und alle drei werden bis heute zur Vorbeugung und Behandlung der Osteoporose gebraucht.

Alchemilla heilt die Knochen

Paracelsus führte den Frauenmantel noch als erste Heilpflanze für die Knochen auf: »Knochenbrüche heilen Alchimilla, Diapensia (= Sanikel) und Consolida (= Beinwell)«, liest man in seinen Werken.

Die knochenstärkenden Eigenschaften des Frauenmantels werden in der modernen Naturheilkunde immer noch genutzt: Ein bewährtes Firmenmittel zur Prophylaxe und Behandlung von Osteoporose, das die Alchemilla in homöopathischer Tiefpotenz enthält, ist z. B. Steirocall von Steierl Pharma (siehe Seite 320). Das homöopathische Komplexmittel enthält neben der Alchemilla auch Beinwell und Schachtelhalm sowie mineralische Bestandteile und Vitamine. Die Münchener Heilpraktikerin Karin Schlotfeldt, die das Präparat in ihrer Praxis rege verordnet, verriet mir einmal: »Steirocall ist das beste Firmenmittel bei Osteoporose!«

Vorbeugend empfiehlt sich beispielsweise 2-mal jährlich eine Kur mit Steirocall, das wie alle aufbauenden Naturheilmittel in der zunehmenden Mondphase seine beste Wirkung entfaltet. Wenn die Knochendichte bereits stark gesunken ist und es sich um eine manifeste Osteoporose handelt, dann ist Steirocall zumindest als dauerhaftes Begleitmittel zur ärztlichen Therapie anzuraten. Vielen alten Frauen, die nach einem Knochenbruch trotz Hormonen und Kalziumtabletten nicht mehr auf die Beine kommen, könnte auf diese Weise vielleicht noch geholfen werden!

Östrogengaben sind nicht nur wegen der möglichen Nebenwirkungen keine ideale Lösung. Dr. Love bemerkte hierzu: »Die Einnahme von konjugiertem Östrogen ersetzt also nicht die Arbeit der Eierstöcke, und dies ist der Grund, warum Frauen, die früh eine Hysterektomie (operative Entfernung der Gebärmutter) haben, trotz Therapie mit konjugierten Östrogenen häufiger unter Osteoporose und Herzerkrankungen leiden als Frauen, die eine natürliche Menopause durchlaufen.« Mit der natürlichen Menopause meint Dr. Love allerdings nicht nur die Einnahme von Naturheilmitteln, sondern auch regelmäßige Bewegung sowie die reichliche Zufuhr von Phytoöstrogenen mit der Nahrung (siehe Seite 294).

Natürlich sind die Heilkräfte der Alchemilla auch damit noch lange nicht erschöpft. Altersblasenschwäche (siehe Seite 182), erhöhter Blutzucker (siehe Seite 313) oder Rheuma (siehe Seite 91) lassen sich ebenfalls durch den Frauenmantel lindern. Dieser bildet einfach in allen Rezepturen ab den Wechseljahren das ausgleichende Element und stärkt schließlich sogar noch die Nerven, wie wir von dem Schweizer Kräuterpfarrer Künzle erfahren: »Der Tee vom Frauenmänteli ist lieblich und angenehm; mit Schlüesselblümli gemischt, geht er über den chinesischen Tee und ist weit gesünder als dieser; er beruhigt die Nerven und gibt gesunden Schlaf.«

Teemischung für die Wechseljahre

Das volksmedizinische Basisrezept, das auch zum Abstillen empfohlen wird, besteht aus östrogenartig wirkenden Hopfenzapfen, Salbei- und Walnussblättern, wobei letztere auch schweißhemmend sind. Weil der Frauenmantel selber »schwitzt«, darf er in der Mischung natürlich nicht fehlen. Seelentröster wie Lavendel und Rose verleihen dem Tee Duft und Farbe, und der herzstärkende Weißdorn rundet die Rezeptur ab.

100 g Frauenmantelkraut mit je 50 g Hopfenzapfen, Salbei-, Walnuss- und Weißdornblättern sowie mit je 30 g Lavendel- und Rosenblüten mischen. 1 Esslöffel der Mischung mit 200 ml kochendem Wasser überbrühen, abgedeckt 8 bis 10 Minuten ziehen lassen, abseihen und mit ein wenig Honig süßen; bei Bedarf 2 bis 4 Tassen täglich trinken.

Ergänzend zur Teemischung haben sich je nach Beschwerdelage folgende Wechseljahrspräparate bewährt:
Bei leichteren Beschwerden und zu Beginn der Wechseljahre lassen sich die Hormone noch mit Ovaria comp. von Wala anregen.
Bei Antriebslosigkeit, Hitzewallungen, Scheidentrockenheit und Stimmungstiefs kann frau Remifemin plus (Schaper & Brümmer) versuchen; das Mittel ist eine Kombination aus der hormonähnlich wirkenden Silberkerze und dem antidepressiven Johanniskraut.
Stärkere Wechseljahrsbeschwerden lassen sich eventuell durch Phytoestrol (Müller-Göppingen; rezeptpflichtig!) lindern.

Was frau sonst noch tun kann

- *Aktiv bleiben:* Aktive Frauen haben weniger Wechseljahrsbeschwerden. Regelmäßige Bewegung, z. B. Wandern und Schwimmen, verbessern die Kreislaufregulation, sodass vegetative Beschwerden wie Hitzewallungen oder Schwindel leichter überwunden werden.

- *Das Schwitzen fördern:* Schweißausbrüche sind meist nur ein Versuch des Körpers, sich der neuen hormonellen Situation anzupassen. Es wäre falsch, den Schweiß nur zu unterdrücken. Besser ist es, regelmäßig zu Saunieren und dem Körper damit ein Ventil zu geben.
- *Kleidung aus Naturfasern tragen:* In Kleidung aus Naturfasern riecht der Schweiß lange nicht so unangenehm wie bei Synthetikwäsche.
- *Kreative Hobbys pflegen:* Wenn mit den Wechseljahren die Fruchtbarkeit erlischt, sollte die urweibliche Schöpfungskraft neue Wege des Ausdrucks finden. Besonders wohltuend sind jetzt kreative Tätigkeiten wie Gärtnern, Malen oder Töpfern.
- *Ernährung umstellen:* Viele Gewürzpflanzen fördern nicht nur die Verdauung, sondern regen zudem noch die Hormonproduktion in den Eierstöcken an und sollten daher beim Kochen reichlich verwendet werden, z. B. Bohnenkraut, Liebstöckel, Majoran, Origanum, Rosmarin und Salbei. Auch Kornfrüchte wie Hafer, Hirse und Sesam sollten jetzt vermehrt auf den Speiseplan, denn Vollkorn füllt den Östrogenspiegel auf. Gerstenkeimlinge, Soja und Tofu liefern ebenfalls pflanzliche Östrogene und tragen somit zum körperlichen wie auch zum seelischen Wohlbefinden bei. Dagegen bremst beispielsweise Kaffee die Hormonproduktion und sollte daher nur in Maßen genossen werden.

Die hormonelle Situation im Klimakterium

- *Gelbkörpermangel:* Meist bleiben schon einige Jahre vor der letzten Regelblutung immer häufiger die Eisprünge aus. Der dadurch bedingte Gelbkörpermangel führt zu mehr oder weniger ausgeprägten prämenstruellen Beschwerden (siehe auch Seite 226). Die vermehrten Wassereinlagerungen führen nun zu Brustschwellung, Gesichtsödemen oder Gewichtszunahme vor der Regel, und auch Stimmungsschwankungen können vom Gelbkörpermangel herrühren. Leichtere Beschwerden lassen sich lindern, indem man die Keimdrüsen anregt (z. B. mit Ovaria comp. von Wala) und mit einem Frauentee die Hormone ausgleicht (siehe Seite 306).
- *Östrogenmangel:* Schon einige Jahre vor der letzten Regelblutung sinkt die Östrogenproduktion. Diese endet jedoch nicht abrupt, denn in der Nebenniere und im Fettgewebe werden weiterhin Östrogene gebildet. Mehr als die Hälfte aller Frauen spüren das Absinken der Östrogene körperlich und/oder seelisch. Manche leiden nun unter depressiver Verstimmung, andere fühlen den Östrogenmangel als körperlichen Alterungsschub und leiden dann vielleicht unter sexueller Unlust, Scheidentrockenheit oder vermehrter Anfälligkeit für Unterleibsentzündungen. Der Körper passt sich dem geringeren Östrogenspiegel jedoch allmählich wieder an, und nicht zuletzt gibt es viele Heilpflanzen mit östrogenartiger Wirkung (siehe Seite 309).
- *Androgenüberschuss:* Normalerweise werden in den Eierstöcken männliche Sexualhormone (Androgene) zu Östrogenen umgebaut. Wenn jedoch die Hormonproduktion in den Eierstöcken allmählich nachlässt, häufen sich die Androgene, und in der Folge kommt es zur Vermännlichung der alternden Frau. Dem kann man durch Anregung der Keimdrüsen (z. B. mit Ovaria comp. von Wala) entgegenwirken. Außerdem gibt es Heilpflanzen mit antiandrogener Wirkung, z. B. Brennnesselwurzeltee oder auch Kürbiskerne, die auch bei Blasenschäche wohl tun.

- *Schilddrüsenüberfunktion:* Auf den zunehmenden Östrogenmangel antworten die übergeordneten Hormondrüsen (Hypophyse/ Hypothalamus) mit einem Anstieg der Gonadotropine (LH, FSH), die die Hormonproduktion antreiben sollen. Dabei kommt es eventuell zur Stimulation der Schilddrüse, was ab dem Wechsel nicht selten in eine Überfunktion mündet. Bei Konzentrationsstörungen, Nervosität, Schlafstörungen, Hitzewallungen und Schweißausbrüchen hilft daher eine Schilddrüsenregulation oftmals besser als eine Östrogensubstitution – selbst wenn die Schilddrüsenwerte in der Norm sind!

Pflanzenhormone und hormonregulierende Heilpflanzen

Erzengelwurz (Angelica archangelica)

Bestandteil von Lebenselixieren (z. B. Melissengeist). Im Klimakterium wird die östrogenisierende Erzengelwurz zur Anregung der Keimdrüsen genutzt. Der Wurzeltee stärkt auch die Nerven, spendet Lebenswärme und fördert die Verdauung, sodass für die Knochen benötigte Mineralstoffe besser resorbiert werden.

Granatapfel (Punica granatum)

Wegen der vielen Samen ist der Granatapfel Symbol der Fruchtbarkeit und der ewigen Jugend. Die Samen gelten als reichhaltigste Quelle pflanzlicher Östrogene; sie enthalten Östron, das mit den weiblichen Sexualhormonen identisch ist und sich zur sanften Hormonsubstitution eignet. Der regelmäßige Genuss der Samen lindert Wechseljahrsbeschwerden, hellt die Stimmung auf und steigert die Libido (siehe auch das Rezept auf Seite 293).

Hopfen (Humulus lupulus)

Auf die östrogene Wirkung kam man, weil Hopfenpflückerinnen während der Hopfenernte Zwischenblutungen und sexuelle Gelüste bekamen, während die Männer müde und impotent wurden. Die Anfang September geernteten Hopfenzapfen enthalten reichlich östrogenartige Substanzen. In Wechseljahrstees wirken Hopfenzapfen vor allem schweißhemmend sowie mild beruhigend und verdauungsfördernd (siehe Rezept, Seite 306).

Küchenschelle (Pulsatilla pratensis)

Bewährt sich wegen der gestagenartigen Wirkung bei Wassereinlagerungen und Stimmungsschwankungen in den Wechseljahren; z. B. 1-mal täglich 5 bis 10 Globuli Pulsatilla D12. Bei Gestagenmangel ergänzt Pulsatilla den Frauenmanteltee ideal.

Melisse (Zitronenmelisse; Melissa officinalis)

Die kreislaufregulierende, stimmungsaufhellende und mild östrogenartige Wirkung ist in Teemischungen für die Wechseljahre unentbehrlich. Außerdem besänftigt die Melisse die Schilddrüse und wirkt einer Stressüberflutung entgegen.

Raute (= Weinraute; Ruta graveolens)

Die Raute wurde im Mittelalter von Mönchen zur Triebdämpfung gebraucht. Dagegen ruft sie bei Frauen »unkeusche Begier« hervor, was auf ihrer östrogenen Wirkung beruht. Raute bewährt sich zusammen mit Damiana und Rosmarin in Wechseljahrstees, vor allem wenn die Blutung vorzeitig versiegt ist.

Rhapontik-Rhabarber (Rheum rhaponticum)

Die Wurzel dieser speziellen Rhabarberart enthält östrogenähnliche Wirkstoffe (Rhaponticosid), die sich in abgewandelter Form zur sanften Hormonsubstitution in den Wechseljahren eignen. Bei stärkeren klimakterischen Beschwerden bewährt sich die Einnahme in Form von Phytoestrol Dragees (von Müller, Göppingen, rezeptpflichtig!).

Rosmarin (Rosmarinus officinalis)
Regt Keimdrüsen, Kreislauf und Verdauung an, fördert Eisprung und Menstruationsblutung. In den Wechseljahren bewährt bei Erschöpfung, Libidoverlust und vorzeitig versiegender Blutung; z. B. in Form von Bädern, als Tee, Heilwein oder Extrakt.

Salbei (Salvia officinalis,)
Aufgrund der östrogenartigen und schweißhemmenden Wirkung sind Salbeiblätter Bestandteil von Wechseljahrstees (siehe Rezept, Seite 306). Bei Hitzewallungen, Nervosität und Schweißneigung kann man Alchemilla comp. (von Alcea) versuchen (siehe Seite 324); das Mittel macht auch im Wechsel gelassener und wirkt mild regulierend bei Schilddrüsenüberfunktion.

Schierling, Gefleckter (Conium maculatum)
Seit dem Altertum ist die Hemmwirkung auf Hormondrüsen bekannt. Bei Schilddrüsenüberfunktion mit Nervosität, Hitzewallungen und Schlafstörungen bewährt sich die abendliche Einreibung der Schilddrüse mit Conium-Salbe (DHU) in Kombination mit Frauentees und Alchemilla comp. (Alcea).

Silberkerze (Cimicifuga racemosa)
Die Inhaltsstoffe der Silberkerze binden sich an körpereigene Hormonrezeptoren und übernehmen Teilfunktionen der Östrogene. Cimicifuga-Extrakte bauen die Schleimhaut auf, lindern Scheidentrockenheit, Hitzewallungen oder Stimmungslabilität. Wegen der östrogenartigen Wirkung ist die Silberkerze Bestandteil vieler Wechseljahrspräparate, z. B. Reminfemin plus (Schaper & Brümmer). In homöopathischer Form zeigt Cimicifuga (D2–D30) ebenfalls hormonelle Wirkung und ist angesagt, wenn seit dem Ausbleiben der Regel wechselnde Beschwerden auftreten, z. B. Depressionen, Migräne und Rheuma im Wechsel.

Kräutertee bei Senkungsbeschwerden

»Dieses Kraut in Regenwasser/gesotten/und mit demselbigen Wasser die heimlichen Oerter der Weiber gewaschen/dringt es dieselbigen zusammen/ als wann sie Jungfrauen wären.«

Tabernaemontanus

Die Rosengewächse wie auch das »Hartheu« (Johanniskraut) sind zur Kräftigung des Bindegewebes enthalten. Johanniskraut spendet zudem auch der Seele neue Spannkraft. Goldrute lindert die bei Gebärmuttersenkung typischen Blasenbeschwerden. Die Teemischung muss hierzu aber lange getrunken werden, wobei alle 4 bis 6 Wochen eine einwöchige Kurpause angebracht ist; in dieser Zeit kann frau beispielsweise auf Zinnkraut-Tee wechseln.

Je 50 g Gänsefingerkraut (Anserinae herba cc.), Goldrutenkraut (Solidaginis herba cc.), Himbeerblätter (Rubi idaei folia cc.), Johanniskraut (Hyperici herba cc.) und Silbermantelkraut (Alchemilla alpinae herba cc.) mischen. 1 Esslöffel der Mischung mit 200 ml kochendem Wasser überbrühen, ca. 10 Minuten ziehen lassen, abseihen, mit ein wenig Honig süßen. 2 bis 3 Tassen täglich trinken.

Zusätzlich kann man das Bindegewebe durch Sitzbäder, abwechselnd mit Frauenmantel und Zinnkraut, straffen; z. B. 2- bis 3-mal wöchentlich. Begleitend kann auch eine Kur mit Senecio comp. Zäpfchen (Wala) die Senkungsbeschwerden lindern; z. B. mehrere Monage lang 2- bis 3-mal wöchentlich 1 Zäpfchen rektal einführen.

Teerezept bei Altersdiabetes

(nach W. Zimmermann)

Leichtere Formen des Altersdiabetes lassen sich durch diesen Heilpflanzentee günstig beeinflussen. Geißraute enthält das blutzuckersenkende Alkaloid Galegin, Heidelbeerblätter werden in Fachkreisen

»pflanzliches Insulin« genannt, und den Bohnenschalen konnte man ebenfalls eine antidiabetische Wirkung nachweisen. Daneben regen Brombeerblätter, Stiefmütterchen und Frauenmantel Stoffwechsel und Wundheilung an.

Geißrautenkraut (Galegae off. herba cc.), Bohnenschalen (Phaseoli cortex cc.), Heidelbeerblätter (Myrtilli folia cc.), Frauenmantelkraut (Alchemillae vulg. herba cc.), Brombeerblätter (Rubi fructicasi cc.) und Stiefmütterchenkraut (Violae tric. herba cc.) zu gleichen Teilen mischen. 1 bis 2 Teelöffel der Mischung mit ca. 200 ml Wasser einige Stunden kalt ansetzen, dann kurz aufkochen und weitere 10 Minuten ziehen lassen. Zu jeder Mahlzeit eine Tasse trinken.

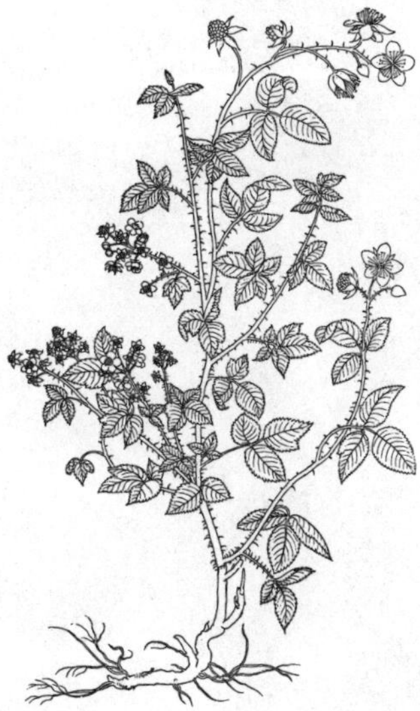

Brombeere.
Aus dem »Kreüterbuch« von Leonhard Fuchs (1543).

Anhang

Wichtiges zur Selbstbehandlung und zu den Rezepten

Naturheilmittel und Wechselwirkungen

Erfahrungsgemäß lassen sich die in diesem Buch genannten Heilmittel und Rezepte gut mit anderen Naturheilverfahren kombinieren.

Vor allem manuelle Therapien wie Akupunktur, Akupressur oder Fußreflexzonenmassage bilden eine ideale Ergänzung zu den aufgeführten Heilpflanzenanwendungen. Eine Wirkungsminderung homöopathischer Arzneien durch Heilpflanzenanwendungen konnte ich in meiner Praxis nie beobachten – im Gegenteil: Heilpflanzen ergänzen die geistartigen Kräfte der homöopathischen Heilmittel geradezu auf ideale Weise. Im Prinzip spricht auch nichts dagegen, Kräuterkuren begleitend zur ärztlichen Therapie durchzuführen. Eine Absprache mit der/dem behandelnden Ärztin/Arzt ist jedoch sinnvoll, damit die Arztbehandlung und die Selbstbehandlung aufeinander abgestimmt werden können.

Bei bestimmten Erkrankungen sollten allerdings alkoholhaltige Arzneien vermieden werde, z. B. Alkoholkrankheit, Epilepsie, Schwangerschaft, Stillzeit oder während der Einnahme von Psychopharmaka.

Zur Einnahme pflanzlicher Arzneien

Die Dosierung von Naturheilmitteln hängt neben Alter, Geschlecht, Körpergewicht und der allgemeinen Verfassung auch vom jeweiligen Heilmittel ab. Daher ist die genaue Dosis immer individuell zu ermitteln! Die im Rezeptteil angegebenen Dosierungen sind lediglich eine grobe Leitlinie für Erwachsene, die helfen soll, Überdosierungen zu vermeiden. Sofern keine Dosierung angegeben wurde, kann man die jeweilige Dosis auch in Apotheken oder Kräuterläden erfragen.

Eine Faustregel lautet: 3-mal täglich 20 Tropfen. Dies gilt z. B. für Urtinkturen, selbstgemachte Kräutertropfen, homoöpathische Mischtropfen und auch für viele Komplexpräparate. Wer tagsüber arbeitet, kann natürlich auch 2-mal täglich 30 Tropfen einnehmen. Bewährt hat sich ebenfalls, die gesamte Tagesdosis in ein halbes Wasserglas zu geben und schluckweise über den Tag verteilt einzunehmen; der Körper bekommt dann ständig Heilreize. In Akutfällen können Pflanzenextrakte, Mischungen oder Tees vorübergehend höher dosiert werden; die höhere Dosierung wird natürlich nur beibehalten, sofern spürbare Linderung eintritt, und auch wieder verringert, wenn die Beschwerden vorüber sind.

Grundsätzlich gilt: Fastende, Schwangere, Allergiker, Rohköstler, Makrobiotiker und andere sensible Frauen sollten die Arzneien stets tropfenweise einschleichen, d. h. mit der geringsten Dosis beginnen und diese bei Bedarf im Laufe einiger Tage allmählich steigern.

Zur Einnahme von homöopathischen Arzneien

Homöopathische Arzneien werden im Allgemeinen wie folgt dosiert:

- *Tiefpotenzen* (D4 – D8): 3- bis 5-mal täglich 5 bis 10 Tropfen oder Globuli oder 1 bis 2 Tabletten.
- *Mittlere Potenzen* (D10–15): 1- bis 2-mal täglich 5 bis 10 Tropfen oder Globuli oder 1 bis 2 Tabletten.
- *Hochpotenzen* (ab D30): Einer Einzelgabe von 5 bis 10 Tropfen oder Globuli folgt zunächst eine (unterschiedlich lange) Phase, in der man Reaktionen, z. B. eine Linderung der Beschwerden oder auch eine Erstverschlimmerung, abwartet. In Akutfällen werden Hoch-

potenzen zuweilen auch häufiger verordnet (z. B. täglich); dies hängt jedoch von der Reaktion auf die erste Gabe ab und erfordert Erfahrung im Umgang mit homöopathischen Arzneien.

Durch die Einnahme homöopathischer Arzneien, insbesondere durch Hochpotenzen, kann es zu Erstverschlimmerung kommen; d. h., bekannte Beschwerden verstärken sich vorübergehend. In solchen Fällen kann die Dosis zunächst halbiert oder bis zum Abklingen der Beschwerden ausgesetzt werden. Eine Erstverschlimmerung ist im Allgemeinen ein gutes Zeichen, das Mittel wurde richtig gewählt und zeigt nun Reaktionen. Erst wenn neue, bislang unbekannte Beschwerden unter der Einnahme homöopathischer Arzneien auftreten, ist das Mittel ganz abzusetzen.

Allzu oft werden alle möglichen Beschwerden mit dem homöopathischen Mittel in Verbindung gebracht. Doch das Leben ist ein ewiges Auf und Ab, sodass nicht jeder Schnupfen oder Kopfschmerz unbedingt eine homöopathische Erstverschlimmerung ist.

Auf Kaffee, mentholhaltige Kaugummis oder Zahnpasten, auf Kräutertees oder auf ätherische Öle muss man während der Einnahme homöopathischer Arzneien nur dann verzichten, wenn sie die Krankheit ursächlich beeinflussen. Beispielsweise macht es keinen Sinn, ein homöopathisches Mittel gegen Nervosität zu nehmen und gleichzeitig einen halben Liter Kaffee zu trinken. Ansonsten haben erfahrungsgemäß weder Kräuter noch ätherische Öle oder Kaffee (in Maßen!) einen negativen Einfluss auf die Heilung. Sofern Pflanzen oder ätherische Öle richtig gewählt wurden, ergänzen sie die Homöopathie auf körperlicher Ebene.

Gefahren und Grenzen der Selbstbehandlung

Eine Regel der Heilkunst besagt, dass ohne Beseitigung der Krankheitsursache keine Heilung möglich ist! Eine gezielte Behandlung erfordert diagnostische, medizinische und naturheilkundliche Kenntnisse. Darum bedenken Sie bitte, dass nur Heilkundige (Ärzte und Heilpraktiker) dazu ausgebildet sind, die Risiken einer Krankheit einzuschätzen und notwendige Maßnahmen einzuleiten. Spätestens wenn sich ein Leiden nicht mehr beherrschen lässt, weil z. B. Fieber hinzutritt, Schmerzen weiter zunehmen oder zum Dauerzustand werden oder wenn weitere Beschwerden hinzukommen, sind die Grenzen der Selbstbehandlung erreicht – nun sollte unbedingt heilkundiger Rat eingeholt werden! Zu den Risikogruppen, die von einer Selbstbehandlung absehen sollten, gehören z. B. Alkoholkranke, Multiallergiker, Epileptiker, psychisch Kranke, Schwangere, sehr alte oder schwer kranke Menschen.

Eine Selbstbehandlung ist auch deswegen nicht ganz einfach, weil ein Mensch im Lauf seines Lebens meist mehrere verschiedene Beschwerden, Krankheiten oder Schwachpunkte im Körper entwickelt; die Krankheiten lassen sich vielleicht mit den vielen Schalen einer Zwiebel vergleichen. Für medizinische Laien ist es nicht einfach, zu erkennen, wo man bei der Heilung den richtigen Hebel ansetzt.

Hier hilft die Regel: Das akuteste Leiden immer zuerst behandeln! Im übertragenen Sinn schält man wie die Zwiebel von außen nach innen. Erst wenn akute Beschwerden wie z. B. Erkältung, Hexenschuss, Kopf- oder Zahnschmerzen wieder weg sind, führt man die kurmäßige Behandlung chronischer Leiden fort. Gleiches gilt für die Regelblutung. Im Normalfall setzt man während der Blutung alle Mittel ab; Ausnahme: Naturheilmittel, die Krämpfe lindern oder die Blutungsstärke regulieren sollen, werden auch während der Blutung eingenommen.

Einige Frauenmantelpräparate für die Praxis

Bei Blutungen

Matrigen II – Retardierend (von Soluna)

Zusammensetzung: Spagirische Essenz aus Alchemillae herb. (Frauenmantelkraut), Bursae pastoris herb. (Hirtentäschelkraut), Lamii albi flos (Taubnesselblüten), Millefolii herb. (Schafgarbenkraut), Quercus cort. (Eichenrinde), Calcium carbonicum praecipitatum (spagirisch aufbereitete rote Koralle).

Anwendungsgebiete: Frauenleiden mit Neigung zu starker und zu häufiger Menstruation.

Dosierung: 3-mal täglich 10 bis 20 Tropfen in Hirtentäscheltee.

Anmerkung: Aufgrund der Zusammensetzung eignet sich das Mittel besonders zur Behandlung von Blutungen ohne erkennbare organische Ursachen; Matrigen II ergänzt bei Myomblutungen zum Beispiel auch Kuren mit Berberis/Uterus comp. Amp./Glob. (Wala).

Bei Gewichtsproblemen

Fucus Oligoplex (von Madaus)

Zusammensetzung: Fucus Trit. D2 (Blasentang), Adonis vernalis Trit. D4 (Adonisröschen), Alchemilla Trit. D1 (Frauenmantel), Antimonium crudum Trit. D4 (Schwefelantimon = Grauspießglanz), Calcium aceticum Trit. D2 (Calciumacetat), Phytolacca Trit. D2 (Kermesbeere).

Anwendungsgebiete: zur Stoffwechselanregung bei Fettsucht, insbesondere bei gleichzeitiger Schilddrüsenunterfunktion.

Dosierung: 3-mal täglich 1 bis 2 Tabletten vor dem Essen im Mund zergehen lassen.

Anmerkung: Aufgrund der Zusammensetzung eignet sich das Mittel bei

Gewichtsproblemen in Kombination mit Schilddrüsenunterfunktion (Leitsymptome: leichtes Frieren, Müdigkeit, Verstopfung).

Für die Hormone

Löwe-Komplex Nr. 14 Agnus castus (von Infirmarius-Rovit)

Zusammensetzung: Alchemilla vulgaris Dil. D4 (Frauenmantel), Aloe Dil. D4 (Aloe), Chelidonium majus Dil. D7 (Schöllkraut), Pulsatilla pratensis Dil. D4 (Küchenschelle), Vitex agnus-castus Dil. D4 (Mönchspfeffer), Mitchella repens Dil. D4 (Rebhuhnbeere).

Anwendungsgebiete: Gelbkörperschwäche und prämenstruelle Beschwerden.

Dosierung: 3-mal täglich 15 bis 20 Tropfen.

Anmerkung: Löwe-Komplex Nr. 14 Agnus castus ist das Folgepräparat für Löwe-Komplex Nr. 14 Ovaria. Wenn das Mittel durch Ovaria comp., Globuli von Wala ergänzt wird, eignet es sich zur Anregung der Hormonproduktion bei Frauen ab 30 mit Kinderwunsch oder wenn im Beginn der Wechseljahre die Regelblutung seltener kommt und die Lust sinkt.

Für die Knochen

Steirocall Lösung (von Steierl)

Zusammensetzung: Acidum silicicum dil. D12 (Kieselsäure), Calcium carbonicum dil. D12 (Austernkalk), Calcium phosphoricum dil. D12 (Kalziumphosphat), Acorus calamus dil. D6 (Kalmus), Alchemilla vulgaris dil. D6 (Frauenmantel), Equisetum arvense dil. D6 (Zinnkraut), Ilex aquifolium dil. D6 (Stechpalme), Thiaminchloridhydrochlorid (Vitamin B_1), Cyanocobalamin (Vitamin B_{12}), α-Tocopherolsuccinat (Vitamin E).

Anwendungsgebiete: Degenerative Erkrankungen der Gelenke und der Wirbelsäule, Bandscheibenschäden, Osteoporose.

Dosierung: 3-mal täglich 30 bis 50 Tropfen.

Anmerkung: bewährte sich zur Prophylaxe und Behandlung von Osteoporose und eignet sich hervorragend zur Begleitbehandlung bei Bandscheibenschäden, Knochenbrüchen oder Gelenkerkrankungen.

Bei Magen-Darm-Schwäche

apo-STOM N Medizinaltee (von Pekana)

Zusammensetzung: Flor. Calendulae (Ringelblumenblüten), Flor. Chamomillae (Kamillenblüten), Fol. Melissae (Melissenblätter), Herb. Alchemillae (Frauenmantelkraut), Herb. Anserinae (Gänsefingerkraut), Rad. Valerianae (Baldrianwurzel), Rhiz. Calami (Kalmuswurzel).

Anwendungsgebiete: Begleitbehandlung entzündlicher Erkrankungen im Magen-Darm-Trakt mit oder ohne Geschwür- bzw. Durchfallneigung.

Dosierung: 1 Teelöffel mit einer Tasse kochendem Wasser überbrühen, 3 bis 10 Minuten ziehen lassen; 1 bis 3 Tassen täglich.

Anmerkung: eignet sich bei nervöser Magenschwäche mit Krampfneigung sowie bei Entzündungen der Magen- oder Darmschleimhaut.

Bei Menstruationsbeschwerden

Matrigen I – Aktivierend (von Soluna)

Zusammensetzung: spagirische Essenz aus Alchemillae herba (Frauenmantelkraut), Equiseti herba (Zinnkraut), Lamii albi flos (Taubnesselblüten), Matricariae flos (Kamillenblüten), Calcium carbonicum praecipitatum (spagirisch aufbereitete rote Koralle).

Anwendungsgebiete: Frauenleiden mit Neigung zu Menstruationsverhaltung und krampfartigen Regelbeschwerden.

Dosierung: 3-mal täglich 10 bis 20 Tropfen in Melissentee.

Anmerkung: Aufgrund der Zusammensetzung wäre das Mittel begleitend bei chronisch entzündlichen Prozessen im Unterleib zu erwägen.

Viscum album oligoplex Tropfen (von Madaus)

Zusammensetzung: Viscum album D1 (Mistel), Alchemilla D3 (Frauenmantel), Caulophyllum D4 (Frauenwurzel), Hydrastis D4 (Kanadische Gelbwurz), Magnesium chloratum D2 (Magnesiumchlorid), Ovarium D4 (Eierstock), Phosphorus D5 (Phosphor), Secale cornutum D4 (Mutterkorn).

Anwendungsgebiete: schmerzhafte Regelstörungen.

Dosierung: 3-mal täglich 10 bis 15 Tropfen vor den Mahlzeiten.

Anmerkung: Aufgrund der Zusammensetzung sollte man das Mittel auch bei Menstruationskopfschmerz versuchen!

Bei Wechseljahrsbeschwerden

Schwöklimakt Tropfen (von Pharma Schwörer)

Zusammensetzung: Secale Dil. D3 (Mutterkorn), Chamomilla Urtinktur (Kamille), Sabina Dil. D4 (Sadebaum), Humulus lupulus Dil. D2 (Hopfen), Alchemilla Dil. D2 (Frauenmantel), Pulsatilla Dil. D4.

Anwendungsgebiet: Wechseljahrsbeschwerden, vor allem Reizbarkeit und Schlafstörungen.

Dosierung: 3-mal täglich 10 Tropfen.

Anmerkung: Aufgrund der Zusammensetzung eignet sich das Mittel auch bei klimakterischen Blutungen.

Bei Rheuma

Araniforce-T Tabletten (von Weber & Weber)

Zusammensetzung: Acidum silicicum D6 (Kieselsäure), Alchemilla vulgaris D6 (Frauenmantel), Calcium carbonicum D6 (Austernkalk), Calcium phosphoricum D6 (Kalziumphosphat), Equisetum arvense D6 (Zinnkraut), Ilex aquifolium D6 (Stechpalme), Symphytum D6 (Beinwell).

Anwendungsgebiete: Ohne Angabe einer therapeutischen Indikation.

Dosierung: 3-mal täglich 1 bis 3 Tabletten im Mund zergehen lassen.

Anmerkung: Aufgrund der Zusammensetzung eignet sich das Mittel begleitend bei rheumatischen Gelenksbeschwerden und Osteoporose.

HeBe-Komplex Nr. I (von Schuck)

Zusammensetzung: Alchemilla vulgaris Dil. D6 (Frauenmantel), Ilex aquifolium Urtinktur (Stechpalme), Symphytum Dil. D6 (Beinwell), Calcium phosphoricum Dil. D8 (Calciumphosphat), Acidum silicicum Dil. D8 (Kieselsäure), Equisetum hyemale Dil. D6 (Winter-Schachtelhalm), Calcium carbonicum Dil. D8 (Austernkalk), Acorus calamus Dil. D6 (Kalmus), Acidum formicicum Dil. D3 (Ameisensäure).

Anwendungsgebiete: Entzündliche Erkrankungen im Bewegungsapparat wie Muskel- oder Gelenksrheuma.

Dosierung: 3-mal täglich 20 Tropfen.

Anmerkung: Bei Rheuma zusammen mit einer Entsäuerung (z. B. mit Alkala N Pulver von Sanum) empfehlenswert.

Zur Schleimhautsanierung

Lamium album comp. (von ebi-pharm AG, rezeptpflichtig)

Zusammensetzung: Almium album D4 (Taubnessel), Kreosotum D6 (Buchenholzteerkreosot), Geum urbanum D5 (Echte Nelkenwurz), Alumina D12 (Tonerde), Lapathum acutum D6 (Stumpfblättriger Ampfer), Platinum metallicum D12 (Platin), Alchemilla D3 (Frauenmantel), Natrium carbonicum D6 (Natriumkarbonat), Asteria rubens D6 (Seestern), Hepar sulfuris D4 (Kalium sulfuratum), Acidum nitricum D6 (Salpetersäure), Hydrastis D4 (Kanadische Gelbwurz), Mezereum D4 (Seidelbast), Viola tricolor D4 (Stiefmütterchen).

Anwendungsgebiet: Schleimhauterkrankungen, z. B. Weißfluss.

Dosierung: 3-mal täglich 15 bis 20 Tropfen.

Anmerkung: Lamium album comp. hat sich bewährt zur Sanierung von

Haut und Schleimhaut im Genital bei Neigung zu Ausfluss, Craurosis vulvae, Entzündungen, Scheidenpilz, Zysten, usw.

... und zur Stärkung des Yin-Pols

Alchemilla comp. (Alcea)

Zusammensetzung: Alchemilla Ø (Frauenmantel), Lycopus europaeus Ø (Wolfstrapp), Ribes nigrum Ø (Schwarze Johannisbeere), Salvia Ø (Salbei), Allium cepa D6 (Küchenzwiebel).

Anwendungsgebiete: klimakterische Beschwerden, prämenstruelles Syndrom, Menstruationskrämpfe; als Konstitutionsmittel zur Stärkung des Yin-Pols bei Frauen und Männern.

Dosierung: 1- bis 3-mal täglich 2 bis 5 Tropfen.

Anmerkung: empfiehlt sich bei stressbedingten Frauenleiden und Neigung zu Schilddrüsenüberfunktion.

Für den Stoffwechsel

Vollmers Grüner Hafertee (von Salus)

Zusammensetzung: Grüner Hafer, Brennessel, Johanniskraut, Bergfrauenmantel.

Anwendungsgebiete: zur Anregung des Stoffwechsels; fördert die Ausscheidung von Harnsäure und unterstützt die Entwässerung.

Dosierung: 1 bis 2 Esslöffel cirka 20 Minuten in einem halben Liter Wasser sieden lassen, abseihen, eventuell frisch gepressten Zitronensaft sowie Honig zugeben und über den Tag verteilt trinken.

Anmerkung: Teekuren bewährten sich zur Vorbeugung oder zur begleitenden Behandlung von Harngriess oder Blasensteinen.

Handelsformen im Vergleich

»Nicht der Corpus (= der Stoff) *ist die Arznei, das wahre Arkanum* (= das wahre Heilmittel) *ist unsichtbar.«*

Paracelsus

Fluidextrakte

Fluidextrakte sind hoch konzentrierte Alkoholauszüge aus getrocknetem Pflanzenmaterial, die auf einen bestimmten Wirkstoffgehalt eingestellt sind.

Die Herstellung erfolgt durch Perkolation. Hierbei füllt man ein spezielles Glasrohr mit Watte (= Filter) und mit geschnittenem oder pulverisiertem Kraut. Dann gibt man das Lösungsmittel von oben zu; als Lösungsmittel dient ein Alkohol-Wasser-Gemisch, wobei das Verhältnis meist 1 Teil Kraut und 1 bis 2 Teile Lösungsmittel beträgt (1 : 1 oder 1 : 2). Wenn es unten aus der Öffnung tropft, verschließt man die Öffnung und lässt das Ganze mindestens 2 Stunden lang abgedeckt stehen. Danach lässt man das Filtrat mit einer Geschwindigkeit von ca. 5 Tropfen pro Minute ab. Der Pflanzenrückstand ruht schließlich etwa 2 Tage in der Restflüssigkeit, wird dann ausgepresst und mit dem Perkolat vereinigt. Nach weiteren 5 Tagen wird nochmals filtriert, um die Schwebteilchen abzutrennen – fertig.

Wegen der hohen Wirkstoffkonzentration genügen meist 5 bis 10 Tropfen als Einzeldosis (bei Bedarf bis zu 3 Einzeldosen pro Tag).

Nachteil des Verfahrens ist die Verwendung von maschinell und schnell getrocknetem Pflanzenmaterial; dabei geht ein Teil der wasserlöslichen Wirkstoffe verloren (z. B. ätherische Öle, Gerbstoffe). Man könnte sagen, dass dieses Verfahren dem feinstofflichen Pflanzenwesen nicht ganz gerecht wird. Ein weiterer Nachteil ist, dass die Mindestabgabemenge durch den Apotheker 100 ml beträgt; kleinere

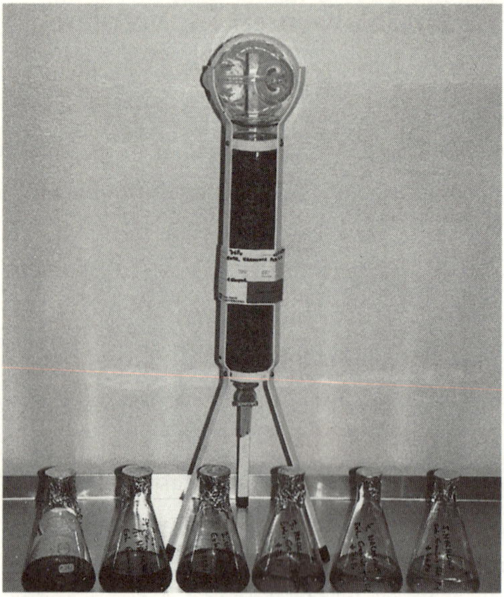

Die Firma Hetterich hat einst aus Frauenmantelkraut Fluidextrakte hergestellt. (© Chemische Fabrik Dr. Hetterich)

Mengen werden in der Regel für den vollen Preis von 100 ml gehandelt; Fluidextrakte sind dafür sehr preisgünstig und eignen sich daher zur hochdosierten Einnahme bei Blutungen oder verdünnt zur Lokalanwendung.

Erhältlich ist über Apotheken

- Alchemilla vulgaris Fluidextrakt von Herbamed
  Wichtig: Rezeptpflichtig wegen Auslandsimport (Schweiz).

Tinkturen

Tinkturen sind meist weniger konzentriert als Fluidextrakte. Dafür ist der Alkoholgehalt höher, was bei Heilpflanzen mit gut alkohollöslichen Wirkstoffen (z. B. Gerbstoffdrogen) von Vorteil sein kann.

Als Ausgangsstoff dient wiederum das maschinell getrocknete und zerkleinerte Kraut. Bei der Herstellung füllt man ein Gefäß mit 1 Teil

Kraut und übergießt dieses mit 5 Teilen Lösungsmittel (1:5); als Lösungsmittel dient wiederum ein Alkohol-Wasser-Gemisch. Danach lagert man das luftdicht verschlossene Gefäß für 5 Tage im Dunkeln und bei Raumtemperatur, wobei man es mehrmals täglich schüttelt. Danach filtriert man den Inhalt und presst den Rückstand ab.

Die übliche Einzeldosis von Tinkturen beträgt 10 bis 30 Tropfen (bei Bedarf wird die Einnahme mehrmals täglich wiederholt).

Die Vor- und Nachteile dieses Herstellungsverfahrens sind dieselben wie beim Fluidextrakt.

Erhältlich ist über Apotheken

- Tinctura Alchemillae 1 : 5 von Maros.

Homöopathische Urtinkturen

Homöopathische Urtinkturen (Zeichen Ø) werden nach den Vorschriften des Homöopathischen Arzneibuches (HAB), sofern möglich, aus der frischen Pflanze hergestellt. Die Verwendung von Frischpflanzen lag Samuel Hahnemann, dem Begründer der Homöopathie, besonders am Herzen. Nach seiner Überzeugung birgt das Geistartige der Arznei die eigentliche Heilkraft, und dies ist nur in Frischpflanzen enthalten. Damit teilte Hahnemann die Ansicht des Paracelsus wie auch anderer Alchimisten. Wegen der Herstellung aus der Frischpflanze gelten homöopathische Urtinkturen als besonders gehaltvoll und werden in der Praxis oft anderen Darreichungsformen vorgezogen.

Nach dem HAB werden die frischen, oberirdischen Teile des Frauenmantels im Beginn der Blüte geerntet, zerkleinert und mit Weingeist (ca. 43 % Alkohol) ausgezogen. Der Alkoholansatz bleibt mindestens 10 Tage bei Raumtemperatur stehen und wird wiederholt geschüttelt. Danach wird das Ganze abgepresst und filtriert. Schließlich ruht die Urtinktur noch einige Zeit, um wie ein guter Wein nachzureifen.

Nachteil dieser Zubereitung ist der relativ hohe Preis der Urtinkturen; wobei er wegen der hohen Qualität gerechtfertigt ist. Auch beträgt die Mindestabgabemenge 20 ml, sodass sich Urtinkturen gut in Mischungen einarbeiten lassen.

Ein Tipp, um die Kosten von Mischrezepten zu verringern: Man schreibt auf das Apothekenrezept einfach den Zusatz: »Bitte von Staufen-Pharma mischen lassen.« Staufen-Pharma hat eine Rezeptier-Abteilung, die Rezepte (50/100 ml) mit bis zu 12 Bestandteilen zu Standardpreisen anfertigt und dem Apotheker zuschickt.

Erhältlich sind über Apotheken

- Alchemilla vulgaris Ø von Alcea, DHU, Herbamed (Schweiz) und Spagyra (Österreich),
- Alchemilla alpina Ø von Herbamed (Schweiz),
- Alchemilla alpina ab D3 von DHU.

Spagirische Urtinkturen nach Zimpel

Neben den homöopathischen Urtinkturen stellt die Staufen-Pharma auch auf spagirischem Wege gewonnene Alchemilla-Essenzen her.

Als Ausgangsstoff dient wiederum die Frischpflanze, die jedoch im Beginn der Blüte mitsamt Wurzel geerntet wird. Die gereinigte, zerkleinerte und zerquetschte Frischpflanze wird mit Wasser und Hefe zur Gärung gebracht, wobei Alkohol entsteht, der als Träger der geistartigen Kräfte gilt. Nach vollendeter Gärung erfolgt die Abdestillation des Alkohols mitsamt der flüchtigen Inhaltsstoffe; flüchtig sind z. B. Aromastoffe, die nach alchimistischer Ansicht in besonderem Maße das Seelenhafte der Pflanze verkörpern und deren Wirkung im Falle des Frauenmantels noch nicht vollends erforscht ist. Der verbliebene Pflanzenrückstand wird nun getrocknet, in speziellen Öfen verascht, und ein Teil der Asche wird im Destillat gelöst. Zu den nicht flüchtigen Stoffen des Frauenmantels, die nicht ins Destillat überge-

Frau Rusitzka, die Apothekerin der Staufen-Pharma, zeigt uns spagirische Urtinkturen, die nach dem Zimpel-Verfahren hergestellt wurden.

hen, gehören beispielsweise Flavonoide, Bitterstoffe und Gerbstoffe (siehe Seite 89). Daher handelt es sich bei der spagirischen Urtinktur um kein Phytotherapeutikum (Pflanzenheilmittel), das den Ansprüchen der wirkstofforientierten Phytotherapie (Pflanzenheilkunde) gerecht wird. Wie gesagt bemerkte aber schon Paracelsus, dass die wahre Heilkraft unsichtbar und damit auch unwägbar ist. Das spagirische Verfahren will eher die geistartigen Heilkräfte befreien und verstärken. Daher vergleicht man die spagirische Essenz gerne mit homöopathischen Tiefpotenzen, die ebenfalls eher auf das Seelenhafte und Geistartige im Menschen wirken als homöopathische Urtinkturen. Auch die Dosierung entspricht der homöopathischen Tiefpotenz: 3-mal täglich 10 Tropfen.

Erhältlich ist über Apotheken

- Alchemilla vulgaris spagirische Urtinktur von Staufen-Pharma.

Adressen und Bezugsquellen

- Fortbildungen: Wer an Kräuterführungen, Seminaren oder Ausbildungen der Autorin teilnehmen möchte, kann ein Veranstaltungsprogramm anfordern unter: NATURA NATURANS, c/o Olaf Rippe, Stuntzstraße 77, 81677 München, Fax 089-27349566; Internet: http://www.natura-naturans.de. Auf der Homepage von NATURA NATURANS können Sie viele weitere naturheilkundliche Veröffentlichungen kostenfrei abrufen.
- Homöopathische oder pflanzliche Arzneien, Mischrezepte von Spagyra oder Frauenmantelzäpfchen kann man über Apotheken beziehen. Da nicht alle Apotheken Erfahrungen mit Naturheilmitteln haben und die Endpreise extrem voneinander abweichen, empfiehlt es sich, vor allem Mischungen und Vaginalzäpfchen über eine der folgenden Apotheken zu beziehen:
  - Linden-Apotheke, Roland Andre, Kellerstraße 38–40, 85276 Pfaffenhofen, Tel. 08441-76464, Fax 08441-83958.
  - Limes-Apotheke, Annette Heerz, Uhlandstraße 18, 35415 Pohlheim, Tel. 06403-61595, Fax 06403-61700.
- Frischpflanzen werden von manchen Gärtnereien versendet, z. B.:
  - Blumenschule Engler & Friesch, Augsburger Straße 62, 86956 Schongau, Tel. 08861-7373, Fax 08861-1272; Internet: www.Blumenschule.de. Die Blumenschule hat sich auf Heilpflanzen sowie auf Raritäten spezialisiert und versendet kontrolliert biologisch angebaute Kräuter. Gegen einen Unkostenbeitrag sind auch Katalog und Seminarprogramm erhältlich.
  - Pflanzen aus kontrolliert biologischem Anbau versendet auch die Kräuterei Oldenburg, Alexanderstraße 29, 26121 Oldenburg, Tel.+Fax 0441-882368.
- Getrocknete Heilkräuter für Teemischungen, Sitzbäder und dergleichen sollte man aus grundsätzlichen Erwägungen ausschließlich von Kräuterläden beziehen. Die Ware ist dort meist viel frischer und preiswerter als in Apotheken und wird zum Beispiel für Teemischungen sogar in kleinsten Mengen abgegeben. Einziger Nachteil: Man muss die einzelnen Bestandteile einer Teemischung

daheim selber mischen. Folgende Kräuterläden versenden getrocknete Kräuter auf Anfrage:

- Kräuterparadies Lindig, Blumenstraße 15, 80331 München, Tel. 089-265726, Fax 089-23269857; Internet: www.phytofit.de. Das Kräuterparadies Lindig ist ein Münchener Traditionsgeschäft, von dem die Rezepte auf den Seiten 57, 208 und 272 stammen.
- Kräutergarten, Inh. Romana Auth, Pestalozzistraße 3, 80469 München, Tel.+ Fax 089-23249802; Internet: www.kraeutergarten-muenchen.de. Der Kräutergarten versendet neben vielen getrockneten Heilkräutern aus kontrolliert biologischem Anbau (kbA) auch Hobbythek-Bedarf wie etwa Vitamin-A-Fluid, neutrale Grundemulsion, Aloe-vera-Gel etc.

Anmerkung zur Lieferbarkeit der genannten Arzneien

Obwohl in der 4. Auflage der »Alchemilla« alle homöopathischen und pflanzlichen Arzneien auf ihre Lieferbarkeit überprüft wurden, gibt es leider immer wieder Apotheken, die – zum Teil auch aus mangelnder Erfahrung mit Naturarzneien – behaupten, dies oder jenes gäbe es nicht oder nicht mehr. Leider unterliegt der Arzneimarkt derzeit unglaublich raschen Veränderungen, so dass die eine oder andere Arznei in der Tat in kürzester Zeit wiederum vom Markt verschwunden sein kann. Nicht selten handelt es sich aber auch um falsche Meldungen! Daher ist es unbedingt ratsam, sich nicht gleich mit der Absage eines Apothekers zufrieden zu geben, sondern sich an unsere Vertrauens-Apotheker Roland Andre (Linden-Apotheke) und Annette Heerz (Limes-Apotheke) zu wenden, die Ihnen gerne dabei behilflich sind, herauszufinden, ob ein Präparat vielleicht doch noch lieferbar ist, ob es ein Folgepräparat gibt oder ob Rezeptpflicht besteht und wie man ggf. einen Auslandsimport durchführt. Der Import von Arzneimitteln aus den EU-Ländern ist zwar nicht ganz billig, aber ohne Rezept möglich. Ein Import aus Nicht-EU-Ländern wie der Schweiz ist dagegen nur mit Rezept möglich; deshalb ist Lamium album comp. von ebi-pharm AG (ehemals Lamioflur von Heel) in der Regel nur gegen Arztrezept erhältlich.

Quellen und weiterführende Literatur

Adlercreutz, H.: Schützen pflanzliche Östrogene vor Krebs? Interview i.d. Zeitschrift für Phytotherapie 18/97, Hippokrates Verlag, Stuttgart 1997

Aigremont: Volkserotik und Pflanzenwelt, Express Edition, Berlin 1987

Altwein, J. E.: Mit Phytoöstrogenen gegen den Krebs, Interview i.d. Dt. Apothekerzeitung Nr. 51/51, 1997

Amann, M.: Pflanzen für ein langes Leben, Naturheilpraxis 2/95, Pflaum Verlag München

Amann, M.: Pflanzen mit antiviraler Wirkung, Naturheilpraxis 2/96, Pflaum Verlag München

Amann, M.: Die hermetischen Grundlagen der Spagirik, Naturheilpraxis 10/97, Pflaum Verlag München

Amann, M.: Nicholas Culpeper und die astrologische Heilkräuterkunde, Naturheilpraxis 10/98, Pflaum Verlag München

Arens, D.: Sechzig einheimische Wildpflanzen in lebendigen Porträts, DuMont Buchverlag, Köln 1991

Aschner, B.: Paracelsus – Sämtliche Werke, Anger Verlag Eick, Anger 1993

Beckmann, D. u. B.: Alraun, Beifuß und andere Hexenkräuter, Campus Verlag, Frankfurt 1990

Belz, S.: Heilkräuterinfo 5/94 – Frauenmantel, Apotheke am Rathaus, Bückeburg

Bernus, A. v.: Alchymie und Heilkunst, Philosophisch-Anthroposophischer Verlag am Goetheanum, Dornach/Schweiz 1994

Beuchter, M.: Symbolik der Pflanzen, Insel Verlag, Frankfurt 1995

Bock, H.: Kreütterbuch 1577, Reprint by Verlag Kölbl, München 1964

Braun, H.: Heilpflanzen-Lexikon für Ärzte und Apotheker, Fischer Verlag, Stuttgart 1987

Brooke, E.: Kräuter für Frauen, Buchverlag Fischer, Bern 1994

Brunfels, O.: Kreüterbuch; Straßburg 1532

Culpeper, N.: Culpeper's Complete Herbal, Foulsham, London ca. 1825

Degen, G.: Phytoöstrogene und Umweltöstrogene in der Gynäkologie, Geburtshilfe und Frauenheilkunde 59 (1999), Georg Thieme Verlag, Stuttgart 1999

Dioscorides, P.: Kreutterbuch 1610, Reprint by Verlag Kölbl, München 1968

Dürr, H. P.: Intimität, Suhrkamp Verlag, Frankfurt 1990

Fuchs, L.: Kreüterbuch 1543, Reprint by Verlag Kölbl, München 1964

Fossel, V.: Volksmedicin und medicinischer Aberglaube in der Steiermark, Leuschner und Lubensky Universitätsbuchhandlung, Graz 1885

Gebelein, H.: Alchemie, Diederichs Verlag, München 1991

Gélis, J.: Die Geburt – Volksglaube, Rituale und Praktiken von 1500 bis 1900, Diederichs Verlag, München 1989

Gibbons und Brough: Kosmos-Atlas Blütenpflanzen, Kosmos Verlag, Stuttgart 1993

Graf, F.: Ganzheitliches Wohlbefinden – Homöopathie für Frauen, Herder Verlag, Freiburg 1994

Grieve, M.: A Modern Herbal, Barnes & Noble Books, New York 1996

Hänsel, R.: Phytopharmaka, Springer-Verlag, Berlin 1991

Hänsel, R., Keller, K., Rimpler, H. und Schneider, G.: Hagers Handbuch der pharmazeutischen Praxis, Springer Verlag, Berlin 1969

Hahn, G.: Bewährte Arzneipflanzen in der Frauenheilkunde, Erfahrungsheilkunde 9/1990

Helmstädter, A.: Spagyrische Arzneimittel, Wissenschaftliche Verlagsgesellschaft, Stuttgart 1990

Hertzka, Gottfried und Strehlow, Wighard: Große Hildegard-Apotheke, Bauer Verlag, Freiburg 1992

Höfler, M.: Volksmedizin. Botanik der Germanen, VWB, Berlin 1990

Hoppe, H. A.: Drogenkunde, Bd. 1, Walter de Gruyter, Berlin 1975

Huibers, J.: Frau sein … Frau bleiben, Aurum Verlag, Freiburg 1983

Junius, M.: Praktisches Handbuch der Pflanzen-Alchemie, Ansata, Interlaken 1982

Kalbermatten, R.: Kompendium der Ceres-Heilmittel, Ceres AG, Schloss Türnich, 50169 Kerpen-Türnich, Tel. 0 22 37/9 73 35-20, Fax 9 73 35-19

Kranich, E.: Die Formensprache der Pflanze, Verlag Freies Geistesleben, Stuttgart 1976

Kroeber, L.: Das neuzeitliche Kräuterbuch, Hippokrates Verlag, Stuttgart 1948
Künzle, J.: Chrut und Uchrut, Unterberger Verlagsbuchhandlung, Feldkirch/ Schweiz 1935
Lanninger-Bolling, D.: Spagyrik in der täglichen Praxis – Kompendium des Laboratorium Soluna Heilmittel GmbH, Donauwörth 1998
Lauber, K. u. Wagner, G.: Flora Helvetica; Verlag Paul Haupt, Stuttgart 1996
Lonicerus, A.: Kreuterbuch 1679, Reprint by Verlag K. Kölbl, München 1962
Love, S.: Das Hormonbuch, Krüger-Verlag, Frankfurt/Main 1997
Madaus, G.: Lehrbuch der biologischen Heilmittel, Mediamed Verlag, Ravensburg 1987 (Nachdruck der Ausgabe Leipzig 1938)
Madejsky, M.: Post-Pill-Syndrom, Naturheilpraxis 6/95, Pflaum Verlag, München
Madejsky, M.: Wider Pestilenz und faule Geschwär, Naturheilpraxis 2/96, Pflaum Verlag, München
Madejsky, M.: Hexenpflanzen, Naturheilpraxis 10/97, Pflaum Verlag, München
Madejsky, M.: Signaturlehre, Naturheilpraxis 5/98, Pflaum Verlag, München
Madejsky, M.: Alchymilla, Naturheilpraxis 10/98, Pflaum Verlag, München
Madejsky, M.: Wenn die Hormone verrückt spielen, Naturheilpraxis 9/99, Pflaum Verlag, München
Madejsky, M. und Rippe, O.: Heilmittel der Sonne, Verlag P. Erd, München 1997
Marzell, H.: Geschichte und Herkunft der deutschen Arzneipflanzen, Hippokrates Verlag, Stuttgart 1938
Müller-Ebeling, C., Rätsch, Ch. und Storl, W.-D.: Hexenmedizin, AT-Verlag, Aarau/Schweiz 1998
Murphy, R.: Lotus Materia Medica, Lotus Star Academy, 1995
Neményi, G. v.: Heidnische Naturreligion, Peyn u. Schulze Verlag, Bergen 1991
Nilsson, L.: Ein Kind entsteht, Mosaik Verlag, München 1990
Nissim, R.: Naturheilkunde in der Gynäkologie, Orlanda Frauenverlag, Berlin 1992
Paper, D. H., Müller, K. und Franz, G.: Frauenmantel, Schachtelhalm und Stechpalme – Die entzündungshemmende Wirkung der Urtinkturen, in: Rheumatherapie mit Phytopharmaka, Hippokrates Verlag, Stuttgart 1996
Pelikan, W.: Heilpflanzenkunde, Philosophisch-anthroposophischer Verlag am Goetheanum, Dornach 1958

Ploss, E.: Wissenschaftliches Erkenntnismaterial über Alchemilla vulgaris, Kooperation Phytopharmaka, Bonn 1985
Pschyrembel, Strauss, Petri: Praktische Gynäkologie, Walter de Gruyter, Berlin 1991
Rätsch, C.: Pflanzen der Liebe, Hallwag, Bern 1990
Rätsch, C.: Heilkräuter der Antike, Diederich, München 1995
Rätsch, C.: Pflanzen der Venus, Edition Ellert & Richter, Hamburg 1995
Rätsch, C.: Enzyklopädie der psychoaktiven Pflanzen, AT Verlag Aarau/Schweiz 1998
Ranke-Graves, R.: Die weiße Göttin, Rowohlt, Hamburg 1985
Requena, Y.: Acupuncture et phytothérapie, Maloine S.A. Editeur, Paris 1983
Rippe, O.: Herpes simplex, Naturheilpraxis 2/96, Pflaum Verlag, München
Rippe, O.: Pflanzen und ihre kosmischen Heilkräfte, Naturheilpraxis 10/97, Pflaum Verlag, München
Rippe, O.: Die hermetischen Schlüssel zur Heilkunst, Naturheilpraxis 11/97, Pflaum Verlag, München
Rippe, O.: Die 5 Entien des Paracelsus, Naturheilpraxis 5/98, Pflaum Verlag, München
Schimmer, O. und Felser, C.: Alchemilla xanthochlora Rothm. – der Frauenmantel, Zeitschrift für Phytotherapie 13, Hippokrates Verlag, Stuttgart 1992
Schlüren, E.: Homöopathie in der Frauenheilkunde, Haug Verlag, Heidelberg 1992
Schlüter, J. u. Rätsch C.: Perlen und Perlmutt, Ellert und Richter Verlag GmbH, Hamburg 1999
Scholz, E.: Pflanzliche Gerbstoffe – Pharmakologie und Toxikologie, Deutsche Apothekerzeitung Nr. 34, 25.8.1994
Schröder, J.: Chymische Apotheke oder höchstkostbarer Arzeney-Schatz, Johann Hoffmann (Verleger), Nürnberg 1685
Selawry, A.: Metall-Funktionstypen, Haug Verlag, Heidelberg 1985
Storl, W.-D.: Kräuterkunde, Aurum Verlag, Braunschweig 1996
Tabernaemontanus, J.: Kräuterbuch 1731, Reprint by Verlag Kölbl, München 1993
Valnet, J.: Aromatherapie, Heyne Verlag, München 1986

Vonarburg, B.: 3 Mal täglich 20 Tropfen, Midena Verlag, Küttigen/Schweiz 1992
Vonarburg, B.: Natürlich gesund mit Heilpflanzen, AT Verlag, Aarau/Schweiz 1993
Waggerl, K. H.: Heiteres Herbarium, Salzburg 1950, zitiert nach Dander, C. und Kompatscher, A.: Garten der Gesundheit, Tappeiner Verlag, Bozen 1991
Wagner, H.: Pharmazeutische Biologie, Fischer Verlag, Stuttgart 1993
Wagner, H. und Wiesenauer, M.: Phytotherapie – Phytopharmaka und pflanzliche Homöopathika, Wissenschaftliche Verlagsgesellschaft, Stuttgart 1995
Weidinger, H.-J.: Heilkräuter anbauen, sammeln, nützen, schützen, Verlag Carl Ueberreuter, Wien 1983
Weidinger, H.-J.: Kräuter für die Seele, Athesia Verlag, Bozen 1993
Weiss, R.: Lehrbuch der Phytotherapie, Hippokrates Verlag, Stuttgart 1990
Wichtl, M.: Teedrogen, Wissenschaftl. Verlagsgesellschaft, Stuttgart 1989
Worwood, V. A.: Liebesdüfte, Goldmann Verlag, München 1990
Zimmermann, W.: Praktische Phytotherapie, Sonntag Verlag, Stuttgart 1994

Der Erde

Göttliche Erde,
Mutter der seligen Geister
Und der sterblichen Menschen,
Allgeberin, Allernährerin,
Erfüllende, Alles Verderbende,
Wachstumsprossende, waltend der Früchte,
Prangend im Kreise der Zeiten,
Sitz des unvergänglichen Alls.

Farbig schillernde Jungfrau,
Du trägst in kreißenden Wehen
Die vielgestaltige Frucht;
Immerwährende, Heilig-Reine,
Tiefbusige Spenderin des Glücks;
Du erfreust mit duftender Saat.

Blumenprangende Gottheit,
Regenfreudge um die sich rundet
Kunstvoll im Kreise das Sternenall,
Unvergänglicher Art
Und in reißenden Strömen.

Auf denn, selige Göttin!
Mehre die reichen Früchte der Freude
Gütigen Herzens den Hochbeglückten
In der glücklichen Zeiten Kranz!

Quelle: J. O. Plassmann: Orpheus – Altgriechische Mysterien, Diederichs Gelbe Reihe

Danksagung

Direkt oder indirekt waren so viele Menschen an der Entstehung dieses Buches beteiligt, dass ich unmöglich alle Namen aufzählen könnte.

Jede Rückmeldung über persönliche Erfahrungen mit meinen Rezepten hat mich für die monatelange Schreibtischarbeit gestärkt und ermutigt. Ich bedanke mich daher bei allen Frauen, die mir in den letzten Jahren ihr Vertrauen geschenkt haben.

Ohne die Liebe, den Rat sowie den fachlichen Beistand meines Lebensgefährten Olaf Rippe wäre dieses Buch sicherlich nie entstanden. Er gab mir den Anstoß zum Thema Frauenkräuter und war auch mein erster Lehrer der Naturheilkunde. Die Kapitel über die Alchimie (Seite 38) und über die Handelsformen im Vergleich (Seite 328) flossen aus seiner Feder. Immer wieder danke ich dem Schicksal dafür, dass es uns zusammengeführt hat, und dafür, dass wir den Menschen die heilsamen Kräfte der Natur gemeinsam näher bringen dürfen.

Meinem verehrten Kollegen und Ratgeber Dr. Max Amann und seiner Frau Hertha Amann möchte ich dafür danken, dass sie mir so oft mit ihrer Gelassenheit und Weisheit den Rücken gestärkt haben.

Besonderen Dank haben sich meine Apotheker Roland Andre (Linden-Apotheke, Pfaffenhofen) und Michael Aigner (Eversbusch-Apotheke, München) verdient, die mir stets mit Rat und Tat zur Seite stehen. Meiner Freundin Dr. Astrid Blank möchte ich für ihre Offenheit und für ihren Beitrag danken (Seite 96) – mit so engagierten Ärztinnen dürfen wir hoffen, dass die Medizin für Frauen wieder ganzheitlicher und damit auch wieder menschlicher wird! Meiner lieben Kollegin Sybille Örgel-Drexler möchte ich für ihre sorgfältigen Korrekturen im Kapitel über den Pap-Test danken. Außerdem danke ich von ganzem Herzen Katharina Bodenstein, Ricki Allgeier, Dr. Christian

Rätsch, Dr. Fred Weidmann (Seite 63) und Nera Wohlgemuth für Freundschaft, Inspiration und Unterstützung. Dann danke ich noch meinem Freund und Kollegen Michael Schmid, der mit wahrem Herzensfeuer so manchen wertvollen Beitrag geliefert hat.

Nicht zuletzt, sondern in ganz besonderem Maße danke ich meiner Mutter, die mich stets unterstützt hat, mir echte Frauenpower vorlebt und mich immer wieder an das Erbe meiner mütterlichen Linie erinnert.

Schließlich danke ich noch den drei Nornen, die meine Schicksalsfäden weben und mir diese verantwortungsvolle Aufgabe zuteil werden ließen.

Heilmittelverzeichnis

Rp. bedeutet, dass das Heilmittel auf dieser Seite in einem Rezept vorkommt.

Halbfette Seitenzahlen weisen auf die Stellen hin, an denen das Heilmittel ausführlich besprochen wird.

Stichwortverzeichnis